OPERATIONS RESEARCH PRACTICE GUIDE

运筹学实践教程

蔡天鸣 主编

金珏 黄涛 徐默莅 胡叶旻 编著

清華大学出版社
北京

内容简介

本书是针对运筹学实验和实践学习而编写的，主要帮助学习者以运筹学中各类问题的理论知识为基础，利用运筹学的典型实验工具，例如 Excel 和 WinQSB，来解决实际问题。书中按照运筹学的经典分支进行章节的组织，以经典案例和实际问题案例为内容主线详细讲解如何区分问题类型、如何为问题建模，以及如何利用合适的运筹学软件进行问题的求解等内容，主要内容包括 WinQSB 简介、Excel“规划求解”工具简介、线性规划和整数规划、目标规划、图与网络优化、PERT 和 CPM、动态规划、存储论、排队论、决策分析和综合应用案例汇编。每章均列举了各类分支的一些典型应用案例，例如动态规划中的背包问题、图与网络优化中的旅行商问题、存储论中的报童问题等，同时在选取案例的过程中充分考虑与实际问题相结合，很多案例均有很强的实际应用背景，特别在最后一章的案例中，将之前的各类分支进行了综合应用，使读者可以从中获取将运筹学理论知识转化为应用的一些思路。

本书可作为高等院校管理类、经济类、理工类相关专业学生的教科书，也可以作为经济管理人员的参考书。

图书在版编目(CIP)数据

运筹学实践教程/蔡天鸣主编.--北京：清华大学出版社，2016(2022.9 重印)
ISBN 978-7-302-41740-8

Ⅰ.①运… Ⅱ.①蔡… Ⅲ.①运筹学－教材 Ⅳ.①O22

中国版本图书馆 CIP 数据核字(2015)第 239577 号

责任编辑：刘向威　薛　阳
封面设计：文　静
责任校对：焦丽丽
责任印制：曹婉颖

出版发行：清华大学出版社
网　　址：http://www.tup.com.cn，http://www.wqbook.com
地　　址：北京清华大学学研大厦 A 座　　**邮　　编**：100084
社 总 机：010-83470000　　**邮　　购**：010-62786544
投稿与读者服务：010-62776969，c-service@tup.tsinghua.edu.cn
质量反馈：010-62772015，zhiliang@tup.tsinghua.edu.cn
课件下载：http://www.tup.com.cn，010-62795954
印 装 者：天津鑫丰华印务有限公司
经　　销：全国新华书店
开　　本：185mm×260mm　　**印　　张**：12.75　　**字　　数**：309 千字
版　　次：2016 年 4 月第 1 版　　**印　　次**：2022 年 9 月第 2 次印刷
印　　数：2001～2200
定　　价：39.00元

产品编号：065575-02

前言 FOREWORD

运筹学是应用数学方法，帮助管理者制定科学合理的决策方案的科学。它是经济管理类专业学生的一门很重要的专业基础课程。

本书以运筹学的主要分支为划分，以运筹学的应用案例为基础，以主要的运筹学相关软件为载体，系统介绍了运筹学中的线性规划、整数规划、目标规划、图与网络优化、动态规划、计划评审技术和关键路径法、存储论、排队论和决策分析的典型应用案例。

本书注重培养学习者对运筹学的实际应用能力，所以在内容上以实际问题案例的类型进行组织。这样有助于学习者在实际应用中能根据不同的问题类型快速地发现解决问题的方法，并按照运筹学解决问题的典型步骤来进行问题的分析、建模和求解。教材中的很多案例都具有实际应用的背景，所以读者可以通过对这些典型案例的学习积累自己在运筹学应用方面的经验，从而在实际应用中以更有效的方法去解决问题。

全书共分 11 章，第 1 章和第 2 章是对本书中主要使用的软件工具 WinQSB 和 Excel“规划求解”的介绍；第 3～10 章是对各种经典类型的运筹学实际问题的分析、建模和求解；第 11 章是单独的一章——运筹学应用案例的汇编，这些案例都具有实际的应用背景，并对问题有比较精彩的解答。本书第 1 章和第 2 章由金珏编写；第 3～10 章由蔡天鸣、黄涛编写；第 11 章由蔡天鸣、徐默莅、胡叶旻编写。全书由蔡天鸣统稿，徐默莅对全书进行了详细校对。蔡天鸣担任主编。全书建议学时为 64。

著名运筹学专家、大连理工大学博导冯恩民教授担任本书主审，在此，我们表示最诚挚的感谢！编者将之前企业中解决的实际问题部分编入了教材，在此特别感谢企业相关人员给我们提供了这么好的机会。在编写过程中，参考了国内外有关文献，在此对这些文献的作者一并表示感谢！

由于编者水平有限，书中不妥或错误之处在所难免，恳请广大读者批评指正。

编　者

2015 年 11 月

CONTENTS 目录

第1章 WinQSB简介

1.1 WinQSB 功能简介

QSB 是 Quantitative Systems for Business 的缩写，该软件由美籍华人 Yih-Long Chang 和 Kiran Desai 共同开发，可用于解决管理科学、决策科学、运筹学及生产管理等领域的问题；该软件界面设计友好，使用者很容易学会并用它来解决管理和商务问题，表格形式的数据录入以及表格与图形的输出结果都给使用者带来极大的方便。

WinQSB 是 QSB 的 Windows 版本，是一种教学软件，里面有大量模型，对于非大型问题一般都能计算，较小的问题还能演示中间的计算过程。它可以在 Windows9X/ME/NT/2000/XP 及以上平台下运行。WinQSB V2.0 共有 19 个子系统，分别用于解决运筹学不同方面的问题，详见表 1-1。

表 1-1　WinQSB 2.0 各子系统说明

序号	程　序	启动程序名	内容	应用范围
1	Acceplance Sampling Analysis	ASA	抽样分析	各种抽样分析、抽样方案设计、假设分析
2	Aggregate Planning	AP	综合计划编制	具有多时期正常、加班、分时、转包生产量、需求量、存储费用、生产费用等复杂的整体综合生产计划的编制方法，将问题归结到求解线性规划模型或运输模型
3	Decision Analysis	DA	决策分析	确定型与风险型决策、贝叶斯决策，决策树、二人零和对策
4	Dynamic Programming	DP	动态规划	最短路问题、背包问题、生产与存储
5	Facility Location and Layout	FLL	设备场地布局	设备场地设计、功能布局、线路均衡布局

续表

序号	程　　序	启动程序名	内容	应用范围
6	Forecasting and Linear Regression	FC	预测与线性回归	简单平均、移动平均、加权移动平均、线性趋势移动平均、指数平滑、多元线性回归、Holt-Winters 季节叠加与乘积
7	Goal Programming and Integer Linear Goal Programming	GPIGP	目标规划与整数线性目标规划	多目标线性规划、线性目标规划、变量可以取整、连续或无限制
8	Inventory Theory and System	ITS	存储论与存储控制系统	经济订货批量、批量折扣、单时期随机模型、多时期动态存储模型、存储控制系统(各种存储策略)
9	Job Scheduling	JOB	作业调度、编制工作进度表	机器加工排序、流水线车间加工排序
10	Linear Programming and Integer linear Programming	LP-ILP	线性规划与整数线性规划	线性规划、整数规划、写对偶、灵敏度分析、参数分析
11	MarKoy Process	MKP	马尔可夫过程	转移概率、稳态概率
12	Material Requirements Planning	MRP	物料需求计划	物料需求计划的编制、成本核算
13	Network Modeling	Net	图论模型	运输、指派、最大值、最短路、最小支撑树、货郎担等问题
14	Nonlinear Programming	NLP	非线性规划	有(无)条件约束、目标函数或约束条件非线性,目标函数与约束条件都非线性等规划的求解与分析
15	Project Scheduling	PERT-CPM	网络计划	关键路径法、计划评审技术、网络的优化、工程完工时间模拟、绘制特图与网络图
16	Queqing Programming	QP	二次规划	求解线性约束、目标函数是二次型的一种非线性规划问题,变量可以取整数
17	Queuing Analysis	QA	排队分析	各种排队模型的求解与性能分析、15 种分布模型、灵敏度分析、服务能力分析、成本分析
18	Queuing System Simulation	QSS	排队系统模拟	排队系统模拟未知到达和服务时间分布、一般排队系统模拟计算
19	Quality Control Charts	QCC	质量管理控制图	建立各种质量控制图质量分析

1.2 WinQSB 的安装

WinQSB 的安装比较简单,双击 Setup. exe,弹出的窗口如图 1-1 所示。

输入要安装到哪个目录,单击 Continue 按钮,弹出的窗口如图 1-2 所示。

输入用户名和公司或组织名称,单击 Continue 按钮进行文件的复制,完成后弹出如图 1-3 所示的窗口。

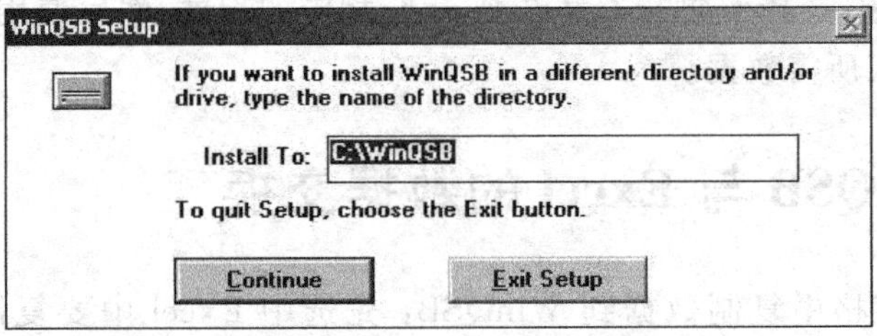

WinQSB Setup
If you want to install WinQSB in a different directory and/or drive, type the name of the directory.
Install To: C:\WinQSB
To quit Setup, choose the Exit button.
Continue
Exit Setup

图 1-1 WinQSB 安装路径提示

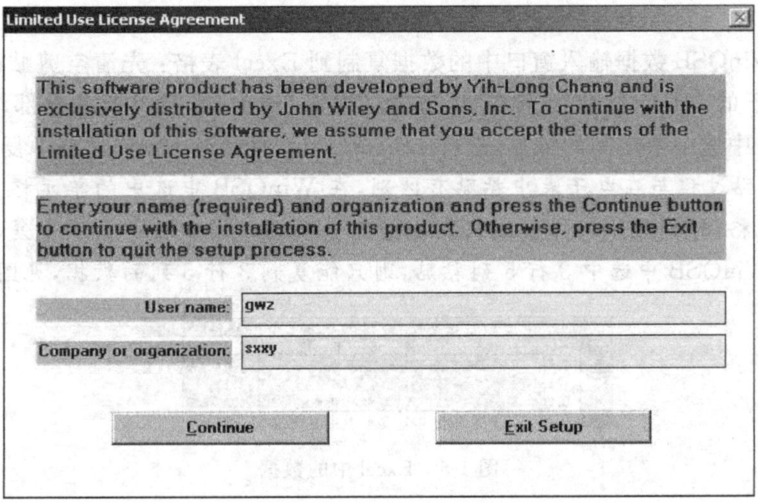

Limited Use License Agreement
This software product has been developed by Yih-Long Chang and is exclusively distributed by John Wiley and Sons, Inc. To continue with the installation of this software, we assume that you accept the terms of the Limited Use License Agreement.
Enter your name (required) and organization and press the Continue button to continue with the installation of this product. Otherwise, press the Exit button to quit the setup process.
User name: gwz
Company or organization: sxxy
Continue
Exit Setup

图 1-2 WinQSB 安装注册信息提示

显示安装完成，单击"确定"按钮退出。

WinQSB 软件安装完毕后，会在"开始"→"程序"→WinQSB 下生成 19 个菜单项，分别对应运筹学的 19 个问题，如图 1-4 所示。

WinQSB Setup
WinQSB Installation is Complete!
确定

图 1-3 WinQSB 安装结束提示

Acceptance Sampling Analysis
Aggregate Planning
Decision Analysis
Dynamic Programming
Facility Location and Layout
Forecasting and Linear Regression
Goal Programming
Inventory Theory and System
Job Scheduling
Linear and Integer Programming
MarKov Process
Material Requirements Planning
Network Modeling
Nonlinear Programming
PERT_CPM
Quadratic Programming
Quality Control Chart
Queuing Analysis
Queuing System Simulation

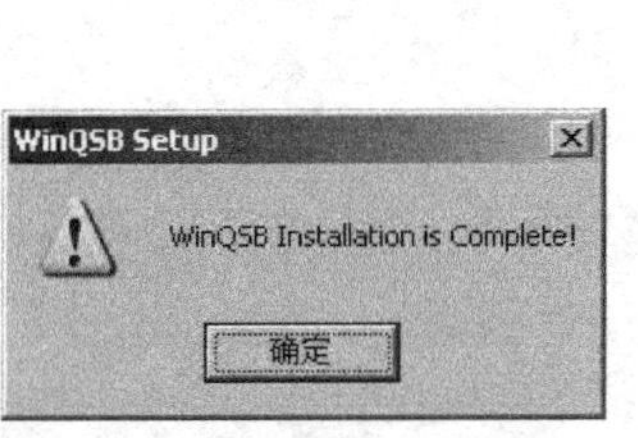

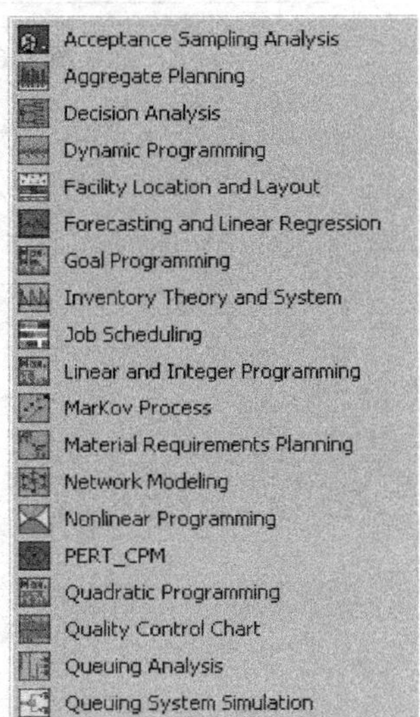

图 1-4 WinQSB 子菜单

针对不同的问题，选择不同的子菜单项，运行相应的程序，然后使用 File 菜单下的 New Problem 菜单来输入所需数据。

1.3 WinQSB 与 Excel 的数据交换

(1) 从 Excel 表格中复制数据到 WinQSB：先选中 Excel 中要复制的数据区域，单击“复制”或按 Ctrl+C 键，然后在 WinQSB 的电子表格编辑状态下选中要粘贴的单元格(选中的粘贴区域与在 Excel 中复制时选中的区域行列数相同)，单击“粘贴”或按 Ctrl+V 键完成复制。

(2) 把 WinQSB 数据输入窗口中的数据复制到 Excel 表格：先清空剪贴板(可用 Excel 中 Edit 菜单下的 office 剪贴板来清空，方法：编辑→Office 剪切板→全部清空)，然后在 WinQSB 表格中选中要复制的数据，选择 Edit→Copy，然后在 Excel 表格中复制即可。

注意：粘贴过程与在电子表中粘贴有区别，在 WinQSB 中选中的单元格应与在电子表中选中的单元格(行列数)相同，否则只能复制部分数据。例如在电子表中复制 3 行 10 列，见图 1-5，在 WinQSB 中选中 3 行 5 列粘贴，则只能复制 3 行 5 列的数据，见图 1-6。

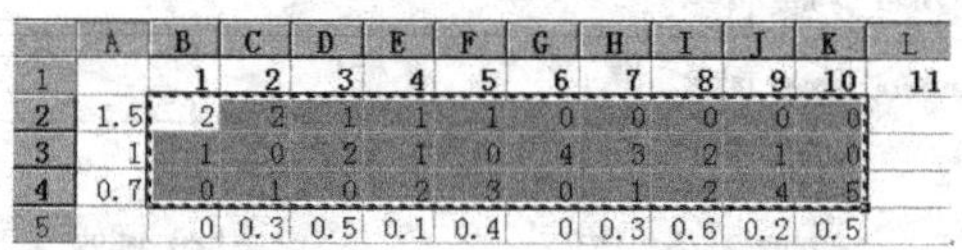

	A	B	C	D	E	F	G	H	I	J	K	L
1		1	2	3	4	5	6	7	8	9	10	11
2	1.5	2	2	1	1	1	0	0	0	0	0	
3	1	1	0	2	1	0	4	3	2	1	0	
4	0.7	0	1	0	2	3	0	1	2	4	5	
5		0	0.3	0.5	0.1	0.4	0	0.3	0.6	0.2	0.5	

图 1-5 Excel 中的数据

Variab	X1	X2	X3	X4	X5	X6	X7	X8	X9	X10	irectio	R. H.
Minimi	1	1	1	1	1	1	1	1	1	1		
C1	2	2	1	1	1						>=	
C2	1	0	2	1	0						>=	
C3	0	1	0	2	3						>=	
Lower	0	0	0	0	0	0	0	0	0	0		
Upper	M	M	M	M	M	M	M	M	M	M		
Variab	nuous	nuous	nuous	nuous	nuous	nuous	nuous	nuous	nuous	n		

图 1-6 WinQSB 中的数据

第2章

Excel“规划求解”工具简介

2.1 Excel的“宏”和“规划求解”

“宏”是由用户定义好的指令，即连续的命令及操作步骤，将这些命令及步骤依序保存为一个“宏命令”，并加以执行。“宏”的作用是可以使频繁执行的动作批量化和自动化。例如，你可以利用“宏命令”完成400份格式相同的员工工资的统计，或者可以创建一个宏，用来在工作表的每一行上输入一组日期，并在每一单元格内居中对齐日期，然后对此行应用边框格式。

“规划求解”是Excel中的一个加载宏，借助“规划求解”可求得工作表上某个单元格(被称为目标单元格)中公式(单元格中的一系列值、单元格引用、名称或运算符的组合，可生成新的值)的最优值。“规划求解”将对直接或间接与目标单元格中公式相关联的一组单元格中的数值进行调整，最终在目标单元格公式中求得期望的结果。“规划求解”通过调整所指定的可更改的单元格(可变单元格)中的值，从目标单元格公式中求得所需的结果。在创建模型过程中，可以对“规划求解”模型中的可变单元格数值应用约束条件。可以将约束条件应用于可变单元格、目标单元格或其他与目标单元格直接或间接相关的单元格。而且约束条件可以引用其他影响目标单元格公式的单元格。使用“规划求解”可通过更改其他单元格来确定某个单元格的最大值或最小值。

Microsoft Excel的“规划求解”工具中的非线性规划问题取自德克萨斯大学奥斯汀分校的Leon Lasdon和克里夫兰州立大学的Allan Waren共同开发的Generalized Reduced Gradient非线性最优化代码。线性和整数规划问题取自Frontline Systems公司的John Watson和Dan Fylstra提供的有界变量单纯形法和分支定界法。

2.2 如何加载“规划求解”

安装Office的时候，系统默认的安装方式不会安装宏程序，需要用户根据自己的需求选择安装。下面是以Office 2003为例说明加载“规划求解”宏的步骤。

(1) 在“工具”菜单上,单击“加载宏”,见图 2-1。

(2) 在弹出的对话框中选择“可用加载宏”列表框,选定待添加的加载宏“规划求解”选项旁的复选框,然后单击“确定”按钮。之后“工具”菜单下就会出现一项“规划求解”。如果需要也可以用鼠标勾选其他功能,见图 2-2。

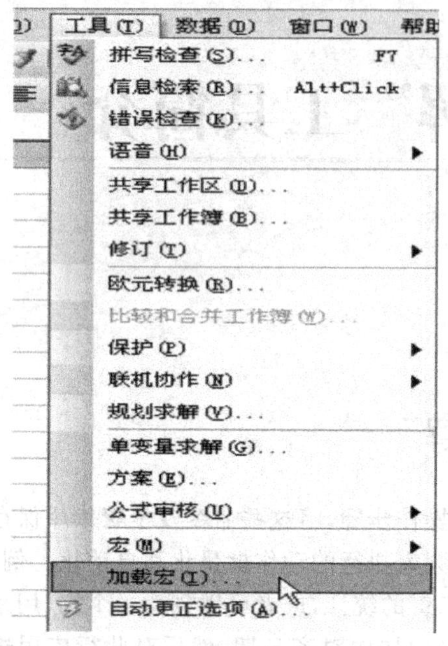

图 2-1 “加载宏”菜单位置

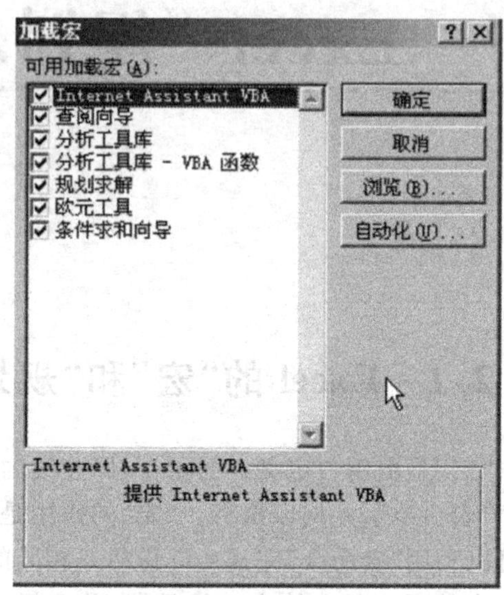

图 2-2 “加载宏”选择框

(3) 如果要卸载已经加载的宏,请在“可用加载宏”列表框中,选定待添加的加载宏选项旁的复选框,然后单击“确定”按钮。

2.3 “规划求解”的参数解释和选项设置

加载了“规划求解”后,单击“规划求解”按钮,就会出现如图 2-3 所示的“规划求解参数”设置对话框。

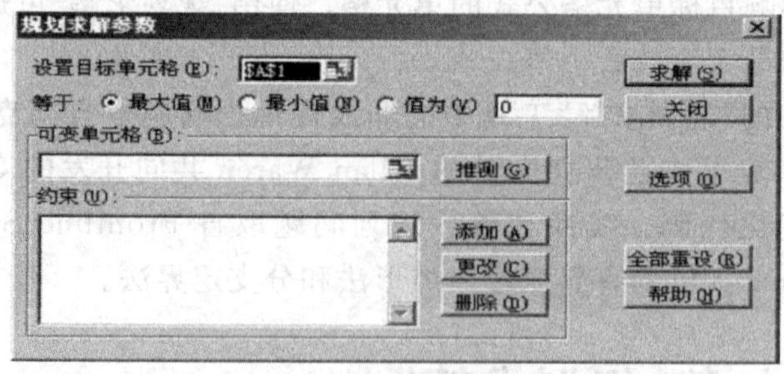

图 2-3 “规划求解参数”设置对话框

(1) 设置目标单元格:目标单元格是一些单元格、具体数值、运算符号的组合,它对应规划模型中的目标函数。注意:目标单元格一定要是公式,即一定是以=开始。

(2) 最大值、最小值：在此指定是否希望目标单元格为最大值、最小值或某一特定数值。如果需要指定数值，请在右侧编辑框中键入该值。

(3) 可变单元格：在此指定可变单元格。求解时其中的数值不断调整，直到满足约束条件并且“设置目标单元格”框中指定的单元格达到目标值。可变单元格必须直接或间接地与目标单元格相关联。它相当于规划模型中的变量。

(4) 推测：单击此按钮将自动推测“设置目标单元格”框中的公式所引用的所有非公式单元格，并在“可变单元格”框中定位这些单元格的引用。

(5) 约束：在此列出了规划求解的所有约束条件。

(6) 添加：显示“添加约束”对话框，见图 2-4。

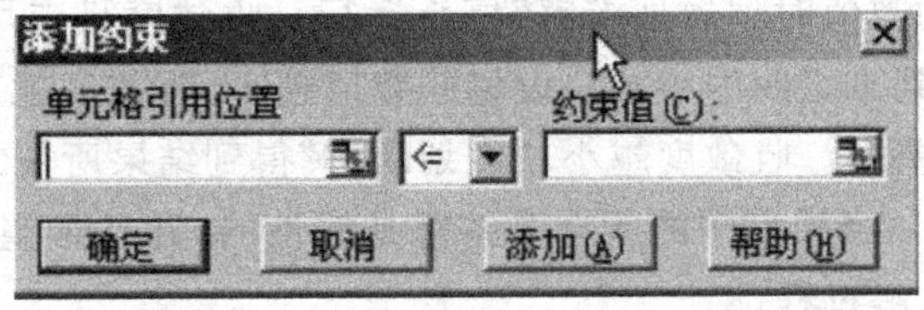

图 2-4 “添加约束”对话框

(7) 更改：显示“更改约束”对话框。注意：单击此按钮的时候，要先选择需要更改的约束。

(8) 删除：删除选定的约束条件。同样单击此按钮前，要先选择需要删除的约束。

(9) 求解：对定义好的问题进行求解。

(10) 关闭：关闭对话框，不进行规划求解。但保留通过“选项”、“添加”、“更改”或“删除”按钮所做的更改。也就是说，下次再次单击“规划求解”按钮后，对话框显示上回所设置的参数。

(11) 选项：显示“规划求解选项”对话框。在其中可加载或保存规划求解模型，并对求解过程的高级属性进行控制，见图 2-5。

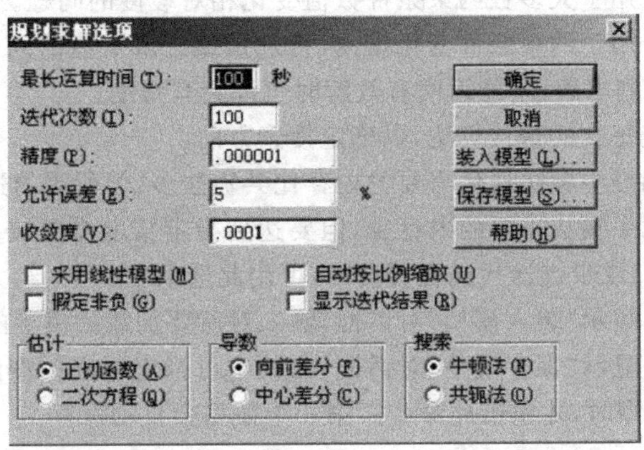

图 2-5 “规划求解选项”对话框

下面对该对话框中的参数进行说明。

(1) 最长运算时间：在此设定求解过程的时间。可输入的最大值为 32 767(秒)，默认值 100(秒)可以满足大多数小型规划求解要求。

(2) 迭代次数：在此设定求解过程中迭代运算的次数，限制求解过程的时间。可输入的最大值为3277，默认值100次可以满足大多数小型规划求解要求。

(3) 精度：在此输入用于控制求解精度的数字，以确定约束条件单元格中的数值是否满足目标值或上下限。精度必须表示为0到1之间的小数，输入数字的小数位越多，精度越高。例如，0.0001比0.001的精度高。

(4) 允许误差：在此输入满足整数约束条件并可被接受的目标单元格求解结果与真实的最佳结果间的百分偏差。这个选项只应用于具有整数约束条件的问题。设置的允许误差值越大，求解过程就越快。

(5) 收敛度：在此输入收敛度数值，当最近五次迭代后目标单元格中的数值的变化小于"收敛度"框中设置的数值时，"规划求解"停止运行。收敛度只应用于非线性规划求解问题，并且必须表示为0到1之间的小数。设置的数值越小，收敛度就越高。例如，0.0001表示比0.01更小的相对差别。收敛度越小，"规划求解"得到结果所需的时间就越长。

(6) 采用线性模型：当模型中的所有关系都是线性的，并且希望解决线性优化问题时，选中此复选框可加速求解过程。

(7) 显示迭代结果：如果选中此复选框，每进行一次迭代后都将中断"规划求解"，并显示当前的迭代结果。

(8) 自动按比例缩放：如果选中此复选框，当输入和输出值量级差别很大时，可自动按比例缩放数值。例如，基于百万美元的投资将利润百分比最大化。

(9) 假定非负：如果选中此复选框，则对于在"添加约束"对话框的"约束值"框中没有设置下限的所有可变单元格，假定其下限为0。

(10) 估计：指定在每个一维搜索中用来得到基本变量初始估计值的逼近方案。

(11) 正切函数：使用正切向量线性外推。

(12) 二次方程：用二次方程外推法，提供非线性规划问题的计算精度。

(13) 导数：指定用于估计目标函数和约束函数偏导数的差分方案。

(14) 向前差分：用于大多数约束条件数值变化相对缓慢的问题。

(15) 中心差分：用于约束条件变化迅速，特别是接近限定值的问题。虽然此选项要求更多的计算，但在"规划求解"不能返回有效解时也许会有帮助。

(16) 搜索：指定每次的迭代算法，以确定搜索方向。

(17) 牛顿法：用准牛顿法迭代需要的内存比共轭法多，但所需的迭代次数少。

(18) 共轭法：比牛顿法需要的内存少，但要达到指定精度需要较多次的迭代运算。当问题较大和内存有限，或步进迭代进程缓慢时，可用此选项。

(19) 装入模型：显示"装入模型"对话框，输入对所要加载的模型的引用。

(20) 保存模型：显示"保存模型"对话框，在其中可指定保存模型的位置。只有需要在工作表上保存多个模型时，才单击此命令。第一个模型会自动保存。

2.4 "规划求解"的操作步骤

下面简单说明如何用"规划求解"工具来求解运筹学问题，具体的解释请读者在后面的章节中查看。

(1) 首先在表格上建立模型，然后单击“规划求解”按钮，出现“规划求解参数”的对话框。

(2) 在“设置目标单元格”框中，输入目标单元格的单元格引用(用于表示单元格在工作表上所处位置的坐标集。例如，显示在第B列和第3行交叉处的单元格，其引用形式为“B3”)或名称(代表单元格、单元格区域、公式或常量值的单词或字符串。名称更易于理解，例如，“产品”可以引用难以理解的区域“Sales! C20：C30”)。目标单元格必须包含公式。

(3) 若要使目标单元格中数值最大，请单击“最大值”按钮。若要使目标单元格中数值最小，请单击“最小值”按钮。若要使目标单元格中数值为确定值，请单击“值为”按钮，再在编辑框中键入数值。

(4) 在“可变单元格”框中，输入每个可变单元格的名称或引用，用逗号分隔不相邻的引用。可变单元格必须直接或间接与目标单元格相联系。最多可以指定200个可变单元格。若要使“规划求解”基于目标单元格自动设定可变单元格，请单击“推测”按钮。

(5) 在“规划求解参数”对话框的“约束”下，单击“添加”按钮，见图2-6。

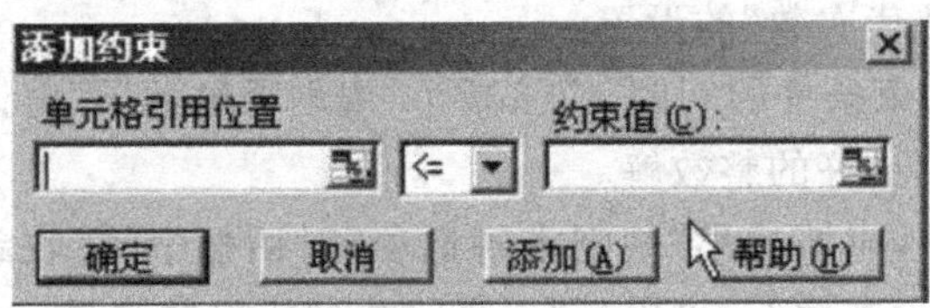

图2-6 “添加约束”对话框

(6) 在“单元格引用位置”框中输入需要对其中数值进行约束的单元格引用或单元格区域的名称。

(7) 单击希望在引用单元格和约束条件之间使用的关系(“＜＝”、“＝”、“＞＝”、“Int”或“Bin”)。如果单击Int，则“约束值”框中会显示“整数”；如果单击Bin，则“约束值”框中会显示“二进制”。

(8) 在“约束值”框中，键入数字、单元格引用、名称或公式。

(9) 若要接受约束条件并要添加其他约束条件，请单击“添加”按钮。若要接受约束条件并返回“规划求解参数”对话框，请单击“确定”按钮。

(10) 注意：只能在对可变单元格的约束条件中应用“Int”和“Bin”关系。当“规划求解选项”对话框中的“采用线性模型”复选框被选中时，对约束条件的数量没有限制。对于非线性规划问题，每个可变单元格除了变量的范围和整数限制外，还可以有多达100个约束。

(11) 更改或删除约束。在“规划求解参数”对话框的“约束”下，单击要更改或删除的约束条件，单击“更改”按钮，并进行所需的更改，或单击“删除”按钮。

(12) 单击“求解”按钮，再执行下列操作之一：若要在工作表中保存求解后的数值，请在“规划求解结果”对话框中，单击“保存规划求解结果”按钮；若要恢复原始数据，请单击“恢复为原值”按钮。注意：按Esc可以中止求解过程，Excel将按最后找到的可变单元格的数值重新计算工作表。若求出解，请在“报告”框中单击一种报表类型，再单击“确定”按钮。报表保存在工作簿中新生成的工作表上。

2.5 “规划求解”工具的求解结果说明

下面就“规划求解”工具的求解结果的不同提示做简单的说明。

(1) 尚未找到满足要求的结果,“规划求解”即停止了运行。

这个结果可能是由下列任意一个原因引起。

① 中断了求解过程。

② 在单击“求解”按钮之前,选中了“规划求解选项”对话框中的“显示迭代结果”选项。

③ 在单步迭代过程中,或达到最长运算时间或最大迭代次数时,单击了“停止”按钮。

④ 选中了“规划求解选项”对话框中的“采用线性模型”复选框,但问题是非线性的。

⑤ 在“规划求解参数”对话框的“设置目标单元格”框中指定的数值不收敛地增加或减少。

针对上述问题的解决方法如下。

① 需要让“规划求解”运行更长的时间以求得结果。请调整“规划求解选项”对话框中的“最长运算时间”或“迭代次数”的设置。

② 对于具有整数约束条件的问题,应该减小“规划求解选项”对话框中的“允许误差”的设置,使“规划求解”找到更好的整数解。

③ 对于非线性问题,应该减小“规划求解选项”对话框中的“收敛度”设置,使目标单元格数值变化缓慢时,“规划求解”仍可以运行,最终找到较好的结果。

④ 应该选中“规划求解选项”对话框中的“自动按比例缩放”复选框,当可能一些输入数值相差几个数量级,或输入和输出数值相差几个数量级时。

⑤ 当“规划求解”停止运行时,在“规划求解结果”对话框中显示出完成信息。单击“保存规划求解结果”或“恢复为原值”按钮,进行所需的更改,然后再运行一次。

(2) 可变单元格与约束条件或目标单元格中的数值差别很大。

当可变单元格的典型数值与约束单元格或目标单元格中的数值相差几个数量级时,请选中“规划求解选项”对话框中的“自动按比例缩放”复选框。对于非线性问题,在单击“规划求解参数”对话框中的“求解”按钮之前,请确认可变单元格的初始数值与期望的最终数值的数量级相同。

(3) 未得到预期的结果。

对于非线性问题,在可变单元格中尝试不同的初始值可能会有帮助,特别是在“规划求解”结果与期望的数值差别很大时。预先将可变单元格的数值设置为预期的最优值,可以减少求解时间。

对于线性模型,改变可变单元格的初始值不会影响最终数值或求解时间。

(4) “规划求解”得到的结果与以前的结果不同。

“规划求解”显示如下信息:“规划求解已收敛到当前结果。满足所有约束条件”。这表明目标单元格中的数值在最近五次求解过程中的变化量小于“规划求解选项”对话框中“收敛度”设置的值。

(5) “规划求解”不能达到最优解。

这可能出现以下几种情况。

① “规划求解”不能改进当前解。所有约束条件都得到了满足。

这表明仅得到近似值，迭代过程无法得到比显示结果更精确的数值；或是无法进一步提高精度，或是精度值设置得太小，请在“规划求解选项”对话框中试着设置较大的精度值，然后再运行一次。

② 求解达到最长运算时间后停止。

这表明在达到最长运算时间限制时，没有得到满意的结果。若要保存当前结果并节省下次计算时间，请单击“保存规划求解”或“保存方案”选项。

③ 求解达到最大迭代次数后停止。

这表明在达到最大迭代次数时，没有得到满意的结果。增加迭代次数也许有用，但是应该先检查结果数值来确定问题的原因。若要保存当前结果并节省下次计算时间，请单击“保存规划求解”或“保存方案”选项。

④ 目标单元格中的数值不收敛。

这表明即使满足全部约束条件，目标单元格数值也只是有增或有减但不收敛。这可能是在设置问题时忽略了一项或多项约束条件。请检查工作表中的当前值，确定数值发散的原因，并且检查约束条件，然后再次求解。

⑤ “规划求解”未找到合适结果。

这表明在满足约束条件和精度要求的条件下，“规划求解”无法得到合理的结果，这可能是约束条件不一致所致。请检查约束条件公式或类型选择是否有误。

⑥ “规划求解”应用户要求中止。

这表明在暂停求解过程之后，或在单步执行规划求解时，单击了“显示中间结果”对话框中的“停止”按钮。

⑦ 无法满足设定的“采用线性模型”条件。

这表明求解时选中了“采用线性模型”复选框，但是“规划求解”最后计算结果并不满足线性模型。计算结果对工作表中的公式无效。若要验证问题是否为非线性的，请选中“自动按比例缩放”复选框，然后再运行一次。如果又一次出现同样信息，请清除“采用线性模型”复选框，然后再运行一次。

⑧ “规划求解”在目标或约束条件单元格中发现错误值。

这表明在最近的一次运算中，一个或多个公式的运算结果有误。请找到包含错误值的目标单元格或约束条件单元格，更改其中的公式或内容，以得到合理的运算结果。

还有可能是在“添加约束”或“改变约束”对话框中键入了无效的名称或公式，或者在“约束”框中直接键入了 integer 或 binary。若要将数值约束为整数，请在比较运算符列表中单击 Int。若要将数值约束为二进制数，请单击 Bin。

⑨ 内存不足以求解问题。

Excel 无法获得“规划求解”所需的内存。请关闭一些文件或应用程序，再试一次。

⑩ 其他的 Excel 实例正在使用 SOLVER. DLL。

这表明有多个 Excel 会话正在运行，其中一个会话正在使用 SOLVER. DLL。SOLVER. DLL 只能供一个会话使用。

第3章

线性规划和整数规划

线性规划是运筹学中研究较早、发展较快、应用广泛、方法较成熟的一个重要分支，它是辅助人们进行科学管理的一种数学方法。在经济管理、交通运输、工农业生产等经济活动中，提高经济效果是人们不可缺少的要求，而提高经济效果一般通过两种途径：一是技术方面的改进，例如改善生产工艺，使用新设备和新型原材料；二是生产组织与计划的改进，即合理安排人力物力资源。线性规划所研究的是：在一定条件下，合理安排人力物力等资源，使经济效果达到最好。一般地，求线性目标函数在线性约束条件下的最大值或最小值的问题，统称为线性规划问题。满足线性约束条件的解叫做可行解，由所有可行解组成的集合叫做可行域。决策变量、约束条件、目标函数是线性规划的三要素。

在线性规划问题中，有些最优解可能是分数或小数，但对于某些具体问题，常要求某些变量的解必须是整数。例如，当变量代表的是机器的台数、工作的人数或装货的车数等。为了满足整数的要求，初看起来似乎只要把已得的非整数解舍入化整就可以了。实际上化整后的数不见得是可行解和最优解，所以应该有特殊的方法来求解整数规划。在整数规划中，如果所有变量都限制为整数，则称为纯整数规划；如果仅一部分变量限制为整数，则称为混合整数规划。整数规划的一种特殊情形是0-1规划，它的变数仅限于0或1。不同于线性规划问题，整数和0-1规划问题至今尚未找到一般的多项式解法。

3.1 加利福尼亚儿童医院呼叫中心工作人员配置问题

【案例描述】

为了改进预约和挂号程序，加利福尼亚儿童医院决定通过建立一个呼叫中心专门用于处理预约和挂号，使得这些过程集中化。医院现在正处于计划建立呼叫中心的阶段。Lenny Davis，医院经理，计划呼叫中心在每个工作日的7:00到21:00开放。几个月前，医院雇用了一个十分有雄心的管理咨询公司，Creative Chaos咨询公司，对一天中每个小时呼叫中心接收到的电话量进行预测。由于所有与预约和挂号有关的电话都由呼叫中心接听，这个咨询公司认为他们可以将所有门诊部和部门接到的与预约和挂号有关的电话量加总来预测呼叫中心的电话量。工作组拜访了所有的门诊和部门，记录下了所有与预约和挂号有关的电话。然后他们将电话量加总，并将这个总和根据收集期间未接入的电话量进行修正，同时对病人由于分散处理带来的混乱而反复给医院电话的情况进行修正。Creative Chaos 咨询公司定了工作日中每一个小时呼叫中心将接收到的平均电话量。表 3-1 提供了这个预测。

表 3-1 医院每个时间段的平均电话量

工作换班时间	平均电话量
7:00AM—9:00AM	每小时 40 个电话
9:00AM—11:00AM	每小时 85 个电话
11:00AM—1:00PM	每小时 70 个电话
1:00PM—3:00PM	每小时 95 个电话
3:00PM—5:00PM	每小时 80 个电话
5:00PM—7:00PM	每小时 35 个电话
7:00PM—9:00PM	每小时 10 个电话

在咨询公司总结了这些预测之后，Lenny 开始对接收到说西班牙语的电话数量产生兴趣，因为医院为许多说西班牙语的病人提供服务。Lenny 知道他必须雇用一些讲西班牙语的操作员处理这些电话。咨询公司进行了进一步的数据收集，并确定平均 20%的电话来自于说西班牙语的人。

有了这些电话量的预测，Lenny 现在必须决策工作日的每一个换班时间呼叫中心需要多少工作人员。在预测项目期间，Creative Chaos 咨询公司仔细观察了在单独的门诊部或部门工作的操作人员的工作情况，并确定出了操作人员每小时可以处理的电话量。咨询公司告诉 Lenny 一个操作人员平均每小时可以处理 6 个电话。Lenny 还知道他有全职和兼职的员工可以配备给呼叫中心。一个全职员工每天可以工作 8 小时，但是由于要完成一些文书工作，这些员工每天只有 4 个小时可以接听电话。为了平衡计划，员工进行两小时轮换，分别接听电话和完成文书工作。全职员工每天的工作可以从接听电话开始，也可以从完成文书工作开始。全职员工讲西班牙语或英语，但是他们中没有一个是能够进行双语工作的。在 5:00PM 前每一个说西班牙语和说英语的员工每小时的工资都是 10 美元，5:00PM 以后是 12 美元。全职员工可以在 7:00AM—9:00AM 时间段、9:00AM—11:00AM 时间段、11:00AM—1:00PM 时间段、1:00PM—3:00PM 时间段工作。兼职员工工作 4 小时，只接听电话，只说英语。他们可以在 3:00PM—5:00PM 时间段、5:00PM—7:00PM 时间段工作。与全职员工一样，他们在 5:00PM 前每小时工资是 10 美元，5:00PM 后是 12 美元。

对于下面的分析，只考虑员工花费在接听电话上的劳动成本。文书工作的成本由其他成本中心处理。

(1) 为了接听所有的电话，呼叫中心工作日每两个小时工作轮换期间讲西班牙语的操作人员和讲英语的工作人员各需要多少？由于半个人是没有意义的，所以请提供一个整数。

(2) Lenny 需要确定每一个工作轮换的开始需要由多少个讲西班牙语的全职操作人员、讲英语的全职工作人员和兼职人员。Creative Chaos 咨询公司建议他使用线性规划，使得在接听所有电话的前提下运作成本最小的方式处理这个问题。

【案例分析和模型的建立】

对于问题(1),我们可以根据表 3-1 的平均电话量和操作人员的接电话的效率,以及西班牙语的电话数量比例得到表 3-2 的解答。

表 3-2 医院每个时段所需的英语和西班牙语工作人员数量

工作换班时间	平均电话量	英语工作人员/人	西班牙语工作人员/人
7:00AM—9:00AM	每小时 40 个电话	6	2
9:00AM—11:00AM	每小时 85 个电话	12	3
11:00AM—1:00PM	每小时 70 个电话	10	3
1:00PM—3:00PM	每小时 95 个电话	13	4
3:00PM—5:00PM	每小时 80 个电话	11	3
5:00PM—7:00PM	每小时 35 个电话	5	2
7:00PM—9:00PM	每小时 10 个电话	2	1

对于问题(2),我们建立整数线性规划模型,由于此问题属于典型的排班问题,根据排班问题的一般变量设置方法,设置决策变量如下:

7:00AM 上班接电话的西班牙语全职工——x_{11};

7:00AM 上班接电话的英语全职工——x_{12};

7:00AM 上班做文书的西班牙语全职工——x_{21};

7:00AM 上班做文书的英语全职工——x_{22};

9:00AM 上班接电话的西班牙语全职工——x_{31};

9:00AM 上班接电话的英语全职工——x_{32};

9:00AM 上班做文书的西班牙语全职工——x_{41};

9:00AM 上班做文书的英语全职工——x_{42};

11:00AM 上班接电话的西班牙语全职工——x_{51};

11:00AM 上班接电话的英语全职工——x_{52};

11:00AM 上班做文书的西班牙语全职工——x_{61};

11:00AM 上班做文书的英语全职工——x_{62};

1:00PM 上班接电话的西班牙语全职工——x_{71};

1:00PM 上班接电话的英语全职工——x_{72};

1:00PM 上班做文书的西班牙语全职工——x_{81};

1:00PM 上班做文书的英语全职工——x_{82};

3:00PM 上班接电话的英语兼职工——y_1;

5:00PM 上班接电话的英语兼职工——y_2。

目标函数应表示为运行的总成本,根据总成本的计算公式,得到如下的目标函数:

$$\min Z = 40(x_{11} + x_{12} + x_{21} + x_{22} + x_{31} + x_{32} + x_{41} + x_{42} + x_{51} + x_{52}) \\ + 44(x_{61} + x_{62} + x_{71} + x_{72} + x_{81} + x_{82} + y_1) + 48y_2$$

约束条件为每个时间段的工作人员数量的限制,可表示为如下的表达式:

$$
\text{s. t.}\begin{cases}
x_{11} \geqslant 2, x_{12} \geqslant 6 \\
x_{21} + x_{31} \geqslant 3, x_{22} + x_{32} \geqslant 12 \\
x_{11} + x_{41} + x_{51} \geqslant 3, x_{12} + x_{42} + x_{52} \geqslant 10 \\
x_{21} + x_{31} + x_{61} \geqslant 4, x_{22} + x_{32} + x_{62} \geqslant 13 \\
x_{41} + x_{51} + x_{81} \geqslant 3, x_{42} + x_{52} + x_{82} + y_1 \geqslant 11 \\
x_{61} + x_{71} \geqslant 2, x_{62} + y_1 + y_2 \geqslant 5 \\
x_{81} \geqslant 1, x_{82} + y_2 \geqslant 2 \\
x_{ij} \geqslant 0，\text{且为整数}(i = 1,\cdots,8; j = 1,2) \\
y_i \geqslant 0，\text{且为整数}(i = 1,2)
\end{cases}
$$

【问题的求解】

根据上述建立的线性规划模型，可以利用 WinQSB 的 Linear Programming and Integer linear Programming 子程序来对其进行求解，求解的步骤如下。

选择开始→程序→WinQSB→Linear Programming and Integer linear Programming，打开 WinQSB 的线性规划和整数线性规划子程序，启动界面如图 3-1 所示。

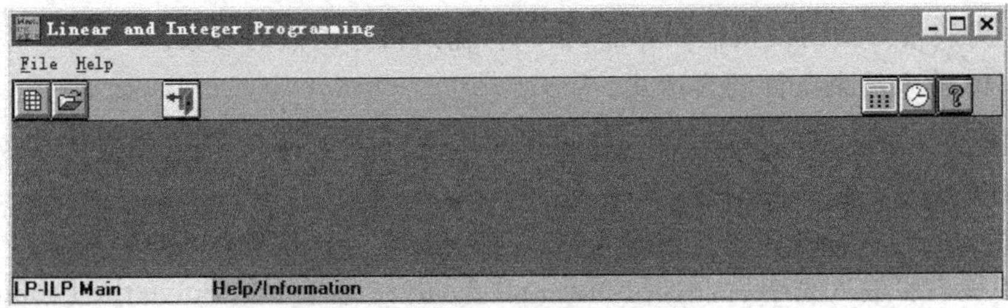

图 3-1　线性规划子程序启动界面

单击 File 菜单，选择 new problem(新建问题)命令，打开如图 3-2 所示的新问题设置界面。

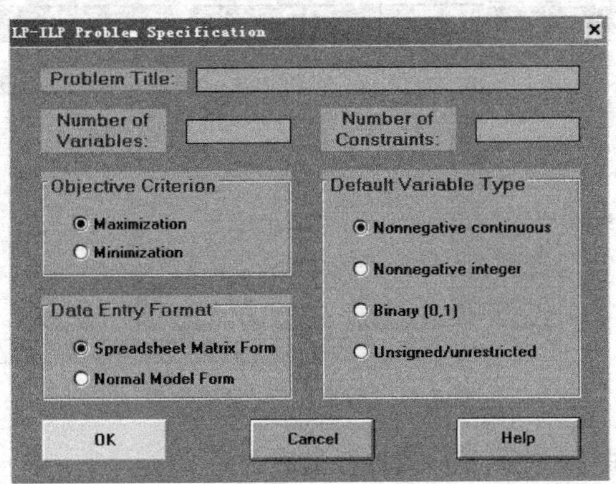

图 3-2　新问题设置界面

在此界面我们设置一些问题的参数，包括以下几项。

Problem Title：问题标题。

Number of Variables：变量的个数。

Number of Constraints：约束条件的个数。

Objective Criterion：目标函数的优化方向(最大/最小)。

Data Entry Format：问题数据输入的形式(表格形式/模型形式)。

Default Variable Type：默认变量的类型。

设置完毕后单击 OK 按钮，出现如图 3-3 所示的模型数据输入界面。

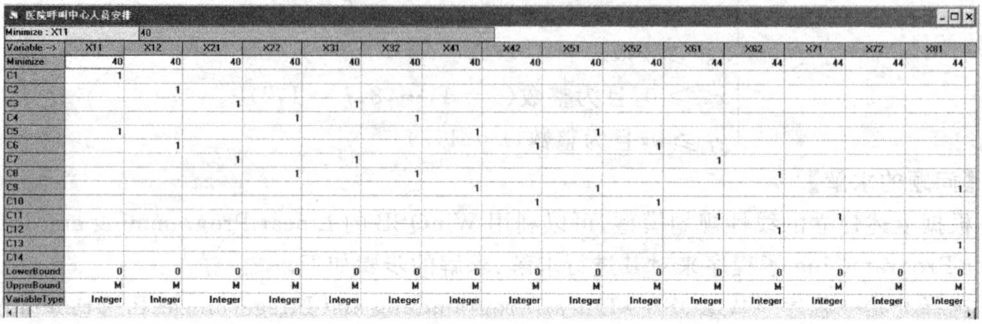

医院呼叫中心人员安排

Minimize : X11 40

Variable -->	X11	X12	X21	X22	X31	X32	X41	X42	X51	X52	X61	X62	X71	X72	X81
Minimize	40	40	40	40	40	40	40	40	40	40	44	44	44	44	44
C1	1														
C2		1													
C3			1		1										
C4				1		1									
C5	1						1		1						
C6		1						1		1					
C7			1		1						1				
C8				1		1						1			
C9							1		1						1
C10								1		1					
C11											1		1		
C12												1			
C13															1
C14															
LowerBound	0	0	0	0	0	0	0	0	0	0	0	0	0	0	0
UpperBound	M	M	M	M	M	M	M	M	M	M	M	M	M	M	M
VariableType	Integer	Integer	Integer	Integer	Integer	Integer	Integer	Integer	Integer	Integer	Integer	Integer	Integer	Integer	Integer

图 3-3 模型数据输入界面

图 3-3 为表格形式的模型输入界面，第一行输入目标函数的参数。

C1～C10 输入约束条件的表达式。

LowerBound 输入每个变量的下限(其中可用 M 表示正无穷大)。

UpperBound 输入每个变量的上限。

VariableType 双击可选择变量的类型(连续/整形/0-1/非负/无限制)。

上述各项内容输入完毕后，单击 Solve and Analyze 菜单下的 Solve the Problem 命令就可以进行问题的求解，如图 3-4 所示。

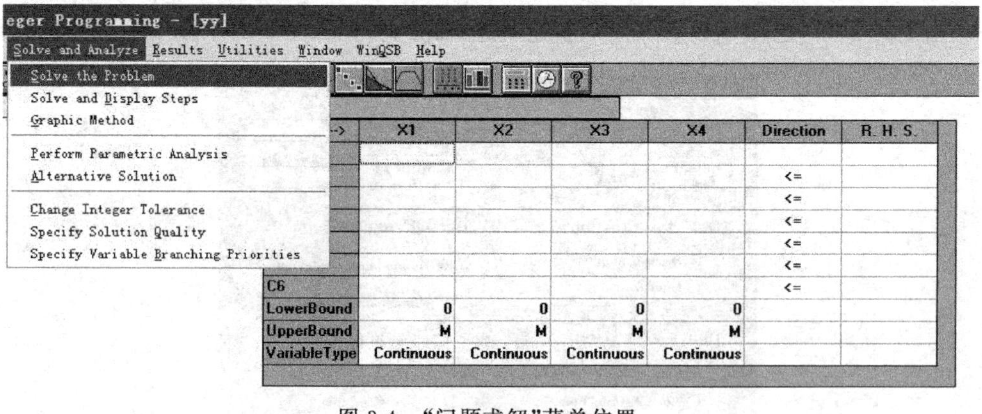

eger Programming - [yy]

Solve and Analyze　Results　Utilities　Window　WinQSB　Help

Solve the Problem
Solve and Display Steps
Graphic Method
Perform Parametric Analysis
Alternative Solution
Change Integer Tolerance
Specify Solution Quality
Specify Variable Branching Priorities

-->	X1	X2	X3	X4	Direction	R. H. S.
					<=	
					<=	
					<=	
					<=	
					<=	
C6					<=	
LowerBound	0	0	0	0		
UpperBound	M	M	M	M		
VariableType	Continuous	Continuous	Continuous	Continuous		

图 3-4 “问题求解”菜单位置

求解的结果会以图 3-5 的界面形式进行呈现。

其中决策变量的值由 Solution Value 列所示，目标函数的最优值由 Objective Function 所示。由图 3-5 可知：

7:00AM 上班接电话的西班牙语全职工——$x_{11}=2$；

7:00AM 上班接电话的英语全职工——$x_{12}=6$；

7:00AM 上班做文书的西班牙语全职工——$x_{21}=3$；

	19:51:57		2013-3-21 19:51:56 下午	2013-3-21 19:51:56 下午	2013-3-21 19:51:56 下午	2013-3-21 19:51:56 下午		
	Decision Variable	Solution Value	Unit Cost or Profit c(j)	Total Contribution	Reduced Cost	Basis Status	Allowable Min. c(j)	Allowable Max. c(j)
1	X11	2.0000	40.0000	80.0000	0	basic	0	M
2	X12	6.0000	40.0000	240.0000	0	basic	0	M
3	X21	3.0000	40.0000	120.0000	0	basic	0	40.0000
4	X22	13.0000	40.0000	520.0000	0	basic	20.0000	40.0000
5	X31	0	40.0000	0	0	at bound	40.0000	M
6	X32	0	40.0000	0	0	at bound	40.0000	M
7	X41	2.0000	40.0000	80.0000	0	basic	0	40.0000
8	X42	4.0000	40.0000	160.0000	0	basic	40.0000	40.0000
9	X51	0	40.0000	0	0	at bound	40.0000	M
10	X52	0	40.0000	0	0	at bound	40.0000	M
11	X61	1.0000	44.0000	44.0000	0	basic	44.0000	84.0000
12	X62	0	44.0000	0	0	basic	44.0000	64.0000
13	X71	1.0000	44.0000	44.0000	0	basic	4.0000	44.0000
14	X72	0	44.0000	0	44.0000	at bound	0	M
15	X81	1.0000	44.0000	44.0000	0	basic	40.0000	M
16	X82	2.0000	44.0000	88.0000	0	basic	40.0000	84.0000
17	Y1	5.0000	44.0000	220.0000	0	basic	4.0000	44.0000
18	Y2	0	48.0000	0	40.0000	at bound	8.0000	M
	Objective	Function	(Min.) =	1,640.0000				

图 3-5　求解结果界面

7:00AM 上班做文书的英语全职工——$x_{22}=13$；

9:00AM 上班接电话的西班牙语全职工——$x_{31}=0$；

9:00AM 上班接电话的英语全职工——$x_{32}=0$；

9:00AM 上班做文书的西班牙语全职工——$x_{41}=2$；

9:00AM 上班做文书的英语全职工——$x_{42}=4$；

11:00AM 上班接电话的西班牙语全职工——$x_{51}=0$；

11:00AM 上班接电话的英语全职工——$x_{52}=0$；

11:00AM 上班做文书的西班牙语全职工——$x_{61}=1$；

11:00AM 上班做文书的英语全职工——$x_{62}=0$；

1:00PM 上班接电话的西班牙语全职工——$x_{71}=1$；

1:00PM 上班接电话的英语全职工——$x_{72}=0$；

1:00PM 上班做文书的西班牙语全职工——$x_{81}=1$；

1:00PM 上班做文书的英语全职工——$x_{82}=2$；

3:00PM 上班接电话的英语兼职工——$y_1=5$；

5:00PM 上班接电话的英语兼职工——$y_2=0$。

每天最低的运作成本为 1640 美元。

3.2　All-State 大学的自助食堂成本优化

【案例描述】

All-State 大学的自助食堂每个星期四的中午准时提供一道特殊的菜。这种想来十分美味的菜是一种炖菜，包含有炒过的洋葱、煮熟的土豆片、绿豆和蘑菇汤。不幸的是学生们没有能够看到这道菜的特殊质量。他们为这道菜起了一个令人讨厌的名字，杀手炖菜。学生们很不情愿吃这道菜，但是自助食堂对星期四的午餐只提供了有限的选择(也就是炖菜)。

自助食堂的经理 Maria Gonzalez 希望明年可以降低成本。她相信降低成本的一种当然的方法是购买较为便宜而质量可能比较低的配料。由于这种炖菜是每星期自助食堂菜单中的重要组成部分,因此她认为如果她能够降低为制作这种炖菜所购买的配料的成本,整个自助食堂的营运成本将大大降低。因此她决定花一些时间看看在保持营养和口味要求的情况下如何将成本降到最低。Maria 集中研究降低这种炖菜的两种主要配料的成本,土豆和绿豆。这两种配料占据了大多数的成本和营养成分,是影响口味的主要因素。Maria 每星期从一个批发商那里购买土豆和绿豆。土豆的成本是每磅 0.4 美元,绿豆的成本是每磅 1 美元。

All-Sate 大学规定了每一个自助食堂的主菜都必须达到的营养要求。这道菜必须包含 180 克的蛋白质、80 毫克的铁、1050 毫克的维生素 C(1 磅相当于 454 克,1 克等于 1000 毫克)。为了简化计划,Maria 假设这道炖菜中只有土豆和绿豆提供了营养。它们的营养成分信息如表 3-3 所示。

表 3-3 营养成分信息

营养成分	土豆	绿豆
蛋白质	1.5 克/100 克	6.22 克/10 盎司
铁	0.3 毫克/100 克	3.732 毫克/10 盎司
维生素 C	12 毫克/100 克	31.1 毫克/10 盎司

注:1 盎司相当于 31.1 克。

Edson Branner 是自助食堂的厨师,非常注重于口味。她告诉 Maria 为了使得炖菜可口,土豆和绿豆的总量比至少应当是 6∶5 。在得到了在自助食堂就餐的学生数之后,Maria 得知她必须购买足够数量的土豆和绿豆,为每星期至少 10 千克的炖菜做好准备。(1 千克等于 1000 克)为了简化计划,她假设只有土豆和绿豆决定了能够准备的炖菜的数量。Maria 没有为需要准备的炖菜设置上限,因为所有剩下的菜可以供应好几天,或者创造性地作为其他主菜的原料。

根据以上资料,试回答下列问题。

(1) 在满足营养、口味和需求量要求的前提下,确定为了准备炖菜 Maria 所需要准备的土豆和绿豆的数量,使得配料的成本最小。

(2) Maria 没有太多地考虑炖菜的口味,她只考虑了满足营养需求和削减成本。因此她要求 Edson 改变配方,使得土豆和绿豆最低重量比可以为 1∶2 。在这种新的配方下,确定 Maria 每个星期需要购买的土豆和绿豆的数量。

(3) 由于 Maria 认为其他配料,如洋葱和蘑菇汤,也含有铁,因此她决定将铁含量的要求降低到 65 毫克。在这种新的铁含量的要求下,确定 Maria 每个星期需要购买的土豆和绿豆的数量。

(4) Maria 得知批发商有多余的绿豆,因此绿豆的价格降低到 0.5 美元每磅。使用(3)中对铁含量的要求和新的绿豆价格,确定 Maria 每个星期需要购买的土豆和绿豆的数量。

(5) 由于利马豆比绿豆便宜而且含有更多的蛋白质和铁,因此 Maria 决定用利马豆代替绿豆。她使用独有的权力要求 Edson 改变配方,用利马豆取代绿豆。Maria 可以从批发商那里以每磅 0.6 美元的价格买到利马豆。每 10 盎司利马豆含有 24.88 克蛋白质和 7464 毫克铁,但是不含有维生素 C 。使用利马豆的成本和营养成分,在满足营养、口味和需求量要求的前提下确定 Maria 每个星期需要购买的土豆和利马豆的数量。营养要求包括对铁含量降低了的要求。

【案例分析】

问题(1)属于典型的配餐问题，根据此类问题的变量设置方法，可设需要准备土豆 $x_1$kg，绿豆 $x_2$kg，z 为配料的成本，根据单位土豆和绿豆的成本，可得如下的目标函数(注意单位的统一)：

$$\min z = \frac{200}{227}x_1 + \frac{500}{227}x_2$$

约束条件主要是营养要求，土豆和绿豆的总量比以及至少 10 千克的炖菜要求，可得如下的约束条件：

$$\text{s.t.}\begin{cases}15x_1 + 20x_2 \geqslant 180 \\ 3x_1 + 12x_2 \geqslant 80 \\ 120x_1 + 100x_2 \geqslant 1050 \\ 5x_1 - 6x_2 \geqslant 0 \\ x_1 + x_2 \geqslant 0 \\ x_1 \geqslant 0, x_2 \geqslant 0\end{cases}$$

问题(2)～(4)的线性规划模型和问题(1)基本类似，只需改变一些系数的值即可。问题(5)只需把原来的绿豆变量换成利马豆变量，根据利马豆的营养成分含量来设置约束条件即可。具体模型如下。

设需要准备土豆 $x_1$kg，利马豆 $x_3$kg，z 为配料的成本：

$$\min z = \frac{200}{227}x_1 + \frac{300}{227}x_3$$

$$\text{s.t.}\begin{cases}15x_1 + 80x_3 \geqslant 180 \\ 3x_1 + 24x_3 \geqslant 65 \\ 120x_1 \geqslant 1050 \\ 5x_1 - 6x_3 \geqslant 0 \\ x_1 + x_3 \geqslant 10 \\ x_1 \geqslant 0, x_3 \geqslant 0\end{cases}$$

【案例求解】

上节中所使用的 WinQSB 工具可对问题(1)的模型进行求解，方法与上节中类似，在此不再赘述。下面使用 Excel 的“规划求解”工具来对此模型进行求解。

在 Excel 中进行线性规划问题的求解，主要的是进行数学模型数据的布局，常见的模型布局形式如图 3-6 所示。

我们按照图 3-6 中的布局来设置问题(1)的模型，如图 3-7 所示。

其中在计算营养含量和总成本时可使用 SUMPRODUCT 函数进行自动填充的操作。

下面设置“规划求解”的参数，如图 3-8 所示。

图 3-8 中，设置目标单元格即为对目标函数表达式单元格的引用，此即为 C17。可变单元格即对决策变量单元格的引用，此即为 B11 和 C11。约束只需将模型的所有约束条件添加进去即可，单击“添加”按钮，出现如图 3-9 所示的对话框。

其中单元格引用位置即对约束条件表达式左端的引用，例如比例的约束条件此处即为 B14。中间的是表达式的符号，可选＜＝、＞＝、＝、int、bin 五种，int 为整数，bin 为 0-1 值，

	A	B	C	D	E	F
1						
2		标题显示区				
3						
4		已知条件区				
5						约束条件区
6						
7						
8						
9						
10						
11		变量区				
12						
13						
14		约束条件区				
15						
16						
17						
18		可调参数区		目标结果区		

图 3-6 Excel 建模参考布局

	A	B	C	D	E	F	G	H
1								
2		All-State 大学的自助食堂成本优化						
3								
4			土豆	绿豆	含量			
5		蛋白质	15	20	0	≥	180	kg
6		铁	3	12	0	≥	80	kg
7		维生素C	120	100	0	≥	1050	kg
8		单位成本	0.722021661	1.805054152				
9								
10		土豆	绿豆					
11								
12		kg	kg					
13								
14	比例	0	≥	0				
15	总量	0	≥	10				
16								
17		总成本	0					

图 3-7 案例问题的 Excel 建模

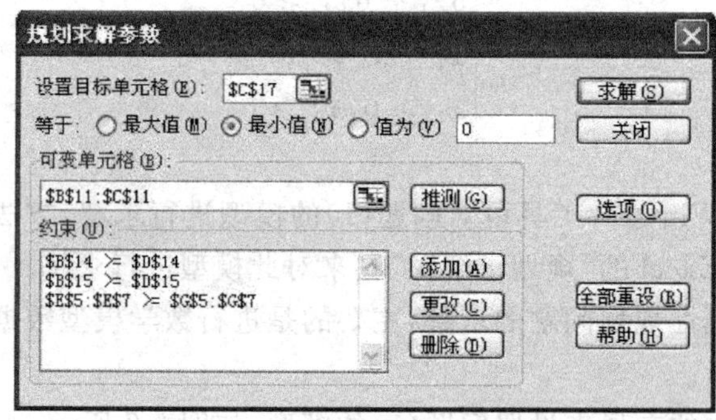

图 3-8 “规划求解参数”设置界面

图 3-9 “添加约束”对话框

约束值即为表达式右端项的值。设置完毕后单击“确定”按钮即可。此外还可以对相同符号位置相邻的表达式进行集中添加，例如图 3-8 中的“＄E＄5：＄E＄7＞＝＄G＄5：＄G＄7”即为对营养成分含量表达式的集中添加。

由于我们求解的是线性规划问题且土豆和绿豆的含量均为非负，单击“选项”按钮，勾选如图 3-10 所示的“采用线性模型”和“假定非负”两个选项。

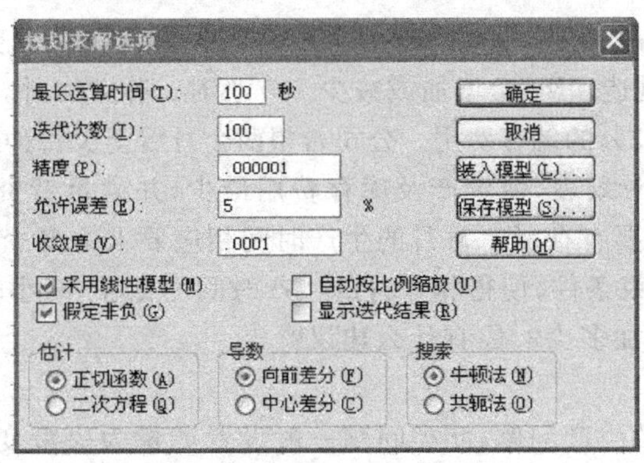

图 3-10　“规划求解选项”对话框

最后单击“求解”按钮，即可得到问题的求解结果，如图 3-11 所示。

	A	B	C	D	E	F	G	H
1								
2		All-State 大学的自助食堂成本优化						
3								
4			土豆	绿豆	含量			
5		蛋白质	15	20	194.8717949	≥	180	kg
6		铁	3	12	80	≥	80	kg
7		维生素C	120	100	1251.282051	≥	1050	kg
8		单位成本	0.722021661	1.805054152				
9								
10		土豆	绿豆					
11		6.153846154	5.128205128					
12		kg	kg					
13								
14	比例	0	≥	0				
15	总量	11.28205128	≥	10				
16								
17		总成本	13.69989818					

图 3-11　案例问题求解结果

从图 3-11 易知最优的土豆和绿豆量分别为 6.15kg 和 5.1kg，最小的成本为 13.7 美元。

问题(2)～(5)的模型求解与问题(1)基本类似，只需在问题(1)的 Excel 表格中改变一些系数即可。

3.3　银星自行车公司生产计划制订问题

【案例描述】

银星自行车公司在接下来的两个月中将制造“易踩十速”的男式和女式自行车。管理层制订一个生产计划，确定每种型号每月应生产多少，现在的需求预测要求第 1 个月运送 150 辆男式自行车和 125 辆女式自行车到销售地，第 2 个月则是运送 200 辆男式自行车和 150 辆女式自行车。其他数据如表 3-4 所示。

表 3-4 自行车制造相关数据

型号	生产费用/美元	所需工时/小时		现有存货/辆
		制造	组装	
男式	120	2.0	1.5	20
女式	90	1.6	1.0	30

上个月该公司一共使用了 1000 小时的生产时间。公司相关的劳资政策不允许相邻月份的总生产时间(包括制造和组装)增加或减少 100 小时。除此以外,公司根据月末的库存每月收取相当于生产费用 2%的储存费用。公司希望两个月后至少每种款式有 25 辆车的存货。

(1) 制订一个生产计划表,使生产及库存费用最少,并满足劳资政策规定、市场需求以及库存要求。哪种型号要有存货？每月的生产时间相应要求为多少？

(2) 若公司改变约束条件,使得相邻月的生产时间变化在 50 小时以内。这对生产计划有什么影响？成本会增加多少？你有什么建议？

【案例分析】

问题(1)属于典型的生产问题,此类问题一般设置产量为决策变量,在此由于需要制定两个月的产量而且有男女两类自行车,所以设第一个月男式自行车的生产量为 x_1,女士自行车的生产量为 x_2,第二个月男式自行车的生产量为 x_3,女士自行车的生产量为 x_4。目标函数为生产及库存的总成本,根据已知条件可表示为如下表达式：

$$\begin{aligned}\min z =& 120(x_1+x_3)+90(x_2+x_4)+120\times 2\%(x_1+20-150)\\ &+120\times 2\%(x_1+20-150+x_3-200)+90\times 2\%(x_2+30-125)\\ &+90\times 2\%(x_2+30-125+x_4-150)\end{aligned}$$

约束条件包括总生产时间的约束,两个月后至少每种款式有 25 辆车的存货的约束,第一个月运送 150 辆男式自行车和 125 辆女式自行车的约束以及第两个月运送 200 辆男式自行车和 150 辆女式自行车的约束,以及生产量整数的约束。据此可写出此问题的约束条件如下：

$$\text{s.t.}\begin{cases}3.5x_1+2.6x_2-1000\leqslant 100\\ 3.5x_1+2.6x_2-1000\geqslant 100\\ 3.5x_3+2.6x_4-3.5x_1-2.6x_2\leqslant 100\\ 3.5x_3+2.6x_4-3.5x_1-2.6x_2\geqslant -100\\ x_1+20-150+x_3-200\geqslant 25\\ x_3+30-125+x_4-150\geqslant 25\\ x_1+20\geqslant 150\\ x_2+30\geqslant 125\\ x_i\geqslant 0,\text{且为整数}(i=1,2,3,4)\end{cases}$$

问题(2)只需将问题(1)中的关于生产时间约束表达式的右端项改为 50 或−50 即可,其他均与问题(1)的模型相同。

【案例求解】

问题(1)的求解用 WinQSB 的 Linear Programming and Integer linear Programming 子程序和 Excel 的“规划求解”工具都可求解,方法和前两节所述类似。要注意的是整数约束在规划求解工具中的设置只需将添加约束中中间的约束条件符号选择为 int 即可,如图 3-12 所示。

最终求解的结果为：

第一个月生产男式自行车 193 辆，生产女式自行车 95 辆；第二个月生产男式自行车 162 辆，生产女式自行车 175 辆。第一个月生产总时间为 922.5 小时，第二个月生产总时间为 1022 小时。最少的生产和库存费用为 67 156.2 美元。

问题(2)的求解结果为：第一个月生产的男式自行车变为 201 辆，变化量为：201－193＝8 辆，即增加了 8 辆。第一个月女式自行车不变，仍然为 95 辆。第二个月生产的男式自行车变为 154 辆，变化量为：162－154＝8 辆，即减少了 8 辆。第二个月女式自行车仍为 175 辆。此时的生产和库存费用为 67 175.4 美元。比原来增加了 19.2 美元。

建议：公司可以在不违反公司劳资规定的前提下，在保持其他的要求不变的前提下，增加相邻月份总生产时间的变化量，从而减少公司的库存成本，以减少总成本费用。

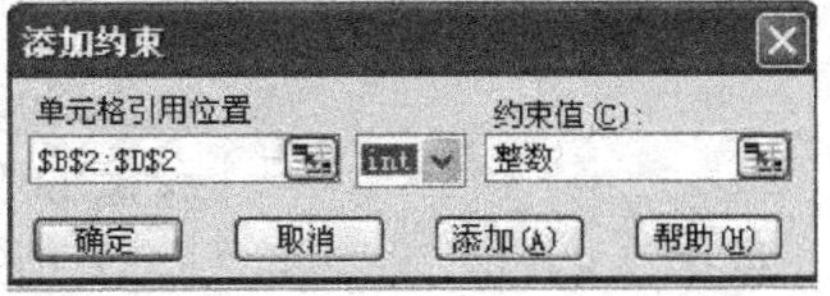

图 3-12　整数约束设置

3.4　威廉姆斯投资咨询公司的投资策略选择问题

【案例描述】

J.D.威廉姆斯公司是一个投资咨询公司，为大量的客户管理高达 1.2 亿美元的资金。公司运用一个很有价值的模型，为每个客户安排投资量，分别投资在股票成长基金、收益基金和货币市场基金。为了保证客户投资的多元化，公司对这三种投资的数额加以限制。一般来说，投资在股票方面的资金应该占总投资的 20％～40％，投资在收益基金上的资金应该确保在 20％～50％，对货币市场基金的投资至少应该占 30％。

此外，公司还尝试着引入了风险承受能力指数，以迎合不同投资者的需求。比如，威廉姆斯的一位新客户希望投资 800 000 美元。对其风险承受能力进行评估后，得出其风险指数为 0.05。公司的风险分析人员计算得出，成长基金的风险指数是 0.10，收益基金的风险指数是 0.07，货币市场的风险指数是 0.01。整个投资的风险指数是各项投资所占总投资的百分率与其风险指数乘积的代数和。

此外，公司预测，成长基金的年收益率是 18％，收益基金的收益率是 12.5％，货币市场基金的收益率是 7.5％。现在，基于以上的信息，公司应该怎样安排这位客户的投资呢？建立线性规划模型，求出使总收益最大的解，并根据模型写成管理报告。

(1) 如何将 800 000 美元投资于这三种基金。按照你的计划，投资的年收益是多少？

(2) 假设客户的风险承受指数提高到 0.055，那么，在投资计划更改后，收益将增加多少？

(3) 假设客户的风险承受指数不变，仍然是 0.05，而股票成长基金的年收益率从 18％下降到 14％，那么新的最佳投资方案是什么？

(4) 假设现在客户认为投资在股票方面的资金太多了，如果增加一个约束条件，即投资于成长基金的资金不可以超过投资于收益基金的资金，那么新的最佳方案是什么？

(5) 只要预期收益率变化，你所建立的资产分配模型就应该可以对客户的投资方案做出修正，那么这个模型的适应范围是什么？

【案例分析】

问题(1)属于投资决策问题，此类问题一般设置每种类型的投资量为决策变量，在这里设股票成长基金、收益基金和货币市场基金这三种投资基金的数量分配分别为 x_1、x_2、x_3 百万美元。目标函数表示为年投资总收益，根据每种基金的年收益可得：

$$\max z = 0.18x_1 + 0.125x_2 + 0.075x_3$$

约束条件包括总资金的约束、三种基金投资比例的约束以及风险指数的约束。由此可得出如下的约束条件：

$$\text{s.t.}\begin{cases} x_1 + x_2 + x_3 \leqslant 0.8 \\ x_1 \geqslant 20\% \times 0.8 \\ x_1 \leqslant 40\% \times 0.8 \\ x_2 \geqslant 20\% \times 0.8 \\ x_2 \leqslant 50\% \times 0.8 \\ x_3 \geqslant 30\% \times 0.8 \\ 0.125x_1 + 0.0875x_2 + 0.0125x_3 = 0.05 \\ x_i \geqslant 0 (i = 1,2,3) \end{cases}$$

问题(2)的模型与问题(1)类似，唯一不同的是关于风险指数的约束条件右端项变为 0.055 即可，即

$$0.125x_1 + 0.0875x_2 + 0.0125x_3 = 0.055$$

问题(3)的模型与问题(1)也类似，唯一不同的是目标函数中关于成长基金的年收益系数由 0.18 变为 0.14，即

$$\max z = 0.14x_1 + 0.125x_2 + 0.075x_3$$

问题(4)的模型与问题(1)也类似，只需增加一个约束条件即可，即增加投资于成长基金的资金不可以超过投资于收益基金的资金的约束条件，如下：

$$x_1 - x_2 \leqslant 0$$

问题(5)要对模型的求解结果进行灵敏度分析，确定目标函数的系数变化范围，我们在下面用 WinQSB 来具体说明。

【案例求解】

该问题属于线性规划问题，可以用 WinQSB 的 Linear Programming and Integer linear Programming 子程序和 Excel 的"规划求解"工具均可求解该问题，方法类似，我们在此不再赘述。我们直接给出问题(1)～(4)的结果。

问题(1)的最大总收益为 0.094 145 百万美元，投资的组合是成长基金 0.249 百万美元、收益基金 0.16 百万美元、货币市场基金 0.391 百万美元。

问题(2)的最大总收益为 0.098 765 百万美元，投资的组合是成长基金 0.293 百万美元、收益基金 0.16 百万美元、货币市场基金 0.347 百万美元。

问题(3)的最大总收益为 0.085 05 百万美元，投资的组合是成长基金 0.16 百万美元、收益基金 0.293 百万美元、货币市场基金 0.347 百万美元。

问题(4)的最大总收益为 0.092 94 百万美元，投资的组合是成长基金 0.213 百万美元、收益基金 0.213 百万美元、货币市场基金 0.373 百万美元。

问题(5)的求解我们用 WinQSB 工具来说明。当求解出问题(1)的结果后，单击 Results 菜单下的 Sensitivity Analysis for OBJ 命令，来对目标函数的系数做灵敏度分析，如图 3-13 所示。

分析的结果如图 3-14 所示。

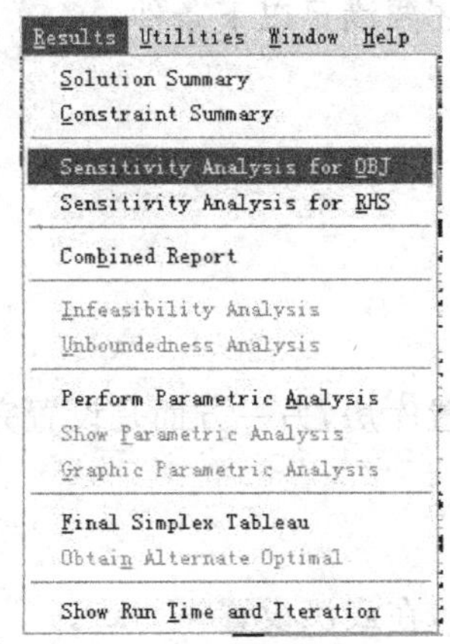

图 3-13　“灵敏度分析”菜单位置

03-23-2013 17:05:35	Decision Variable	Solution Value	Reduced Cost	Unit Cost or Profit C(j)	Allowable Min. C(j)	Allowable Max. C(j)
1	X1	0.2489	0	0.1800	0.1500	0.7500
2	X2	0.1600	0	0.1250	-M	0.1450
3	X3	0.3911	0	0.0750	0.0180	M

图 3-14　“灵敏度分析”结果

从上述结果可知，当成长基金的年收益率在(0.15,0.75)范围内变化时，问题(1)的模型的最优投资组合还是适用的；当超过上述范围时，最优投资组合就会发生变化。同样收益基金的年收益变化范围是(－∞,0.145)，货币市场基金的年收益变化范围是(0.018,＋∞)。

从上述结果中我们可以总结出下列结论。

(1) 当单个基金预期收益率增加时，单个投资分配额增加，相应地减少其他投资的资金额，投资总收益增加。

(2) 当三个基金的预期收益率均增加时，则需要在资金允许范围内，使每种基金的投资额达到最大，充分利用所有的投资基金。

(3) 当单个基金预期收益率减小时，三个基金投资分配额应该相应减少，适当增加其他基金投资或者抽出多余资金用于其他用途。单个基金的收益率减小会减少投资总收益。

(4) 当三个基金的预期收益率均减小时，则投资基金投资总收益会相应地减少，因此要将每个投资的额度减小到可控范围内(总收益不变)的最小，多余资金用于其他投资。

3.5　某公司的库房设置问题

【案例描述】

一个公司考虑到北京、上海、广州和武汉四个城市设立库房，这些库房负责向华北、华中、华南三个地区供货，每个库房每月可处理货物1000件，在北京设库房每月成本为4.5万元，上海为5万元，广州为7万元，武汉为4万元，每个地区的月平均需求量为：华北每月500件，华中每月800件，华南每月700件，发运货物的费用(单位：元/件)如表3-5所示。

表 3-5　货物运输单位成本　　单位：元/件

城市＼地区	华北	华中	华南
北京	200	400	500
上海	300	250	400
广州	600	350	300
武汉	350	150	350

公司希望在满足地区需求的条件下平均月成本为最小，且还要满足以下条件。

(1) 如果在上海设库房，则必须也在武汉设库房。

(2) 最多设两个库房。

(3) 武汉和广州不能同时设库房。

如何设置库房以及安排运输？

【案例分析】

该问题需要做两方面的决策，一方面是决定在哪个城市设置库房，另一方面是设置完库房后如何进行运输，所以决策变量的设置要考虑到这两方面。

(1) 是否在该地设置库房(0-1 变量)？

在北京设置——x_1，在上海设置——x_2，在广州设置——x_3，在武汉设置——x_4。

(2) 若设置库房，向每个地区发货的数量如表 3-6 所示，单位为件。

表 3-6 发货数量变量 单位：件

地区 城市	华北	华中	华南
北京	x_{11}	x_{12}	x_{13}
上海	x_{21}	x_{22}	x_{23}
广州	x_{31}	x_{32}	x_{33}
武汉	x_{41}	x_{42}	x_{43}

目标函数为月均总成本，包括设置库房的成本以及运输成本，注意利用 0-1 变量来控制库房的每月成本，具体表达式如下：

$$\min\omega = 45\,000x_1 + 50\,000x_2 + 70\,000x_3 + 40\,000x_4 + 200x_{11} + 400x_{12} + \cdots + 350x_{43}$$

约束条件包括库房设置的约束、运货数量的约束以及每个库房处理货物的约束。注意在表示库房设置的约束时要充分利用 0-1 变量的特点，例如，如果在上海设库房，则必须也在武汉设库房的条件可表示为 $x_2 \leqslant x_4$。完整的约束条件如下所示：

$$\text{s. t.}\begin{cases} x_1 + x_2 + x_3 + x_4 \leqslant 2 \\ x_2 \leqslant x_4 \\ x_3 + x_4 \leqslant 1 \\ \sum\limits_{j=1}^{3} x_{ij} \leqslant 1000x_i(i = 1,2,3,4) \\ \sum\limits_{i=1}^{4} x_{i1} \geqslant 500 \\ \sum\limits_{i=1}^{4} x_{i2} \geqslant 800 \\ \sum\limits_{i=1}^{4} x_{i3} \geqslant 700 \\ x_i = 0 \text{ 或 } 1, x_{ij} \geqslant 0 \text{ 且为整数}(i = 1,2,3,4; j = 1,2,3,4) \end{cases}$$

【案例求解】

该问题模型的求解用 Excel 的"规划求解"工具来做相对方便，如图 3-15 所示来设置模型的数据和表达式。

	A	B	C	D	E	F
1		库房设置问题				
2						
3			华北	华中	华南	每月成本
4		北京	200	400	500	45000
5		上海	300	250	400	50000
6		广州	600	350	300	70000
7		武汉	350	150	350	40000
8						
9			是否设置	华北	华中	华南
10		北京				
11		上海				
12		广州				
13		武汉				
14						
15		约束条件				
16		如果在上海设库房，则必须也在武汉设库房	0	<=	0	
17		最多设两个库房	0	<=	2	
18		武汉和广州不能同时设库房	0	<=	1	
19		北京库房每月可处理货物1000件	0	<=	0	
20		上海库房每月可处理货物1000件	0	<=	0	
21		广州库房每月可处理货物1000件	0	<=	0	
22		武汉库房每月可处理货物1000件	0	<=	0	
23		华北每月500件	0	>=	500	
24		华中每月800件	0	>=	800	
25		华南每月700件	0	>=	700	
26						
27		目标函数	0			

图 3-15　案例问题 Excel 建模

其中目标函数的计算公式可以使用 SUMPRODUCT 函数来简便表示。规划求解的参数设置如图 3-16 所示。

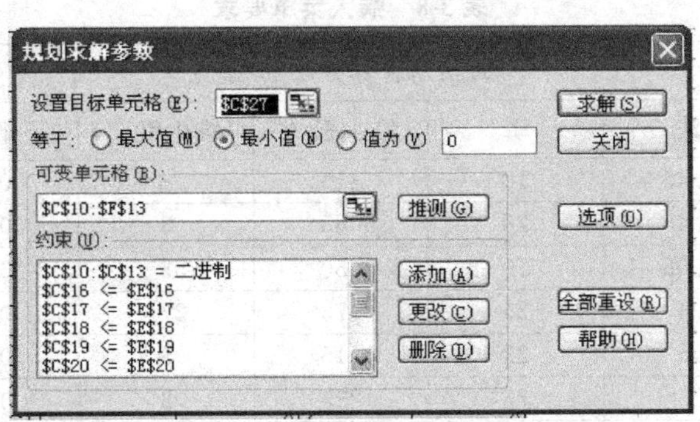

图 3-16　案例问题"规划求解参数"设置

其中 0-1 变量的设置只需在约束条件符号中选择 bin 即可。全部设置完成后单击求解，可得月最低成本结果如下：

选择在北京和武汉设置库房，北京往华北每月运 500 件货物，往华南每月运 500 件货物，武汉往华中每月运 800 件货物，往华南每月运 200 件货物。此时的最低成本为 62 500 元。

习题

1. 某农场有 100hm^2(公顷)土地及 15 000 元资金可用于发展生产。农场劳动力情况为秋冬季 3500 人日,春夏季 4000 人日,如劳动力本身用不了时可外出干活,春夏季收入为 2.1 元/人日,秋冬季收入为 1.8 元/人日。该农场种植三种作物:大豆、玉米、小麦,并饲养奶牛和鸡。种作物时不需要专门投资,而饲养动物时每头奶牛投资 400 元,每只鸡投资 3 元。养奶牛时每头需拨出 1.5hm^2 土地种饲草,并占用人工秋冬季为 100 人日,春夏季为 50 人日,年净收入 400 元/每头奶牛。养鸡时不占土地,需人工为每只鸡秋冬季需 0.6 人日,春夏季为 0.3 人日,年净收入为 2 元/每只鸡。农场现有鸡舍允许最多养 3000 只鸡,牛栏允许最多养 32 头奶牛。三种作物每年需要的人工及收入情况如表 3-7 所示。

表 3-7 三种作物每年需要的人工及收入情况

项目＼作物	大豆	玉米	麦子
秋冬季需人日数/人日	20	35	10
春夏季需人日数/人日	50	75	40
年净收入/(元/hm^2)	175	300	120

试决定该农场的经营方案,使年净收入为最大。

2. 某疗养院营养师要为某类病人拟订本周菜单。可供选择的蔬菜及其费用和所含营养成分的数量,以及这类病人每周所需各种养分的最低数量如表 3-8 所示。

表 3-8 病人菜单要求

蔬菜＼养分	每份所含养分数量/毫克					每份的费用/元
	铁	磷	维生素 A	维生素 C	烟酸	
青豆	0.45	10	415	8	0.3	0.15
胡萝卜	0.45	28	9065	3	0.35	0.15
花菜	1.05	50	2550	53	0.6	0.24
卷心菜	0.4	25	75	27	0.15	0.06
甜菜	0.5	22	15	5	0.25	0.18
土豆	0.5	75	235	8	0.8	0.10
每周养分最低需求量	6.0	325	17 500	245	5.0	

另外为了口味的需求,规定一周内所用的卷心菜不多于 2 份,其他蔬菜不多于 4 份。若病人每周需 14 份蔬菜,问选用每种蔬菜各多少份可使费用最小?

3. 某人有一笔 30 万元的资金,在今后三年内有以下投资项目。

(1) 三年内的每年年初均可投资,每年获利为投资额的 20%,其本利可一起用于下一年投资。

(2) 只允许第一年投入,第二年年末可收回,本利合计为投资额的 150%,但此类投资限额不超过 15 万元。

(3) 于三年内第二年年初允许投资，可于第三年年末收回，本利合计为投资额的 160%，这类投资限额 20 万元。

(4) 于三年内的第三年年初允许投资，一年回收，可获利 40%，投资限额为 10 万元。

问如何投资可使第三年年末本利和最大?

4. 有一艘货轮，分前、中、后三个舱位，它们的最大允许载重量与容积如表 3-9 所示。

表 3-9 货轮的最大允许载重量与容积

舱位 项目	前舱	中舱	后舱
最大允许载重量/t	2000	3000	1000
容积/m^3	4000	5400	1000

现有三种货物待运，已知有关数据列于表 3-10。

表 3-10 三种货物有关数据

商品	数量/件	每件体积/(m^3/件)	每件质量/(t/件)	运价/(元/件)
A	600	10	8	1000
B	1000	5	6	700
C	800	7	5	600

又为了航运安全，要求前、中、后舱在实际载重量上大体保持各舱最大允许载重量的比例关系。具体要求前、后舱分别与中舱之间载重量比例上偏差不超过 15%，前、后舱之间不超过 10%。问该货轮应装载 A, B, C 各多少件，运费收入为最大?

5. 某战略轰炸机群奉命摧毁敌人军事目标。已知该目标有四个要害部位，只要摧毁其中之一即可达到目的。为完成此项任务的汽油消耗量限制为 48 000L、重型炸弹 48 枚、轻型炸弹 32 枚。飞机携带重型炸弹时每 L 汽油可飞行 2km，带轻型炸弹时每 L 汽油可飞行 3km。又知每架飞机每次只能装载一枚炸弹，每出发轰炸一次除来回路程汽油消耗(空载时每升汽油可飞行 4km)外，起飞和降落每次各消耗 100L。有关数据如表 3-11 所示。

表 3-11 有关数据

要害部位	离机场距离/km	摧毁可能性	
		每枚重型弹	每枚轻型弹
1	450	0.1	0.08
2	480	0.2	0.16
3	540	0.15	0.12
4	600	0.25	0.2

为了使摧毁敌方军事目标的可能性最大，应如何确定飞机轰炸的方案?

6. 某厂在 A,B, C 三处设仓库供应①，②，…，⑧点处的各零售商，详见图 3-17。图中各边数字为沿该线路运送一单位物资所需费用(元)。已知 A,B,C 仓库内现储存物资数分别为 200,170,160 单位,①,②,…,⑧各零售点所需物资数分别列于表 3-12 中。由于需求大于供应,规定对某零售点供应短缺一单位时的罚款见表 3-12。应如何确立各仓库对各零售点的分配量,可使总的运输费和罚款之和为最小?

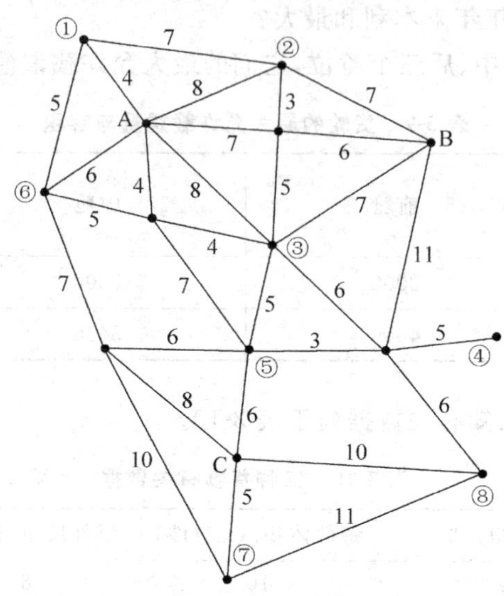

图 3-17 详细设置图

表 3-12 各零售点所需物资数

零售点	需求	罚款/元
①	75	10
②	60	8
③	35	5
④	70	10
⑤	100	10
⑥	40	8
⑦	90	5
⑧	80	8

7. 某医院昼夜 24h 各时段内需要的护士数量如下:2:00—6:00 10 人,6:00—10:00 15 人,10:00—14:00 25 人,14:00—18:00 20 人,18:00—22:00 18 人,22:00—2:00 12 人。护士分别于 2:00,6:00,10:00,14:00,18:00,22:00 分六批上班,并连续工作 8h。试确定:

(1) 该医院至少应设多少名护士,才能满足值班需要?

(2) 若医院可聘用合同工护士,上班时间同正式工护士。若正式工护士报酬为 10 元/h,合同工护士为 15 元/h,问医院是否应聘合同工护士及聘多少名?

8. 某厂在今后四个月内需租用仓库堆存物资。已知各个月所需的仓库面积数字列于表 3-13。

表 3-13 各个月所需的仓库面积

月份	1	2	3	4
所需仓库面积/$100m^2$	15	10	20	12

仓库租借费用,当租借合同期限越长时,享受的折扣优待越大,具体数字列于表 3-14。

表 3-14 合同期内仓库面积的租借费用

合同租借期限	1个月	2个月	3个月	4个月
合同期内仓库面积的租借费用/(元/$100m^2$)	2800	4500	6000	7300

租借仓库的合同每月月初都可办理,每份合同具体规定租用面积数和期限。因此该厂可根据需要在任何一个月月初办理租借合同,且每次办理时可签一份,也可同时签若干份租用面积和租借期限不同的合同,总的目标是使所付的租借费用最小。

9. 红升厂生产Ⅰ、Ⅱ、Ⅲ三种产品,都经过A、B两道工序加工。设A工序有A_1、A_2两台设备,B工序有B_1、B_2、B_3三台设备。已知产品Ⅰ可在A、B任何一种设备上加工,产品Ⅱ可在任一规格A设备上加工,但B工序只能在B_1设备上加工,产品Ⅲ两道工序只能在A_2、B_2设备上加工。加工单位产品所需工序时间及其他有关数据见表3-15,问应如何安排生产计划,可使该厂获利最大?

表 3-15 加工单位产品所需工序时间及其他有关数据

设备	产品			设备有效台/小时	设备加工费/(元/小时)
	Ⅰ	Ⅱ	Ⅲ		
A_1	5	10		6000	0.05
A_2	7	9	12	10 000	0.03
B_1	6	8		4000	0.06
B_2	4		11	7000	0.11
B_3	7			4000	0.05
原料费/(元/件)	0.25	0.35	0.5		
售价/(元/件)	1.25	2	2.8		

10. 某公司有三项工作需分别招收技工和力工来完成。第一项工作可由一个技工单独完成,或由一个技工和两个力工组成的小组来完成。第二项工作可由一个技工或一个力工单独去完成。第三项工作可由五个力工组成的小组完成,或由一个技工领着三个力工来完成。已知技工和力工每周工资分别为100元和80元,他们每周都工作48小时,但他们每人实际的有效工作小时数分别为42小时和36小时。为完成这三项工作任务,该公司需要每周总有效工作时间为:第一项工作10 000小时,第二项工作20 000小时,第三项工作30 000小时。能招收到的工人数为技工不超过400人,力工不超过800人。试建立数学模型,确定招收技工和力工各多少人。

第4章

目标规划

企业管理中经常碰到多目标决策的问题。企业拟订生产计划时,不仅要考虑总产值,而且要考虑利润、产品质量和设备利用率等。有些目标之间往往互相矛盾。例如,企业利润可能同环境保护目标相矛盾。如何统筹兼顾多种目标,选择合理方案,是十分复杂的问题。应用目标规划可以较好地解决这类问题。目标规划的应用范围很广,包括生产计划、投资计划、市场战略、人事管理、环境保护、土地利用等。

目标规划是以线性规划为基础而发展起来的,但在运用中,由于要求不同,有不同于线性规划之处。

(1) 目标规划中的目标不是单一目标而是多目标,既有总目标又有分目标。根据总目标建立部门分目标,构成目标网,形成整个目标体系。制定目标时应注意协调各个分目标,消除分目标间的矛盾,以利总目标的实现;各分目标必须服从总目标的实现,不能脱离总目标。

(2) 线性规划只寻求目标函数的最优值,即最大值或最小值。而目标规划,由于是多目标,其目标函数不是寻求最大值或最小值,而是寻求这些目标与预计成果的最小差距,差距越小,目标实现的可能性越大。目标规划中有超出目标和未达目标两种差距。一般以$Y+$代表超出目标的差距,$Y-$代表未达目标的差距。$Y+$和$Y-$两者之一必为零,或两者均为零。当目标与预计成果一致时,两者均为零,即没有差距。人们求差距,有时求超过目标的差距,有时求未达目标的差距。目标规划的核心问题是确定目标,然后据以建立模型,求解目标与预计成果的最小差距。

4.1 EZ 拖船公司生产计划的多目标问题

【案例描述】

EZ 拖船公司生产各种型号的普通拖车,包括一整套轮船拖车。其中卖得最好的拖车为 EZ-190 和 EZ-250。EZ-190 适用于长度小于 19 英尺的轮船,而 EZ-250 适用于长度小于 25 英尺的轮船。EZ 拖船公司想为接下来两个月的产品生产安排生产计划。每辆 EZ-190 需花 4 小时的生产时间,而每辆 EZ-250 需花 6 小时的生产时间。表 4-1 中所示的订单是 3 月和

4 月的。

表 4-1 拖车 3 月和 4 月订单数量 单位：辆

型号	3 月	4 月
EZ-190	800	600
EZ-250	1100	1200

2 月的月末存货为 200 辆 EZ-190 和 300 辆 EZ-250。2 月份可用的生产时间为 6300 小时。

EZ 拖船公司的管理者主要担心能否完成 3 月和 4 月的 EZ-250 的订单。事实上公司认为这个目标是生产计划必须满足的，其次重要的是 EZ-190 的订单的完成。此外，管理者希望生产计划不会引起月份之间工作量的过大变动。为此公司的目标是制订一个计划把月与月之间的工作时间变动控制在 1000 小时之内。

要求制订最能满足管理者所有目标的生产计划。

【案例分析】

问题需要制订生产计划，所以可设置决策变量为 3 月份生产 EZ-190 的数量为 x_1 辆，生产 EZ-250 的数量为 x_2 辆。4 月份生产 EZ-190 的数量为 x_3 辆，生产 EZ-250 的数量为 x_4 辆。另外考虑到 2 月份的存货可以分别用于 3 月份订单和 4 月份订单，所以再设置 2 月份的库存 EZ-190 用于 3 月份订单的数量为 y_1 辆，用于 4 月份订单的数量为 y_3 辆，2 月份的库存 EZ-250 用于 3 月份订单的数量为 y_2 辆，用于 4 月份订单的数量为 y_4 辆。由于该问题涉及多个目标要满足，所以属于典型的目标规划问题，按照目标规划问题的一般分析方法，我们先列出该问题的所有目标表达式。

目标 1：3 月份的 EZ-250 订单目标 $x_2+y_2\geqslant1100$。

目标 2：4 月份的 EZ-250 订单目标 $x_4+y_4\geqslant1200$。

目标 3：3 月份的 EZ-190 订单目标 $x_1+y_1\geqslant800$。

目标 4：4 月份的 EZ-190 订单目标 $x_3+y_3\geqslant600$。

目标 5：3 月份的生产时间目标 $7300\geqslant4x_1+6x_2\geqslant5300$。

目标 6：4 月份的生产时间目标 $1000\geqslant4x_1+6x_2-4x_3-6x_4\geqslant-1000$。

为每个目标表达式添加正负偏差变量，变为目标约束如下：

$$
\begin{aligned}
&x_2+y_2+d_1^--d_1^+=1100\\
&x_4+y_4+d_2^--d_2^+=1200\\
&x_1+y_1+d_3^--d_3^+=800\\
&x_3+y_3+d_4^--d_4^+=600\\
&4x_1+6x_2+d_5^--d_5^+=5300\\
&4x_1+6x_2+d_6^--d_6^+=7300\\
&4x_1+6x_2-4x_3-6x_4+d_7^--d_7^+=-1000\\
&4x_1+6x_2-4x_3-6x_4+d_8^--d_8^+=1000
\end{aligned}
$$

还有几个必须要满足的绝对约束条件，2 月的月末存货为 200 辆 EZ-190 和 300 辆 EZ-250 以及整数和非负约束，即

$y_1 + y_3 \leqslant 200, y_2 + y_4 \leqslant 300, x_i \geqslant 0, y_i \geqslant 0$，且为整数$(i = 1,2,3,4)$

$d_i^-, d_i^+ \geqslant 0 (i = 1,2,\cdots,8)$

上述表达式构成了问题的所有约束条件。下面我们写出问题的目标函数。由于目标规划的目标为偏差变量之和最小，所以只需确定每个目标的偏差变量要求是哪个方向的偏差最小。

目标1～4因为订单要尽量满足，所以是负偏差尽量小，目标5和目标6，根据不等式的符号方向，大于等于的都是负偏差尽量小，小于等于的都是正偏差尽量小。各目标的优先级排序为目标1～2最高，目标3～4其次，目标5～6最低，所以可写出问题的目标函数如下：

$$\min z = P_1(d_1^- + d_2^-) + P_2(d_3^- + d_4^-) + P_3(d_5^- + d_6^+ + d_7^- + d_8^+)$$

上式中的$P_i(i=1,2,3)$是优先因子，是目标规划的目标函数中特有的符号，它不代表一个具体的数值，只是代表目标偏差变量之间的优先满足顺序。上式中的意思即为目标1～2的偏差变量先达到最小，然后在目标1～2的偏差变量不变大的情况下再使目标3～4的偏差变量最小，最后在目标1～4的偏差变量都不变大的情况下使目标5～6的偏差变量最小。

至此，问题的目标规划模型就建立完毕了。

【案例求解】

目标规划问题的求解使用WinQSB工具比较简单，所以下面以WinQSB工具为例说明求解的方法。WinQSB中求解目标规划的子程序是Goal Programming。打开这个子程序，和之前的线性规划子程序一样，新建一个问题。弹出如图4-1所示的设置界面。

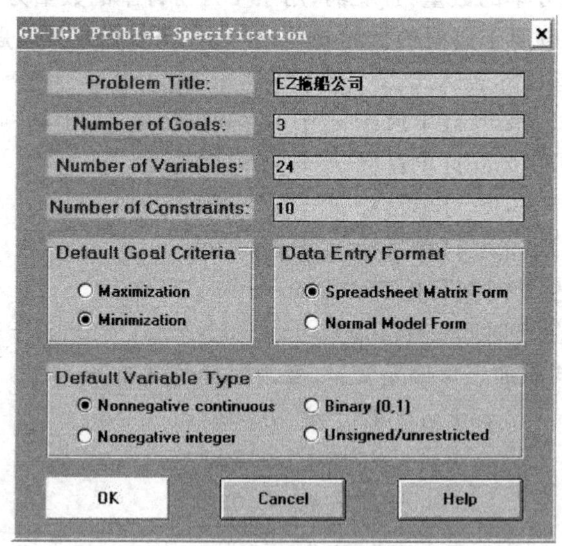

图4-1 目标规划新问题设置界面

我们按照问题的模型来对此对话框中的参数进行设置。

Number of Goals（目标数，指优先级数）输入3。

Number of Varialbes（变量数，包括决策变量和偏差变量）输入24。

Number of Constraints（约束条件数，包括绝对约束和目标约束）输入10。

Default Goal Criteria（目标要求）选取Minimization最小。

Data Entry Format(数据输入方式)选取表格形式 Spreadsheet Matrix Form。

Default Variable Type(数据类型)选择非负连续型 Nonegative continuous。

设置完毕后单击 OK 按钮生成表格,生成数据编辑窗口。由于默认的变量名称与我们模型中的变量名称不一致,所以要对变量名称进行修改。执行菜单命令 File→Variable Names,修改变量名(注意：负偏差变量用下划线而不能用负号),见图 4-2。

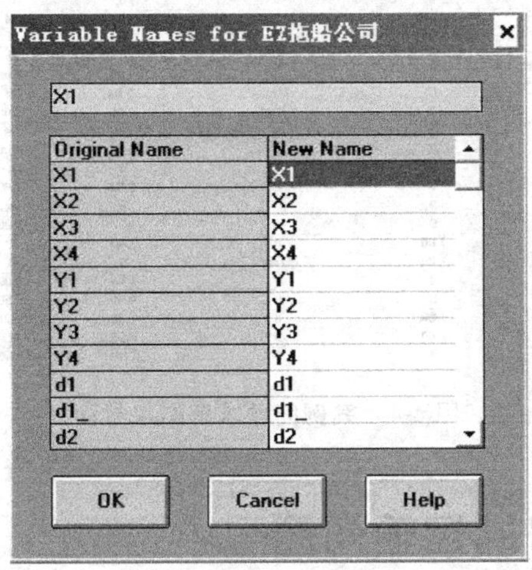

图 4-2 变量名称修改界面

接下来按数学模型输入数据(G_1 所在行为目标函数中优先因子 P_1 所对应的偏差变量的系数),以此类推,见图 4-3。

EZ拖船公司

VariableType : d1 Continuous

Variable -->	X1	X2	X3	X4	Y1	Y2	Y3	Y4	d1	d1_	d2	d2_	d3	d3_	d4
Min:G1										1		1			
Min:G2														1	
Min:G3															
C1		1				1			-1	1					
C2				1				1			-1	1			
C3	1				1								-1	1	
C4			1				1								-1
C5	4	6													
C6	4	6													
C7	4	6	-4	-6											
C8	4	6	-4	-6											
C9					1		1								
C10						1		1							
LowerBound	0	0	0	0	0	0	0	0	0	0	0	0	0	0	0
UpperBound	M	M	M	M	M	M	M	M	M	M	M	M	M	M	M
VariableType	Integer	Integer	Integer	Integer	Integer	Integer	Integer	Integer	Continuous	Continuous	Continuous	Continuous	Continuous	Continuous	Continuous

图 4-3 案例问题模型数据输入界面

最后执行菜单命令 Solve and Analyze→Solve the Problem,得到运行结果(注：输出结果中给出了从最高优先级目标 G_1 到最低优先级目标 G_3 的优化结果,应看 G_3,它是最终的优化结果,见图 4-4)。

由运行结果可知,按照优先级顺序得到的满意解为：3 月份生产 EZ-190 775 辆,生产 EZ-250 800 辆；4 月份生产 EZ-190 425 辆,生产 EZ-250 1200 辆。2 月份的库存 EZ-190 用于 3 月份的 25 辆,用于 4 月份的 175 辆,库存 EZ-250 用于 3 月份的 300 辆,用于 4 月份的 0 辆。目标 1～4 均满足要求；目标 5～6 中 3 月份的生产时间要大幅增加,比 7300 小时的上限还要多 600 小时。

	21:52:11		2013-3-23 21:52:10 下午	2013-3-23 21:52:10 下午	2013-3-23 21:52:10 下午	2013-3-23 21:52:10 下午		
42	G2	d5_	0	0	0	0	0	M
43	G2	d6	600.00	0	0	0	0	0
44	G2	d6_	0	0	0	0	0	M
45	G2	d7	0	0	0	0	0	M
46	G2	d7_	0	0	0	0	0	M
47	G2	d8	0	0	0	0	0	M
48	G2	d8_	2,000.00	0	0	0	0	0
49	G3	X1	775.00	0	0	0	-4.00	0
50	G3	X2	800.00	0	0	0	0	M
51	G3	X3	425.00	0	0	0	0	4.00
52	G3	X4	1,200.00	0	0	0	-3.00	0
53	G3	Y1	25.00	0	0	0	0	0
54	G3	Y2	300.00	0	0	0	-M	0
55	G3	Y3	175.00	0	0	0	0	0
56	G3	Y4	0	0	0	0	0	M
57	G3	d1	0	0	0	3.00	-3.00	M
58	G3	d1_	0	0	0	-3.00	-M	M
59	G3	d2	0	0	0	3.00	-3.00	M
60	G3	d2_	0	0	0	-3.00	-M	M
61	G3	d3	0	0	0	2.00	-2.00	M
62	G3	d3_	0	0	0	0	0	M
63	G3	d4	0	0	0	2.00	-2.00	M
64	G3	d4_	0	0	0	0	-M	0
65	G3	d5	2,600.00	0	0	0	-1.00	1.00
66	G3	d5_	0	1.00	0	1.00	0	M
67	G3	d6	600.00	1.00	600.00	0	0	2.00
68	G3	d6_	0	0	0	1.00	-1.00	M
69	G3	d7	0	0	0	0.50	-0.50	M
70	G3	d7_	0	1.00	0	0.50	0.50	M
71	G3	d8	0	1.00	0	1.00	0	M
72	G3	d8_	2,000.00	0	0	0	-0.50	0.50

图 4-4 案例问题求解结果界面

4.2 威达公司的运输问题

【案例描述】

威达公司需要从其拥有的两个仓库调拨同一种零部件给下属三个分厂。每个仓库的供应能力、每个工厂的需求数量以及从每个仓库到每个分厂之间的单位运费如表 4-2 所示(表中方格内的数字为单位运费)。

表 4-2 仓库到分厂单位运费及运量

仓库	分厂			供应量
	1	2	3	
1	10	4	12	3000
2	8	10	3	4000
需求量	2000	1500	4000	7000 7500

公司提出的目标要求是：

P_1：尽量满足分厂 3 的全部需求。

P_2：其他两个分厂的需求分别至少满足 75%。

P_3：总运费要求最少。

P_4：仓库 2 给分厂 1 的供应量至少为 1000 单位。

P_5：分厂 1 和分厂 2 的需求量满足程度尽可能平衡。

其目标和重要性分别从 P_1, P_2, P_3, P_4, P_5 按第 1,2,3,4,5 优先依次排列，试建立这个问题的目标规划模型并求解该问题的最佳运输方案。

【案例分析】

该问题属于典型的优先多目标规划问题，根据目标规划的模型建立方法，我们可以建立该问题的模型如下。

设置仓库 i 运往分厂 j 的货物数量 $x_{ij}(i=1,2;j=1,2,3)$ 为决策变量，由于该问题有 5 个优先级别的目标，又 P_2 优先级的目标其实有 2 个，所以需要设置 6 对偏差变量，分别为 $d_i^+, d_i^-(i=1,2,\cdots,6)$；

根据每个目标的描述，我们可以把该问题模型的目标函数表示为

$$\min z = P_1 d_1^- + P_2(d_2^- + d_3^-) + P_3 d_4^+ + P_4 d_5^- + P_5(d_6^+ + d_6^-)$$

每个目标的目标约束可表示如下：

尽量满足分厂 3 的全部需求：

$$x_{13} + x_{23} - d_1^+ + d_1^- = 4000$$

其他两个分厂的需求分别至少满足 75%：

$$x_{11} + x_{21} - d_2^+ + d_2^- = 2000 \times 75\%$$
$$x_{12} + x_{22} - d_3^+ + d_3^- = 1500 \times 75\%$$

总运费要求最少：

$$10x_{11} + 3x_{12} + 12x_{13} + \cdots + 3x_{23} - d_4^+ + d_4^- = 33\,000$$

其中我们很容易能算出最小运费应该为 33 000。

仓库 2 给分厂 1 的供应量至少为 1000 单位：

$$x_{21} - d_5^+ + d_5^- = 1000$$

分厂 1 和分厂 2 的需求量满足程度尽可能平衡：

$$x_{11} + x_{21} - (x_{12} + x_{22}) - d_6^+ + d_6^- = 0$$

该问题的绝对约束主要是供应量和需求量的上限约束以及变量自身的非负和取整约束，即

$$\begin{cases} x_{11} + x_{12} + x_{13} \leqslant 3000 \\ x_{21} + x_{22} + x_{23} \leqslant 4000 \\ x_{11} + x_{21} \leqslant 2000 \\ x_{12} + x_{22} \leqslant 1500 \\ x_{13} + x_{23} \leqslant 4000 \\ x_{ij} \geqslant 0 \text{ 且取整数}(i = 1,2; j = 1,2,3) \\ d_i^+, d_i^-(i = 1,2,\cdots,6) \end{cases}$$

综述所述，可得出该问题的完整的数学模型如下：

$$\min z = P_1 d_1^- + P_2(d_2^- + d_3^-) + P_3 d_4^+ + P_4 d_5^- + P_5(d_6^+ + d_6^-)$$

$$\text{s. t.} \begin{cases} x_{13} + x_{23} - d_1^+ + d_1^- = 4000 \\ x_{11} + x_{21} - d_2^+ + d_2^- = 2000 \times 75\% \\ x_{12} + x_{22} - d_3^+ + d_3^- = 1500 \times 75\% \\ 10x_{11} + 3x_{12} + 12x_{13} + \cdots + 3x_{23} - d_4^+ + d_4^- = 33\,000 \\ x_{21} - d_5^+ + d_5^- = 1000 \\ x_{11} + x_{21} - (x_{12} + x_{22}) - d_6^+ + d_6^- = 0 \\ x_{11} + x_{12} + x_{13} \leqslant 3000 \\ x_{21} + x_{22} + x_{23} \leqslant 4000 \\ x_{11} + x_{21} \leqslant 2000 \\ x_{12} + x_{22} \leqslant 1500 \\ x_{13} + x_{23} \leqslant 4000 \\ x_{ij} \geqslant 0 \text{ 且取整数}(i = 1,2; j = 1,2,3) \\ d_i^+, d_i^-(i = 1,2,\cdots,6) \end{cases}$$

【案例求解】

该问题的求解使用 Excel 和 WinQSB 均可，下面我们以 Excel 为例说明该问题的求解过程。

我们在 Excel 中设计该问题的求解表格如图 4-5 所示。

	A	B	C	D	E	F	G	H	I	J	K	L	M	N
1								威达公司的运输问题（优先多目标）						
2														
3			分厂					约束	实际达到值	正偏差	负偏差	平衡值	关系	目标
4		仓库	1	2	3	供应量		分厂3的全部需求约束	4000	0	0	4000	=	4000
5		1	10	4	12	3000		分厂1的75%需求约束	0	0	1500	1500	=	1500
6		2	8	10	3	4000		分厂2的75%需求约束	0	0	1125	1125	=	1125
7		需求量	2000	1500	4000			总运费约束	33006	6	0	33000	=	33000
8								仓库2给分厂1 的供应量约束	0	0	1000	1000	=	1000
9			分厂					分厂1和分厂2的需求量约束	0	0	0	0	=	0
10		仓库	1	2	3			仓库1的供应量约束	2334				<=	3000
11		1	0	0	2334			仓库2的供应量约束	1666				<=	4000
12		2	0	0	1666			分厂1的需求量约束	0				<=	2000
13								分厂2的需求量约束	0				<=	1500
14		当前优先状态						分厂3的需求量约束	4000				<=	4000
15		P1:目标1满足												
16														
17		当前最小偏差												
18		0												

图 4-5　案例问题 Excel 建模

其中 B3:F7 区域为问题的已知数据，B9:E12 区域为问题的决策变量，H3:N14 区域为目标约束和绝对约束以及偏差变量，B18 为当前优先级的目标函数。

在 Excel 中进行多目标规划问题的求解，要根据优先级别分步骤进行，即先以第 1 优先级的目标为目标函数进行求解，再以第 2 优先级的目标为目标函数并以第 1 优先级目标函数的求解结果为约束进行求解，依次类推，一直求解到最后的优先级，得出问题的最终结果。例如，图 4-5 所示的即为第 1 优先级的求解结果，此时的运输方案如表 4-3 所示。

表 4-3　第 1 优先级求解结果

仓库	分厂		
	1	2	3
1	0	0	2334
2	0	0	1666

按照上述求解方式，我们对该问题在 Excel 中进行 5 次求解，最后得到如下的求解结果，见图 4-6。

	A	B	C	D	E	F	G	H	I	J	K	L	M	N
1								威达公司的运输问题（优先多目标）						
2														
3			分厂					约束	实际达到值	正偏差	负偏差	平衡值	关系	目标
4		仓库	1	2	3	供应量		分厂3的全部需求约束	4000	0	0	4000	=	4000
5		1	10	4	12	3000		分厂1的75%需求约束	1500	0	0	1500	=	1500
6		2	8	10	3	4000		分厂2的75%需求约束	1125	0	0	1125	=	1125
7		需求量	2000	1500	4000			总运费约束	32995	0	5	33000	=	33000
8								仓库2给分厂1 的供应量约束	535	0	465	1000	=	1000
9			分厂					分厂1和分厂2的需求量约束	-375	0	375	0	=	0
10		仓库	1	2	3			仓库1的供应量约束	2625				<=	3000
11		1	590	1500	535			仓库2的供应量约束	4000				<=	4000
12		2	535	0	3465			分厂1的需求量约束	1125				<=	2000
13								分厂2的需求量约束	1500				<=	1500
14		当前优先状态						分厂3的需求量约束	4000				<=	4000
15		P5:目标5满足												
16														
17		当前最小偏差												
18		375												

图 4-6　案例问题最终求解结果界面

从该求解结果我们可以知道,每个目标的满足情况为

P_1:尽量满足分厂3的全部需求。得到满足。

P_2:其他两个分厂的需求分别至少满足75%。得到满足。

P_3:总运费要求最少。得到满足。

P_4:仓库2给分厂1的供应量至少为1000单位。没满足,还差465单位。

P_5:分厂1和分厂2的需求量满足程度尽可能平衡。没满足,分厂2的需求量多出375单位。

让所有目标都尽量满意的运输方案如表4-4所示。

表4-4 案例问题的最满意运输方案

仓库	分厂		
	1	2	3
1	590	1500	535
2	535	0	3465

4.3 彩虹集团的人员招聘与工作分配

【案例描述】

彩虹集团是一家集生产与外贸于一体的大型公司,它在沪市与深市均设有自己的生产与营销机构,拟在下一年度招聘三个专业职工170名,具体招聘计划见表4-5。

表4-5 彩虹集团招聘计划

招聘专业	生产管理		营销管理		财务管理	
招聘人数	20	25	30	20	40	35
工作城市	沪市	深市	沪市	深市	沪市	深市

应聘并经审查合格的人员共180人,按适合从事专业、本人志向从事专业及希望工作的城市,可分为六类,具体情况如表4-6所示。

表4-6 应聘人员专业和工作城市意向

类别	人数	适合从事的专业	本人志向从事的专业	希望工作的城市
1	25	生产、营销	生产	沪市
2	35	营销、财务	营销	沪市
3	20	生产、财务	生产	深市
4	40	生产、财务	财务	深市
5	34	营销、财务	财务	沪市
6	26	财务	财务	深市

集团确定人员录用与分配的优先级顺序如下。

P_1:集团按计划录用满在各城市适合从事该专业的职员。

P_2:80%以上录用人员能从事本人志向从事的专业。

P_3：80％以上录用人员能去本人希望工作的城市。

试据此建立目标规划模型，并为该集团提供尽可能满意的决策建议方案。

【案例分析】

首先设置决策变量，该问题要决定从应聘的每类人中录用多少人到哪里从事什么工作，所以决策变量可以设 X_{ijk} 为集团从 $i(i=1,2,3,\cdots,6)$ 类人员中录用安排从事 $j(j=1,2,3$；其中，1＝生产，2＝营销，3＝财务）专业并在 $k(k=1,2$；其中，1＝沪市，2＝深市）城市工作的职员人数。如 x_{111} 则代表表 4-6 中集团录用类别“1”并从事“生产”专业且在“沪市”工作的职员数。

接下来按照目标规划的一般建模方法，将问题的三个目标用决策变量表示。

目标 1：集团按计划录用满在各城市适合从事该专业的职员。

从 1,3,4 类应聘人员中录用的生产管理专业在沪深市的人数目标约束为

沪市：$x_{111}+x_{311}+x_{411}+d_1^- -d_1^+ =20$

深市：$x_{112}+x_{312}+x_{412}+d_2^- -d_2^+ =25$

同理可得营销管理专业在沪深市的人数目标约束为

沪市：$x_{121}+x_{221}+x_{521}+d_3^- -d_3^+ =30$

深市：$x_{122}+x_{222}+x_{522}+d_4^- -d_4^+ =20$

同理可得财务管理专业在沪深市的人数目标约束为

沪市：$x_{231}+x_{331}+x_{431}+x_{531}+x_{631}+d_5^- -d_5^+ =40$

深市：$x_{232}+x_{332}+x_{432}+x_{532}+x_{632}+d_6^- -d_6^+ =35$

目标 2：80％以上录用人员能从事本人志向从事的专业。

集团录用的适合从事生产专业的职员中有 80％以上的人如愿以偿，因为 1,3,4 类中的求职者只有 1,3 类的人希望从事生产专业，故：

$$(x_{111}+x_{112}+x_{311}+x_{312})/(x_{111}+x_{112}+x_{311}+x_{312}+x_{411}+x_{412}) \geqslant 80\%$$

整理得

$$0.2(x_{111}+x_{112}+x_{311}+x_{312})-0.8(x_{411}+x_{412}) \geqslant 0$$

相应的目标约束可表示为

$$0.2(x_{111}+x_{112}+x_{311}+x_{312})-0.8(x_{411}+x_{412})+d_7^- -d_7^+ =0$$

同理可得营销管理专业的职员中有 80％以上的人如愿以偿的目标约束：

$$0.2(x_{221}+x_{222})-0.8(x_{121}+x_{122}+x_{521}+x_{522})+d_8^- -d_8^+ =0$$

以及财务管理专业的职员中有 80％以上的人如愿以偿的目标约束：

$$0.2(x_{431}+x_{432}+x_{531}+x_{532}+x_{631}+x_{632})-0.8(x_{231}+x_{232}+x_{331}+x_{332})+d_9^- -d_9^+ =0$$

目标 3：80％以上录用人员能去本人希望工作的城市。

录用人员中去到沪市的人员数量为

$$\sum_{i=1}^{6}\sum_{j=1}^{3}x_{ij1}$$

而希望去沪市的录用人员数量为

$$\sum_{j=1}^{3}x_{1j1}+\sum_{j=1}^{3}x_{2j1}+\sum_{j=1}^{3}x_{5j1}$$

80%以上的录用人员按照希望能去到沪市可表示为

$$\sum_{j=1}^{3} x_{1j1} + \sum_{j=1}^{3} x_{2j1} + \sum_{j=1}^{3} x_{5j1} \geqslant 0.8 \sum_{i=1}^{6} \sum_{j=1}^{3} x_{ij1}$$

所以 80%以上录用人员按照希望去到沪市的目标约束可表示为

$$\sum_{j=1}^{3} x_{1j1} + \sum_{j=1}^{3} x_{2j1} + \sum_{j=1}^{3} x_{5j1} - 0.8 \sum_{i=1}^{6} \sum_{j=1}^{3} x_{ij1} + d_{10}^{-} - d_{10}^{+} = 0$$

同理 80%以上录用人员按照希望去到深市的目标约束：

$$\sum_{j=1}^{3} x_{3j2} + \sum_{j=1}^{3} x_{4j2} + \sum_{j=1}^{3} x_{6j2} - 0.8 \sum_{i=1}^{6} \sum_{j=1}^{3} x_{ij2} + d_{11}^{-} - d_{11}^{+} = 0$$

该问题的绝对约束为经审查合格的六类人的人数约束和非负约束，如下：

$x_{111}+x_{112}+x_{121}+x_{122}\leqslant 25$(第 1 类人的人数限制)

$x_{221}+x_{222}+x_{231}+x_{232}\leqslant 35$(第 2 类人的人数限制)

$x_{311}+x_{312}+x_{331}+x_{332}\leqslant 20$(第 3 类人的人数限制)

$x_{411}+x_{412}+x_{431}+x_{432}\leqslant 40$(第 4 类人的人数限制)

$x_{521}+x_{522}+x_{531}+x_{532}\leqslant 34$(第 5 类人的人数限制)

$x_{631}+x_{632}\leqslant 26$(第 6 类人的人数限制)

$x_{ijk}\geqslant 0,(i=1,\cdots,6;\ j=1,2,3;\ k=1,2)$

$d_i^{+}\geqslant 0, d_i^{-}\geqslant 0(i=1,2,\cdots,7)$(非负约束)

至此，该问题所有的约束条件已经全部列出来了。

最后，我们按照目标规划的一般目标函数形式写成该问题的目标函数如下：

$$\min z = P_1 \sum_{i=1}^{6} (d_i^{-} + d_i^{+}) + P_2 \sum_{i=7}^{9} d_i^{-} + P_3 (d_{10}^{-} + d_{11}^{-})$$

其中，第一优先级的目标由于是正好要录用满这些人，所以选取了正负偏差，而第二和第三优先级的目标需要超过 80%以上，所以选取了负偏差。

【案例求解】

该问题的求解利用 WinQSB 和 Excel 均可进行，求解过程与前面几个问题基本类似，在此不再赘述，仅给出最后的求解结果。

按照表 4-7 方式进行招聘可得最满意的结果。

表 4-7 案例问题求解最满意的结果 单位：人

类别	希望工作的城市	生产	营销	财务
1	沪市	20	3	0
	深市	2	0	0
2	沪市	0	27	0
	深市	0	8	0
3	沪市	0	0	0
	深市	14	0	6
4	沪市	0	0	18
	深市	9	0	3

续表

类别	希望工作的城市	生产	营销	财务
5	沪市	0	0	22
	深市	0	12	0
6	沪市	0	0	0
	深市	0	0	26

此时的 P_1 目标全部满足；P_2 目标中的营销管理人员的目标未满足，出现了 5 人的负偏差，百分比未达到 80%，实际为 70%，其余的专业均满足目标；P_3 目标也全部满足。

习题

1. 某市准备在下一年度预算中购置一批救护车，已知每辆救护车购置价为 20 万元。救护车用于所属的两个郊区县，各分配 x_A 和 x_B 辆。A 县救护车从接到电话到救护车出动的响应时间为$(40-3x_A)$min，B 县相应的响应时间为$(50-4x_B)$min。该市确定如下优先级目标。

p_1：用于救护车购置费用不超过 400 万元。

p_2：A 县的响应时间不超过 5min。

p_3：B 县的响应时间不超过 5min。

要求：建立问题的目标规划模型，并求出满意解。

2. 某厂拟生产甲、乙两种产品，每件利润分别为 20 元、30 元。这两种产品都要在 A，B，C，D 四种设备上加工，每件甲产品需占用各设备依次为 2 机时，1 机时，4 机时，0 机时，每件乙产品需占用各设备依次为 2 机时，2 机时，0 机时，4 机时，而这四种设备正常生产能力依次为每天 12 机时，8 机时，16 机时，12 机时。此外，A，B 两种设备每天还可加班运行。试拟订一个满足下列目标的生产计划。

p_1：两种产品每天总利润不低于 120 元。

p_2：两种产品的产量尽可能均衡。

p_3：A、B 设备都应不超负荷，其中 A 设备能力还应充分利用(A 比 B 重要 3 倍)。

要求：建立问题的目标规划模型，并求出满意解。

3. 某公司下属三个小型煤矿 A_1，A_2，A_3，每天煤炭的生产量分别为 12t，10t，10t，供应 B_1，B_2，B_3，B_4 四个工厂，需求量分别为 6t，8t，6t，10t 。公司调运时依次考虑的目标优先级如下。

p_1：A_1 产地因库存限制，应尽量全部调出。

p_2：因煤质要求，B_4 需求最好由 A_3 供应。

p_3：满足各销地需求。

p_4：调运总费用尽可能小。

从煤矿至各厂调运的单位运价表见表 4-8。

表 4-8 煤矿至各厂调运的单位运价表 单位：元

煤矿 \ 工厂	B_1	B_2	B_3	B_4
A_1	3	6	5	2
A_2	2	4	4	1
A_3	4	3	6	3

要求：建立问题的目标规划模型，并求出满意解。

4. 友谊农场有 3 万亩（每亩等于 666.66m^2）农田，欲种植玉米、大豆和小麦三种农作物。各种作物每亩需施化肥分别为 0.12t、0.20t、0.15t。预计秋后玉米每亩可收获 500kg，售价为 0.24 元/kg；大豆每亩可收获 200kg，售价为 1.20 元/kg；小麦每亩可收获 300kg，售价为 0.70 元/kg。农场年初规划时考虑以下几个方面。

p_1：年终收益不低于 350 万元。

p_2：总产量不低于 1.25 万吨。

p_3：小麦产量以 0.5 万吨为宜。

p_4：大豆产量不少于 0.2 万吨。

p_5：玉米产量不超过 0.6 万吨。

p_6：农场现能提供 5000t 化肥；若不够，可从市场高价购买，但希望高价采购量越少越好。

要求：建立问题的目标规划模型，并求出满意解。

5. 某彩色电视机组装工厂，生产 A，B，C 三种规格电视机。装配工作在同一生产线上完成，三种产品装配时的工时消耗分别为 6h，8h 和 10h。生产线每月正常工作时间为 200h；三种规格电视机销售后，每台可获利分别为 500 元，650 元和 800 元。每月销量预计为 12 台、10 台、6 台。该厂经营目标如下。

p_1：利润指标定为每月 1.6×10^4 元。

p_2：充分利用生产能力。

p_3：加班时间不超过 24h。

p_4：产量以预计销量为标准。

为确定生产计划，试建立该问题的目标规划模型。

图与网络优化

5.1　长虹街道的服务设施布局问题

【案例描述】

长虹街道近年新建了 11 个居民小区，各小区的大致位置及相互间的道路距离（单位：100m）如图 5-1 所示，各居民小区居民数为：1(3000)，2(3500)，3(3700)，4(5000)，5(3000)，6(2500)，7(2800)，8(4500)，9(3300)，10(4000)，11(3500)。试帮助决策：在 11 个小区内准备共建一套医务所、邮局、储蓄所、综合超市等服务设施，应建于哪一居民小区，使对居民总体来说感到方便。

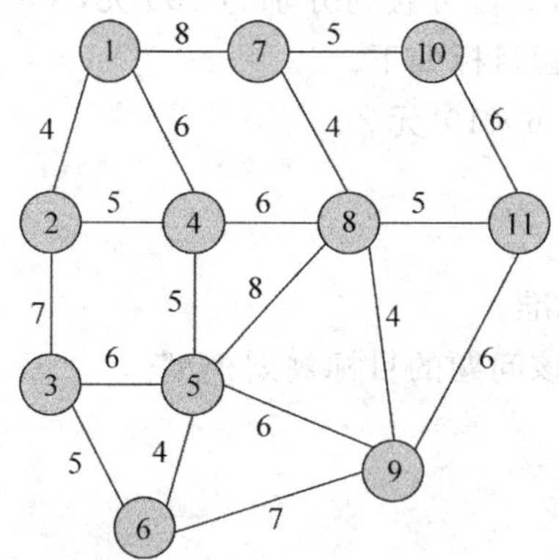

图 5-1　小区布局网络图

【案例分析】

由于该问题的目标表达较笼统，所以首先我们要明确目标（对居民总体来说感到方便）。可理解为使所有人到服务设施设置小区走的距离和为最小。我们用穷举法来求此最小值。要先求出所有人到服务设施设置小区走的距离和的所有可能值。要求这些值，首先求出任意两点之间的最短距离。所以此问题实际是最短路问题。

【案例求解】

我们用 WinQSB 的 Network modeling 子程序来求解最短路问题。首先我们启动程序：开始→程序→WinQSB→NetworkModeling→File→New Problem→设置如图 5-2 所示的对话框。

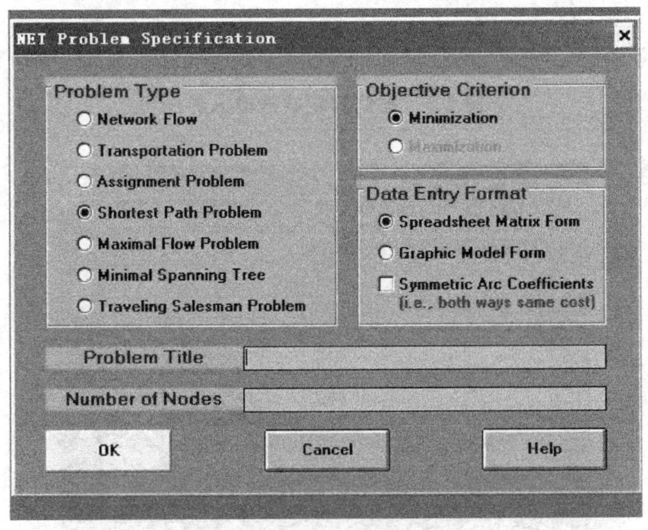

图 5-2　最短路问题设置界面

其中 Problem Type 为选择问题类型，在这里选择 Shortest Path Problem（最短路问题）；Objective Criterion 为目标函数优化方向，在这里选择 Minimization（最小化）；Data Entry Format 为数据输入形式，在这里选择 Spreadsheet Matrix Form（表格格式）；Number of Nodes 设置网络节点个数，输入“11”。

单击 OK 按钮，弹出数据窗口，见图 5-3。

你可以通过菜单 Edit→Node Names 修改节点名称，如图 5-4 所示。

From \ To	Node1	Node2	Node3	Node4	Node5	Node6
Node1						
Node2						
Node3						
Node4						
Node5						
Node6						

图 5-3　“网络模型”数据输入界面

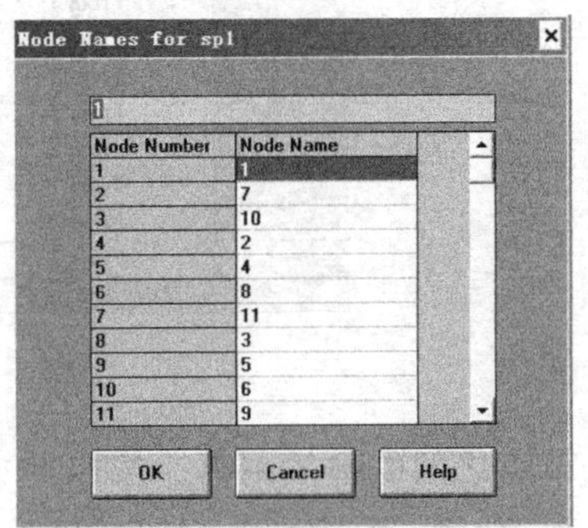

图 5-4　节点名称修改界面

单击 OK 按钮，返回数据窗口并输入数据，见图 5-5。

执行菜单命令：Solve and Analyze→Solve the Problem，选择发点与收点，见图 5-6。

单击 Solve 按钮，得优化结果，见图 5-7。

从图 5-7 我们可以得到节点 1 到节点 9 的最短距离，此外还可以得到节点 1 到其他各

From \ To	1	7	10	2	4	8	11	3	5	6	9
1		8		4	6						
7	8		5			4					
10		5					6				
2	4				5			7			
4	6			5		6			5		
8		4			6		5		8		4
11			6			5					6
3				7					6	5	
5					5	8		6		4	6
6								5	4		7
9						4	6		6	7	

图 5-5　案例问题数据输入界面

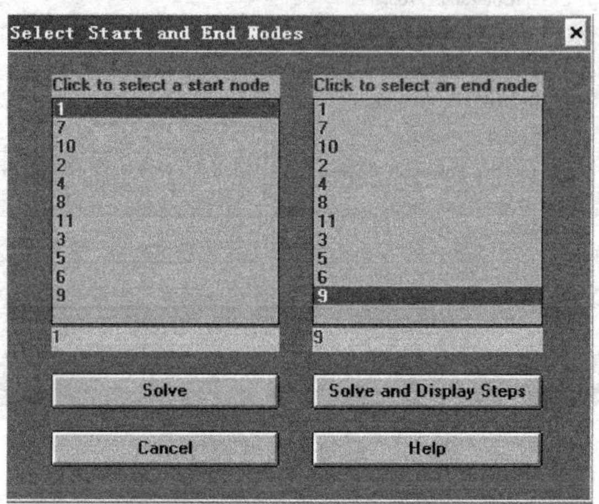

图 5-6　发点和收点设置界面

03-24-2013	From	To	Distance/Cost	Cumulative Distance/Cost
1	1	4	6	6
2	4	8	6	12
3	8	9	4	16
	From 1	To 9	=	16
	From 1	To 7	=	8
	From 1	To 10	=	13
	From 1	To 2	=	4
	From 1	To 4	=	6
	From 1	To 8	=	12
	From 1	To 11	=	17
	From 1	To 3	=	11
	From 1	To 5	=	11
	From 1	To 6	=	15

图 5-7　案例问题求解结果界面

节点之间的最短距离。按照此方法重复几遍就可以求出网络图中任意两点之间的最短距离，如表 5-1 所示。

表 5-1　所有小区间最短距离求解结果

	1	2	3	4	5	6	7	8	9	10	11
1	0	4	11	6	11	15	8	12	16	13	17
2	4	0	7	5	10	12	12	11	15	17	16
3	11	7	0	11	6	5	18	14	12	23	18

续表

	1	2	3	4	5	6	7	8	9	10	11
4	6	5	11	0	5	9	10	6	10	15	11
5	11	10	6	5	0	4	12	8	6	17	12
6	15	12	5	9	4	0	15	11	7	19	13
7	8	12	18	10	12	15	0	4	8	5	9
8	12	11	14	6	8	11	4	0	4	9	5
9	17	15	12	10	6	7	8	4	0	12	6
10	13	17	23	15	17	19	5	9	12	0	6
11	17	16	18	11	12	13	9	5	6	6	0

将表 5-1 中的每行数字分别乘以各小区人数得各小区之间的人数距离和，如表 5-2 所示。

表 5-2　所有小区之间考虑人数的距离和

	1	2	3	4	5	6	7	8	9	10	11
1	0	12 000	33 000	18 000	33 000	45 000	24 000	36 000	48 000	39 000	51 000
2	14 000	0	24 500	17 500	35 000	42 000	42 000	38 500	52 500	59 500	56 000
3	40 700	25 900	0	40 700	22 200	18 500	66 600	51 800	44 400	85 100	66 600
4	30 000	25 000	55 000	0	25 000	45 000	50 000	30 000	50 000	75 000	55 000
5	33 000	30 000	18 000	15 000	0	12 000	36 000	24 000	18 000	51 000	36 000
6	37 500	30 000	12 500	22 500	10 000	0	37 500	27 500	17 500	47 500	32 500
7	22 400	33 600	50 400	28 000	33 600	42 000	0	11 200	22 400	14 000	25 200
8	54 000	49 500	63 000	27 000	36 000	49 500	18 000	0	18 000	40 500	22 500
9	56 100	49 500	39 600	33 000	19 800	23 100	26 400	13 200	0	39 600	19 800
10	52 000	68 000	92 000	60 000	68 000	76 000	20 000	36 000	48 000	0	24 000
11	59 500	56 000	63 000	38 500	42 000	45 500	31 500	17 500	21 000	21 000	0

我们把表 5-2 按列相加得表 5-3，求出以各小区为服务点的人数和距离数乘积之和。

表 5-3　各小区为服务点的人数和距离数乘积之和

1	2	3	4	5	6	7	8	9	10	11
399 200	379 500	451 000	300 200	324 600	398 600	352 000	285 700	339 800	472 200	388 600

从表 5-3 可知距离之和最小的为 285 700，所以在小区 8 设置服务点可使总体感到满意。

5.2　泰泽公司的项目选择问题

【案例描述】

泰泽公司(Tazer)是一家制药公司。它进入医药市场已经有 12 年的历史，并且推出了六种新药。这六种新药中五种是市场上已经存在药物的同类产品，所以销售的情况并不是很乐观。然而，主治高血压的第六种药物却获得了巨大的成功。由于泰泽公司拥有生产治疗高血压药物的专利权，所以公司并没有遇到什么竞争对手。仅仅从第六种药物中所获得的利润就可以使泰泽公司正常运营下去。

在过去的12年中，泰泽公司不断地进行适量的研究和发展工作，但是却并没有发现有哪一种药物能够获得像高血压药物一样的成功。一个原因是公司没有大量投资进行创新研究开发的动力。公司依赖高血压药物，觉得没有必要花费大量的资源寻找新药物的突破。但是现在泰泽公司不得不面对竞争的压力了。高血压药物的专利保护期还有五年。泰泽公司知道只要专利期限一到，大量药品制造公司就会像秃鹰一样涌进市场。历史数据表明普通药物会降低品牌药物75%的销售量。

今年泰泽公司投入大量的资金进行研究和开发工作以求得能够取得突破，给公司带来像高血压药物一样的巨大成功。泰泽公司相信如果现在就开始进行大量的研究和开发工作，在高血压药物专利到期之后能够发明一种成功药物的概率是很高的。

作为泰泽公司研究和开发的负责人，你将负责选择项目并为每一个项目指派项目负责人。在研究了市场的需要，分析了当前药物的不足并且拜会了大量在有良好前景的医药领域进行研究的科学家之后，你决定你的部门进行五个项目，如下所示。

- Up项目：开发一种更加有效的抗抑郁剂，这种新药并不会带来使用者情绪的急剧变化。
- Stable项目：开发一种治疗躁狂抑郁病的新药。
- Choice项目：为女性开发一种副作用更小的节育方法。
- Hope项目：开发一种预防HIV的疫苗。
- Release项目：开发一种更有效的降压药。

对于这五个项目之中的任何一个来说，由于在进行研究之前你并不知道使用的配方以及哪种配方是有效的，所以你只能明确研究所要解决的疾病。

你还有五位资深的科学家来领导进行这五个项目。有一点你十分清楚，那就是科学家都是一些喜怒无常的人，而且他们只有在受到项目所带来的挑战和激励的时候才会努力工作。为了保证这些科学家都能够到他们感兴趣的项目中去，你为这个项目建立了一个投标系统。这五位科学家每个人都有1000点的投标点。他们向每一个项目投标，并且把较多的投标点投向自己最感兴趣的项目之中。

表5-4显示了这五位科学家进行投标的情况。

表5-4 各位科学家对各项目的投标情况

项目	克瓦尔博士	朱诺博士	特塞博士	米凯博士	罗林斯博士
Up项目	100	0	100	267	100
Stable项目	400	200	100	153	33
Choice项目	200	800	100	99	33
Hope项目	200	0	100	451	34
Release项目	100	0	600	30	800

问题：

(1) 根据所给出的投标情况，你需要为每一个项目指派一位资深的科学家并且使得这位科学家的满意度最高。那么应当怎样进行指派？

(2) 罗林斯博士接到了哈佛医学院的邀请去完成一个教学任务，而你却非常想把她留下来。但是哈佛的声望会使她离开公司。当然你并不愿意放弃任何一个项目，因为如果放弃一个项目而只剩下四个项目的话，会大大降低找到突破性新药的概率。你决定让朱诺博士或者米凯博士同时领导两个项目。在只有四位科学家的情况下，让哪一位科学家领导哪两个项目才能使得其对项目的热情最大?

【案例分析】

问题(1)属于典型的指派问题，根据指派问题的建模方法，我们可以设置自变量为第 i 个博士是否愿意投标第 j 个项目 x_{ij}($i=1,2,\cdots,5$，其中 $i=1$ 为克瓦尔博士，其余依次为朱诺博士、特塞博士、米凯博士和罗林斯博士；$j=1,2,\cdots,5$，其中 $j=1$ 为 Up 项目，其余依次为 Stable 项目、Choice 项目、Hope 项目和 Release 项目)，并根据典型指派问题的数学模型，我们可以写出该问题的数学模型如下：

$$\max z = 100x_{11} + 400x_{12} + \cdots + 34x_{54} + 800x_{55}$$

$$\text{s. t.}\begin{cases}\sum_i x_{ij} = 1(j = 1,2,\cdots,5)\\ \sum_j x_{ij} = 1(i = 1,2,\cdots,5)\\ x_{ij} = 0 \text{ 或 } 1(i = 1,2,\cdots,5; j = 1,2,\cdots,5)\end{cases}$$

问题(2)在问题(1)的基础上有所变化，就是可指派的人数减少为 4 人，并且朱诺博士或者米凯博士可以同时领导两个项目。在建模的时候，我们可以设置一个虚拟的人，他的投标点数是朱诺和米凯博士的最大值，这样我们可得如表 5-5 所示的指派问题。

表 5-5 指派问题的收益矩阵

项目	克瓦尔博士	朱诺博士	特塞博士	米凯博士	虚拟人
Up 项目	100	0	100	267	267
Stable 项目	400	200	100	153	200
Choice 项目	200	800	100	99	800
Hope 项目	200	0	100	451	451
Release 项目	100	0	600	30	30

依据此表建立问题(2)的数学模型即可。

【案例求解】

指派问题的求解在 WinQSB 和 Excel 中都可进行，相对来说小规模的问题使用 WinQSB 更加方便。下面简单说明如何使用 WinQSB 来求解问题(1)。首先我们启动程序：开始→程序→WinQSB→NetworkModeling→File→New Problem→设置如图 5-8 所示的对话框。

其中 Problem Type 为选择问题类型，在这里选择 Assignment Problem(指派问题)；Objective Criterion 为目标函数优化方向，在这里选择 Maximization(最大化)；Data Entry Format 为数据输入形式，在这里选择 Spreadsheet Matrix Form(表格格式)；Number of Objects 设置指派的对象数，输入"5"，Number of Assignments 设置指派的任务数，输入"5"。

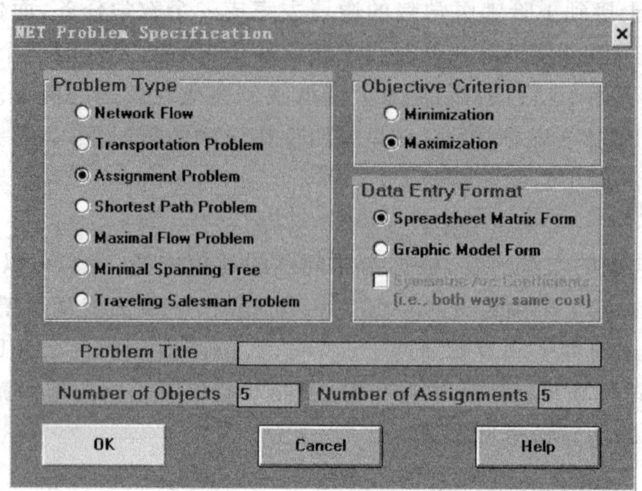

图 5-8 指派问题设置界面

单击 OK 按钮，弹出数据窗口，我们通过菜单 Edit→Node Names 修改节点名称，并在数据窗口中输入相应的数据，结果如图 5-9 所示。

From \ To	克瓦尔博士	朱诺博士	特塞博士	米凯博士	罗林斯博士
Up项目	100		100	267	100
Stable项目	400	200	100	153	33
Choice项目	200	800	100	99	33
Hope项目	200		100	451	34
Release项目	100		600	30	800

图 5-9 问题(1)数据输入界面

执行菜单命令：Solve and Analyze→Solve the Problem，我们就可以得到该问题的求解结果，如图 5-10 所示。

08-30-2013	From	To	Assignment	Unit Profit	Total Profit	Reduced Cost
1	Up项目	特塞博士	1	100	100	0
2	Stable项目	克瓦尔博士	1	400	400	0
3	Choice项目	朱诺博士	1	800	800	0
4	Hope项目	米凯博士	1	451	451	0
5	Release项目	罗林斯博士	1	800	800	0
	Total	Objective	Function	Value =	2551	

图 5-10 问题(1)求解结果界面

从图 5-10 可以很清楚地看到，如何指派使总体的满意度最高的方式，分别是指派特塞博士参与 Up 项目，克瓦尔博士参与 Stable 项目，朱诺博士参与 Choice 项目，米凯博士参与 Hope 项目，罗林斯博士参与 Release 项目，总体最大的满意度投标点数是 2551。

问题(2)的求解和问题(1)基本类似，只需在数据窗口删去罗林斯博士的数据列插入一个虚拟人即可，如图 5-11 所示。

执行菜单命令：Solve and Analyze→Solve the Problem，我们就可以得到该问题的求解结果，如图 5-12 所示。

从图 5-12 可知，使总体满意度最大的分配方案是米凯博士承担 Up 项目，克瓦尔博士承担 Stable 项目，朱诺博士承担 Choice 项目，特塞博士承担 Release 项目，而 Hope 项目由

From \ To	克瓦尔博士	朱诺博士	特塞博士	米凯博士	虚拟的人
Up项目	100	0	100	267	267
Stable项目	400	200	100	153	200
Choice项目	200	800	100	99	800
Hope项目	200	0	100	451	451
Release项目	100	0	600	30	30

图 5-11　问题(2)的数据输入界面

08-30-2013	From	To	Assignment	Unit Profit	Total Profit	Reduced Cost
1	Up项目	米凯博士	1	267	267	0
2	Stable项目	克瓦尔博士	1	400	400	0
3	Choice项目	朱诺博士	1	800	800	0
4	Hope项目	虚拟的人	1	451	451	0
5	Release项目	特塞博士	1	600	600	0
	Total	Objective	Function	Value =	2518	

图 5-12　问题(2)的求解结果界面

虚拟人承担，虚拟人对于该项目的投标点数为 451，可见该投标点数来自米凯博士，所以米凯博士最终承担 Hope 项目。

5.3　某造船厂的生产计划安排问题

【案例描述】

某造船厂根据合同要在当年算起的连续三年年末各提供三条规格相同的大型货轮。已知该厂今后三年的生产能力及生产成本如表 5-6 所示。

表 5-6　造船厂三年的生产能力和成本

年度	正常生产时可完成的货轮数/艘	加班生产时可完成的货轮数/艘	正常生产时每条货轮成本/万元
第一年	2	3	500
第二年	4	2	600
第三年	1	3	550

已知加班生产情况下每条货轮成本比正常生产时高出 70 万元。又知造出的货轮如当年不交货，每条货轮每积压一年增加维护保养等损失为 40 万元。在签订合同时该厂已有两艘积压未交货的货轮，该厂希望在第三年年末在交完合同任务后能储存一艘备用，问该厂应如何安排计划，才能使在满足上述要求的条件下总的费用支出为最少？

【案例分析】

该问题初看起来是一个生产计划安排问题，但我们经过分析可以发现其可以转化为运输问题进行求解。我们可以将该造船厂每一年的不同生产方式下生产的货轮作为产地，将每一年的合同需求作为销地，生产和储存成本作为运输成本，这样可以把该问题转化为如表 5-7 所示的运输问题。

表 5-7 转化为运输问题后的运输单价和运量表 单位：万元

选项	第 1 年	第 2 年	第 3 年	第 3 年年末储存	产量/艘
初期储存	0	40	80	120	2
第 1 年正常生产	500	540	580	620	2
第 1 年加班生产	570	610	650	690	3
第 2 年正常生产		600	640	680	4
第 2 年加班生产		670	710	750	2
第 3 年正常生产			550	590	1
第 3 年加班生产			620	660	3
需要量/艘	3	3	3	1	

从表 5-7 可知，该问题就转化为了供大于求的运输问题，根据该类型问题的典型数学模型，我们可以写出该问题的数学模型如下：

$$\min z = 0x_{11} + 40x_{12} + 80x_{13} + \cdots + 620x_{73} + 660x_{74}$$

$$\text{s. t.}\begin{cases}\sum_{j=1}^{4} x_{1j} \leqslant 2 \\ \sum_{j=1}^{4} x_{2j} \leqslant 2 \\ \sum_{j=1}^{4} x_{3j} \leqslant 3 \\ \sum_{j=1}^{4} x_{4j} \leqslant 4 \\ \sum_{j=1}^{4} x_{5j} \leqslant 2 \\ \sum_{j=1}^{4} x_{6j} \leqslant 1 \\ \sum_{j=1}^{4} x_{7j} \leqslant 3 \\ \sum_{i=1}^{7} x_{i1} = 3 \\ \sum_{i=1}^{7} x_{i2} = 3 \\ \sum_{i=1}^{7} x_{i3} = 3 \\ \sum_{i=1}^{7} x_{i4} = 1 \\ x_{ij} \geqslant 0 \text{ 且为整数} (i = 1,2,\cdots,7; j = 1,2,3,4) \\ x_{41} = x_{51} = x_{61} = x_{71} = x_{62} = x_{72} = 0\end{cases}$$

【案例求解】

运输问题的求解使用 WinQSB 和 Excel 都可比较方便地进行，由于 WinQSB 中的求解相对方便，读者可自行完成。下面我们简单说明在 Excel 中如何求解该问题。首先，我们在 Excel 中建立该问题的求解表格，如图 5-13 所示。

	A	B	C	D	E	F	G	H
1	货轮生产问题							
2		第1年	第2年	第3年	第3年年末储存	产量		
3	初期储存	0	40	80	120	2		
4	第1年正常生产	500	540	580	620	2		
5	第1年加班生产	570	610	650	690	3		
6	第2年正常生产		600	640	680	4		
7	第2年加班生产		670	710	750	2		
8	第3年正常生产			550	590	1		
9	第3年加班生产			620	660	3		
10	需要量	3	3	3	1			
11								
12		第1年	第2年	第3年	第3年年末储存	实际交付量		
13	初期储存					0	<=	2
14	第1年正常生产					0	<=	2
15	第1年加班生产					0	<=	3
16	第2年正常生产					0	<=	4
17	第2年加班生产					0	<=	2
18	第3年正常生产					0	<=	1
19	第3年加班生产					0	<=	3
20	实际交付量	0	0	0	0			
21		=	=	=	=			
22		3	3	3	1			
23								
24	总支出费用	0						

图 5-13　案例问题的 Excel 建模

其中 A2:F10 是该运输问题的已知条件表格，即运输单位成本、生产量和需求量。A12:E19 是运输问题的决策变量区域，是要求解的部分。外围的 F12:H19 和 A20:E22 是约束添加区域。最下方的 A24:B24 是目标函数部分。

目标函数 B24 的表达式可用 Excel 的 SUMPRODUCT 函数方便书写为 SUMPRODUCT(B3:E9,B13:E19)，实际交付量部分可用 SUM 函数计算。

接下来我们只需在“规划求解参数”工具中做相应的设置即可，具体设置的内容如图 5-14 所示。

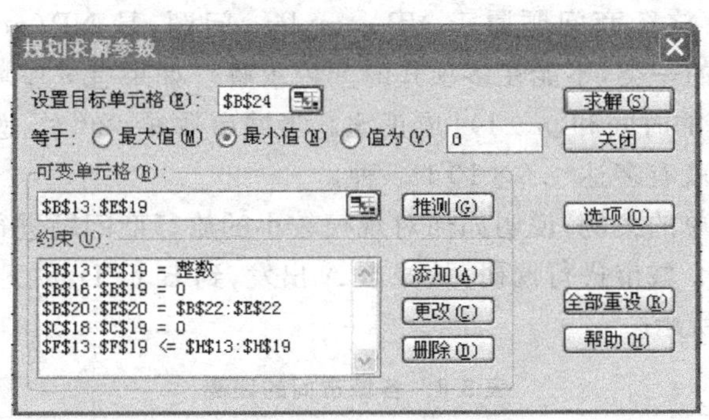

图 5-14　案例问题的“规划求解参数”设置

这里要注意的是由于第 2 年生产的货轮不可能去满足第 1 年的合同，所以该决策变量单元格应人工地设置为 0，类似的还有第 3 年生产的情况。然后在选项中设置采用线性模型，假定非负，最后单击“求解”按钮即可得到问题的解，如图 5-15 所示。

从图 5-15 可以很清楚地看到，我们只需在第 1 年正常生产 2 艘货轮分别满足第 1 年和第 2 年的合同，第 2 年正常生产 2 艘货轮满足第 2 年的合同，第 3 年正常生产 1 艘货轮满足第 3 年的合同，第 3 年加班生产 3 艘货轮，其中 2 艘满足第 3 年的合同，1 艘储存，就可以使总的费用支出最少为 4690 万元。

	A	B	C	D	E	F	G	H
1	货轮生产问题							
2		第1年	第2年	第3年	第3年年末储存	产量		
3	初期储存	0	40	80	120	2		
4	第1年正常生产	500	540	580	620	2		
5	第1年加班生产	570	610	650	690	3		
6	第2年正常生产		600	640	680	4		
7	第2年加班生产		670	710	750	2		
8	第3年正常生产			550	590	1		
9	第3年加班生产			620	660	3		
10	需要量	3	3	3	1			
11								
12		第1年	第2年	第3年	第3年年末储存	实际交付量		
13	初期储存	2	0	0	0	2	<=	2
14	第1年正常生产	1	1	0	0	2	<=	2
15	第1年加班生产	0	0	0	0	0	<=	3
16	第2年正常生产	0	2	0	0	2	<=	4
17	第2年加班生产	0	0	0	0	0	<=	2
18	第3年正常生产	0	0	1	0	1	<=	1
19	第3年加班生产	0	0	2	1	3	<=	3
20	实际交付量	3	3	3	1			
21		=	=	=	=			
22		3	3	3	1			
23								
24	总支出费用	4690						

图 5-15 案例问题的求解结果

5.4 旅行商问题

【案例描述】

旅行商问题(traveling saleman problem，TSP)又译为旅行推销员问题、货郎担问题，简称为 TSP 问题，是运筹学图论中的典型问题。该问题是在寻求单一旅行者由起点出发，通过所有给定的需求点之后，最后再回到原点的最小路径成本。TSP 问题的描述虽然简单，解决起来却很困难。旅行商问题属于 NP-complete 问题，是 NP(non-deterministic polynominal)问题中最难的一类，不能在多项式时间内求解。如果有 n 座城市，那么巡游路径共有$(n-1)!/2$ 条，计算的时间和$(n-1)!$成正比。当城市数 $n=20$ 时，巡回路径有 1.2×1018 种，$n=100$，巡回路径就有多达 4.6×10 155 种。

下面通过一个简单的案例，说明如何对规模较小的旅行商问题进行求解。

某巡视组要到 6 个城市进行调研，从城市 A 出发，到 B、C、D、E、F，最后返回城市 A，各城市间距离如表 5-8 所示。

表 5-8 各城市间的距离 单位：km

	A	B	C	D	E	F
A	0	700	450	840	1300	1200
B	700	0	325	1100	1150	800
C	450	325	0	1140	1200	850
D	840	1100	1140	0	1600	1860
E	1300	1150	1200	1600	0	2000
F	1200	800	850	1860	2000	0

问应如何安排巡视路线，可使总的行程最短？

【案例分析】

求解旅行商问题的方法可以分为两大类，一类是精确算法，目的是要找到理论最优解；另一类是近似算法，不强求最优解，只要找到"足够好"的满意解就可以。

1. 精确算法

常用的精确求解方法主要有两种。

1954 年，George Dantzig 等人用线性规划的方法取得了历史性的突破——解决了美国 49 个城市的巡回问题。这就是割平面法，在整数规划问题上也广泛应用。还有分枝限界法，所谓限界，就是求出问题解的上、下界，通过当前得到的限界值排除一些次优解，为最终获得最优解提示方向。每次搜索下界最小的分枝，可以减小计算量。总的来说，精确算法比较复杂，要写很长的代码，而且计算量仍然很大。

2. 近似算法

大多数情况下只要能求得满意解就可以满足要求了。用近似算法得到的满意解和最优解往往只差几个百分点。和精确算法相比，近似算法比较简单，计算量小很多，大致可分为三类。

(1) 巡回路径构造算法。这种算法是把城市一个一个地加入到路径中去，全部加进去以后就得到了一条巡回路径。最简单的巡回路径构造算法是贪婪算法，每次选择最小的一条边，但是最后要把起点和终点连起来，最后这条边往往会很长，所以找到的是一个很"粗糙"的解。此外，还有插入法、双最小生成树法、Clark & Wright 法等。

(2) 巡回路径优化算法。也就是局部搜索算法，搜索一个解空间邻域里的最优值，先产生一条初始巡回路径，再改变其中某些城市的顺序，使路径优化，逐渐接近最优解。

(3) 智能算法。所谓智能算法，是指 20 世纪以来借助自然界的规律，根据其原理设计的算法，如模拟退火算法、遗传算法、人工神经网络、蚁群算法等。

① 模拟退火算法(SA)，它是局部搜索算法的一种扩展，根据复杂组合优化问题与固体退火过程之间的相似之处，在它们之间建立联系。退火过程中，固体最终达到能量最小的状态，对应于模拟退火算法找到最优解。与局部搜索算法不同的是，模拟退火算法随机接受一些劣解，这样就有希望从局部最优解中跳出，找到全局最优解。

② 遗传算法(GA)是根据自然界的"物竞天择，适者生存"现象提出的一种随机搜索算法。把一定数量的解作为一个群体，通过选择、交配和变异把适应性强的染色体(TSP 中较好的一些边)遗传下来，使解进化(优化)。

③ 人工神经网络(ANN)是对人脑神经系统的仿真，具有并行性、容错性、学习能力、知识存储等优点。用 Hopfield 神经网络求解 TSP 问题取得了很好的成果。

④ 蚁群算法(ACA)是模拟蚁群行为的一种仿生算法。蚂蚁个体能力很低，却可以协同工作，集中食物，建筑蚁穴，依靠群体智能发挥出超出个体的智能。与前面几种智能算法不同的是，蚁群算法更接近巡回路径构造算法而不是巡回路径优化算法，每只蚂蚁单独完成巡游，并通过信息素交流，最终都聚集到一条局部最优路径上来。

由于上述问题的规模较小，计算量不大，所以我们仅说明在 WinQSB 中如何进行求解。

【案例求解】

上述问题在 WinQSB 中的求解步骤如下。

(1) 开始→程序→WinQSB→NetworkModeling→File→New Problem→设置如图 5-16 所示的对话框。

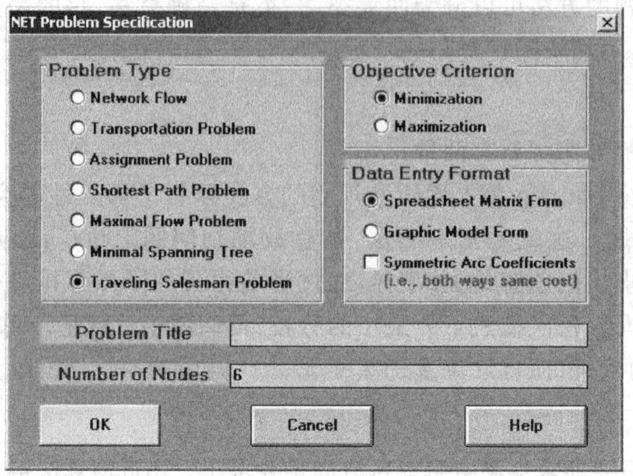

图 5-16 旅行商问题设置界面

(2) 单击 OK 按钮,弹出数据窗口,见图 5-17。

From \ To	Node1	Node2	Node3	Node4	Node5	Node6
Node1						
Node2						
Node3						
Node4						
Node5						
Node6						

图 5-17 旅行商问题数据输入界面

(3) Edit→Node Names 修改节点名称,见图 5-18。

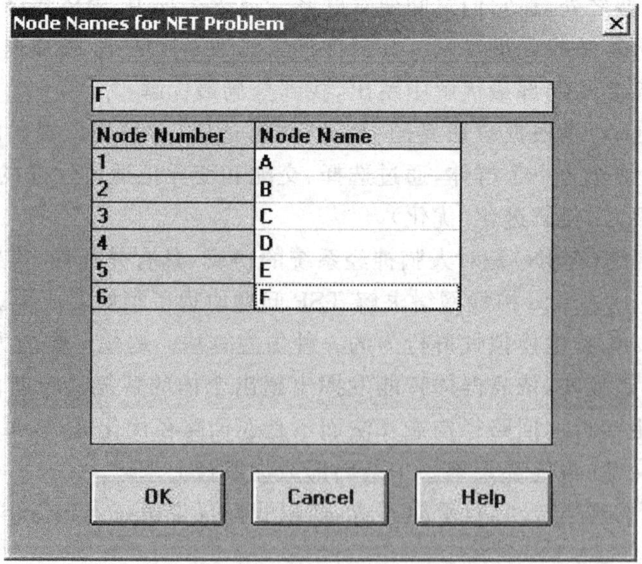

图 5-18 旅行商问题节点名称修改

(4) 单击 OK 按钮,返回数据窗口并输入数据,见图 5-19。

(5) 执行菜单命令：Solve and Analyze→Solve the Problem,选择求解方法,见图 5-20。

From \ To	A	B	C	D	E	F
A		700	450	840	1300	1200
B	700		325	1100	1150	800
C	450	325		1140	1200	850
D	840	1100	1140		1600	1860
E	1300	1150	1200	1600		2000
F	1200	800	850	1860	2000	

图 5-19 旅行商问题数据输入

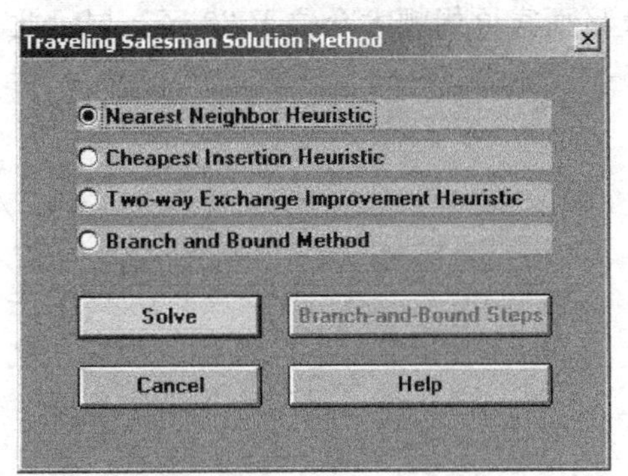

图 5-20 旅行商问题算法选择

(6) 采取默认,单击 Solve 按钮,得优化结果,见图 5-21。

09-19-2010	From Node	Connect To	Distance/Profit		From Node	Connect To	Distance/Profit
1	A	E	1300	4	D	C	1140
2	E	F	2000	5	C	B	325
3	F	D	1860	6	B	A	700
	Total	Maximal	Traveling	Distance	or Profit	=	7325
	(Result	from	Nearest	Neighbor	Heuristic)		

图 5-21 旅行商问题表格求解结果

(7) 执行菜单命令 Results→Graphic Solution 得行程路线图,见图 5-22。

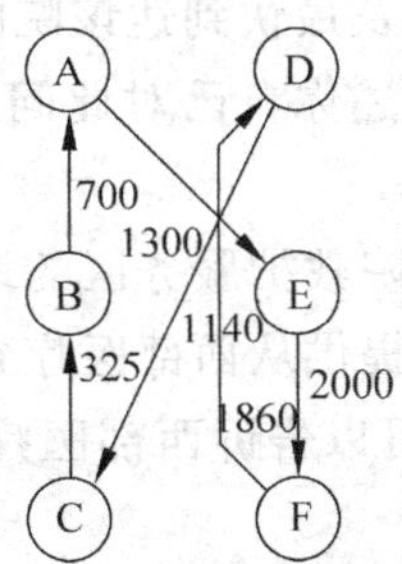

图 5-22 旅行商问题网络图求解结果

5.5 救护车行程安排问题

【案例描述】

宾厄姆顿市两大主要医院：西部医疗和宾厄姆顿大众,西部医疗坐落于城市的西南部,而宾厄姆顿市位于东北部。

鲍勃·仲斯,西部医疗的医院主管,一直在与宾厄姆顿大众的主管玛丽特·约翰逊讨论救护车的时间和行程安排。

通过一中心集散系统处理所有救护服务的提议正在考虑之中。此集散系统会自动地把呼叫转到能够提供最快服务的医院。在研究此提议的过程中，一个由两个医院员工组成的工作组决定其最好的方法是把城市分为20个服务区。在此提到的结构中，西部医疗将会位于1区而宾厄姆顿大众位于20区。展示此20区域的布置图以及相关区域间的往返时间如图5-23所示。

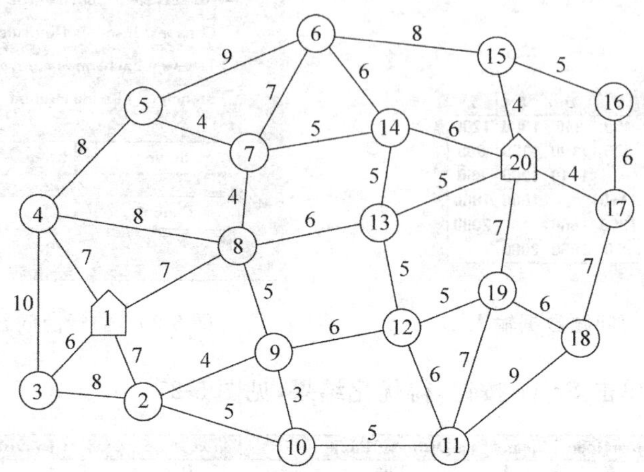

图5-23 城市各服务区间网络图

根据所提出的操作程序，新的紧急呼叫将会以区号划分。也就是说，最靠近该区的医院会派出救护车来完成服务。然而，如果最近医疗所有救护车都在使用中，此服务将由另一个医院完成。无论哪一个医院负责服务，要求紧急服务的个人将会被带到最近的医院。

为了使此协调性服务尽可能高效，救护车司机必须预先知道到达每一区的最短路线。需要知道救护者应被带到哪个医院以及最快到达该院的路线。

要求为两个医院主管准备一个描述你自己对此问题的分析报告。在你的报告陈述中，要求包括以下几点。

(1) 一张给调度员的划分城市医院救护服务区的地图。

(2) 一张给西部医疗救护车司机提供从西部医疗到城市中每一个区域需要最少时间的路线图，包含宾厄姆顿。还包括一张可以告诉西部医疗司机此人应被带到哪个医院以及应走的路线。

(3) 一张给宾厄姆顿救护车司机提供从宾厄姆顿到城市中每一个区域的最少时间路线，包含西部医疗。还包括一张可以告诉宾厄姆顿救护车司机此人应被带到哪个医院以及应走的路线。

【案例分析】

该问题的核心是最短路问题，在解决该问题时，我们要先求出图5-23中的每个点分别到西部医疗和宾厄姆顿大众的最短路长度，然后通过简单比较就可以确定该点的病人是送到西部医疗比较近还是送到宾厄姆顿大众比较近。由此，我们就可以划分出图5-23的救护车的最佳路径。

最短路问题的数学模型在前面章节有所提及，在此不再详述。下面介绍一下求解图中某一点至其他各点最短距离的Dijkstra算法。

这种算法的基本思路是：假定 $v_1 \to v_2 \to v_3 \to v_4$ 是 $v_1 \to v_4$ 的最短路，则 $v_1 \to v_2 \to v_3$ 一定

是 $v_1 \to v_3$ 的最短路，$v_2 \to v_3 \to v_4$ 一定是 $v_2 \to v_4$ 的最短路。

若用 d_{ij} 表示图中两相邻点 i 和 j 的距离，若 i 与 j 不相邻，令 $d_{ij}=\infty$，显然 $d_{ii}=0$，若用 L_{si} 表示从 s 点到 i 点的最短距离，现要求从 s 点到某一点 t 的最短路，用 Dijkstra 算法时步骤如下。

(1) 从点 s 出发，因 $L_{ss}=0$，将此值标注在 s 旁的小方框内，表示 s 点已标记。

(2) 从 s 点出发，找出与 s 相邻的点中距离最小的一个，设为 r。将 $L_{sr}=L_{ss}+d_{sr}$ 的值标注在 r 旁的小方框内，表明点 r 也已标号。

(3) 从已标号的点出发，找出与这些点相邻的所有未标号点 p。若有 $L_{sp}=\min\{L_{ss}+d_{sp};L_{sr}+d_{rp}\}$，则对 p 点标号，并将 L_{sp} 的值标注在 p 点旁的小方框内。

(4) 重复第(3)步，一直到 t 点得到标号为止。

【案例求解】

该问题的图形相对来说有些复杂，并且要求的最短路线较多，所以对于其的求解我们可以借助 WinQSB 工具更加方便地来完成。由于之前的内容中提到过 WinQSB 求解最短路的详细步骤，在这个问题中我们不再重复，下面仅对求解过程做简单的说明。

首先，我们借助 WinQSB 求解出两个医院到其他各点的最短距离，如表 5-9 所示。

表 5-9 医院与各服务区间最短距离

	1	2	3	4	5	6	7	8	9	10	11	12	13	14	15	16	17	18	19	20
1		7	6	7	15	18	11	7	11	12	17	17	13	16	22	27	22	26	22	18
20	18	20	24	19	15	12	11	11	16	19	14	10	5	6	4	9	4	11	7	

依据表 5-9，我们可以来回答上面提出来的各个问题：应该把病人带到哪个医院以及应该走什么路线。发车的原则是最靠近该地区的医院会派出救护车来完成服务，如果就近的医院所有的救护车都在使用中，此服务由另一个医院来完成。而病人会被带到距离该地区最近的医院。

如果病人是在 2，3，4，8，9，10 这些地区，应该由西部医院优先发车来完成服务，而且被带到西部医院进行救治。具体的路线如表 5-10 所示。

表 5-10 西部医院救护车能来，特定服务区到西部医院的最优路线及时间

服务的地区	路线	时间
2	1→2→1	14
3	1→3→1	12
4	1→4→1	14
8	1→8→1	14
9	1→2→9→2→1	22
10	1→2→10→2→1	24

如果西部医院的救护车不能过来，那么由宾厄姆顿的救护车过来接病人，并带到西部医院进行救治。具体的路线如表 5-11 所示。

表 5-11 西部医院救护车不能来，特定服务区到西部医院的最优路线及时间

服务的地区	路线	时间
2	20→13→12→9→2→1 或者 20→13→8→9→2→1	27
3	20→13→8→1→3→1	30
4	20→13→8→4→1	26
8	20→13→8→1	18
9	20→13→12→9→2→1 或者 20→13→8→9→2→1	17
10	20→13→8→9→10→2→1 或者 20→19→11→10→2→1	31

如果病人是在 6,11,12,13,14,15,16,17,18,19 这些地区，应该由宾厄姆顿优先发车来完成服务，而且被带到宾厄姆顿进行救治。具体的路线如表 5-12 所示。

表 5-12 宾厄姆顿医院救护车能来，特定服务区到宾厄姆顿医院的最优路线及时间

服务的地区	路线	时间
6	20→15→6→15→20 或者 20→14→6→14→20	24
11	20→19→11→19→20	28
12	20→13→12→13→20	20
13	20→13→20	10
14	20→14→20	12
15	20→15→20	8
16	20→15→16→15→20	18
17	20→17→20	8
18	20→17→18→17→20	22
19	20→19→20	14

如果宾厄姆顿的救护车不能过来，那么由西部医院的救护车过来接病人，并带到宾厄姆顿进行救治。具体的路线如表 5-13 所示。

表 5-13 宾厄姆顿医院救护车不能来，特定服务区到宾厄姆顿医院的最优路线及时间

服务的地区	路线	时间
6	1→8→7→6→15→20 或者 1→8→7→6→14→20	30
11	1→2→10→11→19→20	31
12	1→2→9→12→13→20	27
13	1→8→13→20	18
14	1→8→7→14→20	22
15	1→8→13→20→15→20	26
16	1→8→13→20→15→16→15→20	36
17	1→8→13→20→17→20	26
18	1→2→10→11→18→17→20	37
19	1→2→9→12→19→20	29

如果病人是在5,7这两个地区,可以由任意医院出车过来服务,可以把病人带到任意医院进行救治。具体路线如表5-14所示。

表 5-14 可带到任意医院的服务区最优路线及时间

服务的地区	来接的路线	时间
5	1→4→5 或者 20→14→7→5	15
7	1→8→7 或者 20→14→7	11

如果我们把原图做一下区域的划分的话,那么可分成三片区域,分别是适合西部医院出车的、适合宾厄姆顿出车的以及两者均可的,具体如图5-24所示。

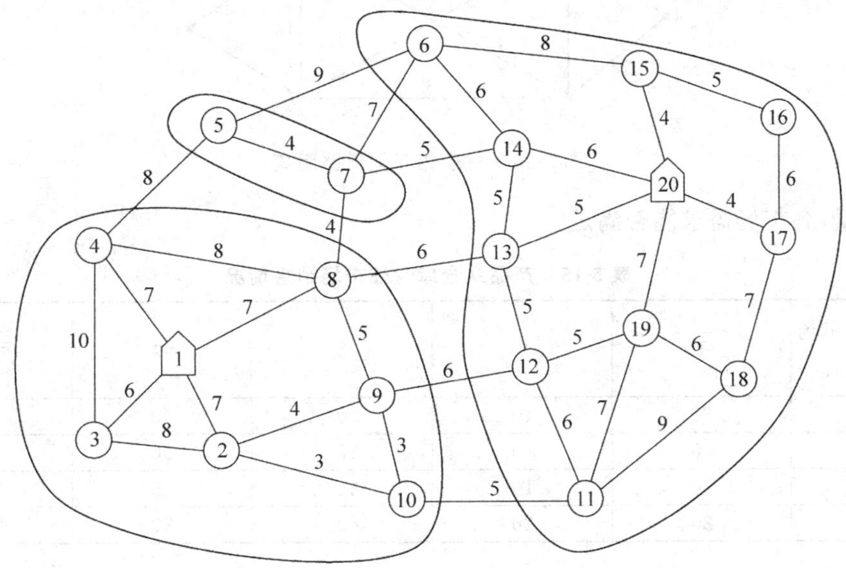

图 5-24 优化后的城市各服务区医院分配

其中,1,2,3,4,8,9,10地区适合西部医院来进行服务,6,11,12,13,14,15,16,17,18,19,20地区适合宾厄姆顿来进行服务,而5,7地区两个医院均可。

习题

1. 如图5-25所示,某人每天从住处1开车至工地7上班。由于每天早上他总是习惯于处理很多事务,所以上班路上经常超速开车,这样就要受到交警的阻拦并罚款。图中各边旁数字为该人开车上班时在各条路线上碰不到交通警察的可能性,试问该人应选择一条什么路线,可使从家出发至工作地,路上碰到交警的可能性最小?

2. 已知有6个村子,相互间道路的距离如图5-26所示。拟合建一所小学,已知A处有小学生50人,B处40人,C处60人,D处20人,E处70人,F处90人,问小学应建在哪一个村子,可使学生上学最方便(走的总路程最短)?

3. 某产品从仓库运往市场销售。已知各仓库的可供量、各市场需求量及从i仓库至j市场的路径的运输能力如表5-15所示(表中数字0代表无路可通),试求从仓库可运往市场

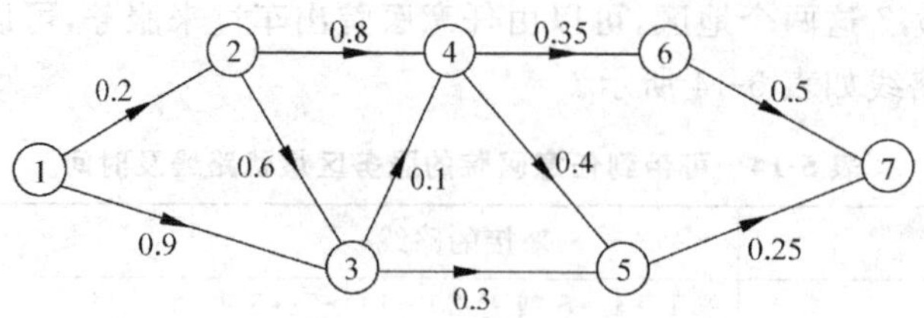

图 5-25 某人开车上班时的各条路线

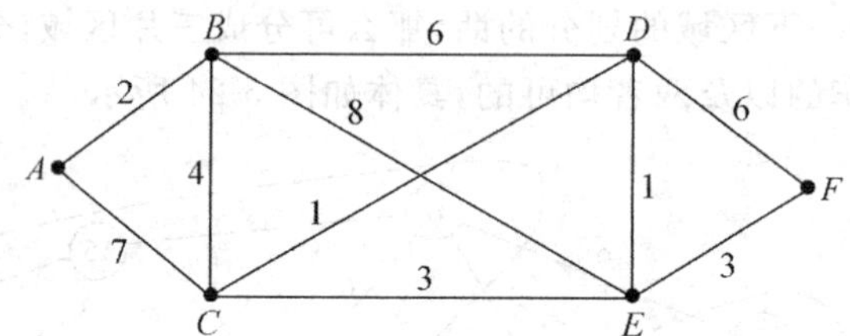

图 5-26 村子相互间道路距离

的最大流量,各市场需求能否满足?

表 5-15 产品从仓库运往市场销售情况

仓库 \ 市场	1	2	3	4	可供量
A	30	10	0	40	20
B	0	0	10	50	20
C	20	10	40	5	100
需求量	20	20	60	20	

4. 有 4 家公司来某重点高校招聘企业管理(A)、国际贸易(B)、管理信息系统(C)、工业工程(D)、市场营销(E)专业的本科毕业生。经本人报名和两轮筛选,最后可供选择的各专业毕业生人数分别为 4 人,3 人,3 人,2 人,4 人。若公司①想招聘 A, B, C, D, E 各专业毕业生各 1 人;公司②拟招聘 4 人,其中 C,D 专业各 1 人, A, B, E 专业生可从任两个专业中各选 1 人;公司③招聘 4 人,其中 C, B, E 专业各 1 人,再从 A 或 D 专业中选 1 人;公司④招聘 3 人,其中须有 E 专业 1 人,其余 2 人可从余下 A, B, C, D 专业中任选其中两个专业各 1 人。问上述 4 个公司是否都能招聘到各自需要的专业人才?并将此问题归结为求网络最大流问题。

5. 某工程公司在未来 1~4 月份内需完成三项工程:第一项工程工期为 1~3 月份共三个月,总计需劳动力 80 人月,第二项工程工期 4 个月,需劳动力总计 100 人月,第三项工程工期从 3 至 4 月份共两个月,总计需 120 人月的劳力。该公司每月可用劳力为 80 人,担任一项工程上投入的劳动力任一月内不准超过 60 人。问该工程公司能否按期完成上述三项工程任务,应如何安排劳力?试将此问题归结为求网络最大流问题。

6. 已知 8 口海上油井,相互间距离如表 5-16 所示。已知 1 号井离海岸最近,为 5mile(海里)。问从海岸经 1 号井铺设油管将各油井连接起来,应如何铺设使输油管长度为最短(为便于计量和检修,油管只准在各井位处分叉)?

表 5-16 各海上油井相互间距离 单位：海里

从＼到	2	3	4	5	6	7	8
1	1.3	2.1	0.9	0.7	1.8	2	1.5
2		0.9	1.8	1.2	2.6	2.3	1.1
3			2.6	1.7	2.5	1.9	1
4				0.7	1.6	1.5	0.9
5					0.9	1.1	0.8
6						0.6	1
7							0.5

7. 某台机器可连续工作 4a（年），也可于每年年末卖掉，换一台新的。已知于各年年初购置一台新机器的价格及不同役龄机器年末的处理价如表 5-17 所示。又新机器第一年运行及维修费为 0.3 万元，使用 1～ 3 年后机器每年的运行及维修费用分别为 0.8,1.5,2.0 万元。试确定该机器的最优更新策略，使 4a 内用于更换、购买及运行维修的总费用为最省。

表 5-17 年初购置价及不同役龄机器年末处理价 单位：万元

第 j 年	1	2	3	4
年初购置价	2.5	2.6	2.8	3.1
使用了 j 年的机器处理价	2	1.6	1.3	1.1

第6章

PERT和CPM

PERT(program evaluation and review technique)即计划评审技术，最早是由美国海军在计划和控制北极星导弹的研制时发展起来的。PERT 技术使原先估计的、研制北极星潜艇的时间缩短了两年。

简单地说，PERT 是利用网络分析制订计划以及对计划予以评价的技术。它能协调整个计划的各道工序，合理安排人力、物力、时间、资金，加速计划的完成。在现代计划的编制和分析手段上，PERT 被广泛地使用，是现代化管理的重要手段和方法。

PERT 网络是一种类似流程图的箭线图。它描绘出项目包含的各种活动的先后次序，标明每项活动的时间或相关的成本。对于 PERT 网络，项目管理者必须考虑要做哪些工作，确定时间之间的依赖关系，辨认出潜在的可能出问题的环节，借助 PERT 还可以方便地比较不同行动方案在进度和成本方面的效果。

构造 PERT 图，需要明确三个概念：事件、活动和关键路线。

(1) 事件(events)表示主要活动结束的那一点。

(2) 活动(activities)表示从一个事件到另一个事件之间的过程。

(3) 关键路线(critical path)是 PERT 网络中花费时间最长的事件和活动的序列。

关键路径法(critical path method，CPM)是一种网络图方法，是由雷明顿-兰德公司(Remington-Rand)的 J E 克里(J E Kelly)和杜邦公司的 M R 沃尔克(M R Walker)在 1957 年提出的，用于对化工工厂的维护项目进行日程安排。它适用于有很多作业而且必须按时完成的项目。关键路线法是一个动态系统，它会随着项目的进展不断更新，该方法采用单一时间估计法，其中时间被视为一定的或确定的。

6.1 西山购物中心扩张项目安排

【案例描述】

西山购物中心的所有者正在计划对现有的 32 个商业购物中心进行现代化改革并扩张规模，该项目预计能为 8～10 个新的商业购物中心提供空间。通过私人投资，资金已安排到位，所有者要做的只是计划、安排和完成扩张项目。表 6-1 给出了西山购物中心扩张项目的活动列表。为了便于以后参考，表 6-1 对九项活动进行描述，并注明了各项活动的紧前活动和活动时间(单位：周)。

表 6-1 西山购物中心项目活动列表

活动	活动描述	紧前活动	活动时间/周
A	画出建筑图	—	5
B	识别潜在新客户	—	6
C	为客户写计划书	A	4
D	选承包商	A	3
E	准备建筑许可	A	1
F	获得建筑许可	E	4
G	施工	D、F	14
H	招商	B、C	12
I	客户进驻	G、H	2

现项目经理需要找到能够回答与项目计划、安排及控制有关问题的方法。这些问题包括以下几个。

(1) 项目需要多长时间完成？

(2) 如何安排每项活动的开始时间和完成时间？

(3) 为了按计划完成整个项目，哪些活动是重要的，需要按时完成？

(4) 在不重要的活动引起项目整体完成时间延迟之前，它们最多能够被延误多长时间？

【案例分析】

根据表 6-1 中给出的紧前活动信息，我们可以构造一个项目图，也称为项目网络图。图 6-1 就是西山购物中心的项目网络图。网络中的节点代表每项活动，弧代表各项活动之间的优先顺序。此外，网络中还添加了两个节点，表示项目的开始和结束。项目网络图能够形象地表示各活动之间的关系，是管理人员执行计划评审法和关键路径法的估算基础。

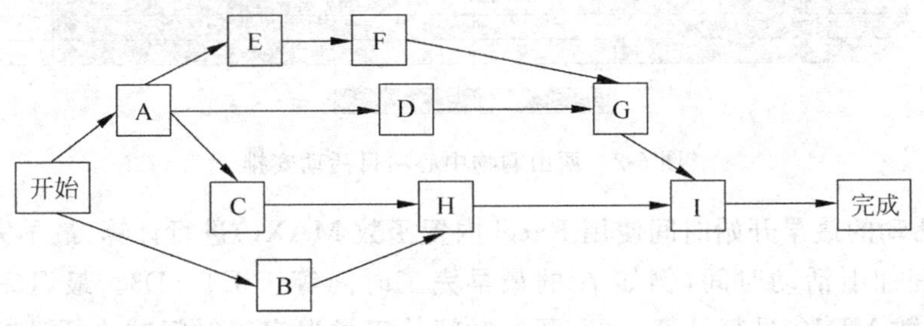

图 6-1 西山购物中心项目网络图

为了确定完成项目需要的时间，我们必须对项目网络进行分析，并找出网络中的关键路径。首先，我们求出每个网络中每个活动的最早开始时间和最晚开始时间。设

ES——一项活动的最早开始时间；

EF——一项活动的最早完成时间；

t——活动时间。

对于任何活动，最早完成时间为

$$EF = ES + t$$

由于每一活动在紧前活动没有完成的情况下是不能够开始的，所以我们可以利用如下规则确定每项活动的最早开始时间。

每项活动的最早开始时间等于其所有紧前活动最早完成时间的最大值。

算出最后一项活动 I 的最早完成时间后，我们就可以知道整个项目的完成时间。然后通过从最后一项活动 I 向前逆推，一旦知道了活动的最晚完成时间，我们就可以通过下述公式计算其最晚开始时间。设

LS——一项活动的最晚开始时间；

LF——一项活动的最晚完成时间。

得 $LS = LF - t$

然后根据如下规则可确定网络中每项活动的最晚完成时间。

一项活动的最晚完成时间等于其所有紧后活动的最晚开始时间的最小值。

最后，我们就可以确定每项活动相关松弛的量了。松弛是指延误某项活动的活动时间而又不会影响项目整体完工时间的时间长度。每项活动松弛的量可用如下公式计算：

$$松弛 = LS - ES = LF - EF$$

一般而言，重要活动就是指没有松弛的活动。

【案例求解】

该问题的求解可在 Excel 中进行，建立如图 6-2 所示的求解表格。

西山购物中心项目活动安排

活动代号	紧前活动	活动时间	最早开始时间	最早完工时间	最迟开始时间	最迟完工时间	松弛	关键路径
A		5	0	5	0	5	0	是
B		6	0	6	6	12	6	否
C	A	4	5	9	8	12	3	否
D	A	3	5	8	7	10	2	否
E	A	1	5	6	5	6	0	是
F	E	4	6	10	6	10	0	是
G	D、F	14	10	24	10	24	0	是
H	B、C	12	9	21	12	24	3	否
I	G、H	2	24	26	24	26	0	是
			项目历时	26				

图 6-2 西山购物中心项目活动安排

表格中活动的最早开始时间使用 Excel 内置函数 MAX()进行计算，最早完工时间等于最早开始时间加上活动时间，例如 A 的最早完工时间等于 E3＋D3。最迟完工时间使用 Excel 内置函数 MIN()进行计算，最迟开始时间等于最迟完工时间减去活动时间。松弛时间等于最迟开始时间减去最早开始时间，例如 A 的松弛等于 G3－E3。关键路径的判断可利用 Excel 内置函数 IF()计算，例如 A 是否关键路径的表达式为 IF(I3＝0,"是","否")。

求出上述数据后，项目经理就可以回答案例一开始提出的一些问题。

(1) 项目需要多长时间完成？

答：如果每项活动都能够按计划完成，那么完成这个项目需要 26 周的时间。

(2) 如何安排每项活动的开始时间和完成时间？

答：图 6-2 说明了每项活动的最早开始时间、最晚开始时间、最早完成时间和最晚完成

时间。

(3) 为了按计划完成整个项目,哪些活动是重要的,需要按时完成?

答:A、E、F、G 和 I 是关键活动。

(4) 在不重要的活动引起项目整体完成时间延迟之前,它们最多能够被延误多长时间?

答:图 6-2 中的活动安排说明了每项活动的松弛。

6.2 铣刨机开发过程关键流程

【案例描述】

一种大型路面养护设备——路面铣刨机的开发流程及各流程的完成时间预测如表 6-2 所示。

表 6-2 路面铣刨机的开发流程及各流程的完成时间预测表

流程	紧前流程	最乐观时间/天	最可能时间/天	最悲观时间/天
A	无	30	45	60
B	无	15	20	30
C	A,B	10	14	20
D	C	30	45	60
E	D	20	25	40
F	D	90	180	240
G	D	30	50	80
H	G	10	14	21
I	H	30	50	60
J	H	30	38	45
K	E,F,I,J	20	30	45
L	K	30	60	120
M	K	20	40	60
N	M	10	14	20

具体流程步骤如下。

A ——前期的市场前景调研,包括:用户的需求、市场的前景预测及接受程度、目前相关产品的市场保有量、可替代品的状态等。

B——技术的可行性调研,包括:现有技术水平能否满足用户的需求、目前市场相关产品的技术水平、新技术的先进性水平等。

C——成立跨部门的新产品研发小组,人员包括:机械专家、液压专家、电气专家、工业设计专家、采购人员、外协人员、财务人员、标准化人员、制造装配人员、法律专家、知识产权专家、用户等。

D——拟订产品开发技术方案,确定产品开发项目任务书。包括:确定产品的功能和主要技术参数、成本预算、技术方案的确定即发动机、主要的液压元器件、电气控制元器件、产品的外观及主体结构的确定等。

E——新产品试制工厂进行原材料备料及相关工装的制作。

F——采购部门对订货周期较长的液压元器件、电气控制元器件等关键件进行采购订货。包括：发动机、分动箱、液压泵、液压马达、液压阀、减速机、电控元件等进口件。

G——产品各个功能部件的结构细化设计。包括：机架部分、液压部分、电控部分、工作装置部分、发动机部分、行走传动部分、机罩及覆盖件部分及其他辅助部分等。

H——产品试制施工图及相关技术文件的完成。包括：图纸的标准化和工艺审核、产品的 PLM 录入，产品的标准件明细表、外购件明细表、外协件明细表输出，产品在 ERP 中 BOM 的录入，产品标准文件、产品试验大纲及其他相关的技术文件。

I——外协件和内协件的加工制作及相关零部件的工艺文件的编制。包括：车架、工作装置等结构件的加工制作，进行必要的工装设计，编写材料定额和工时定额、工艺质量计划等工艺文件。

J——采购部门对订货周期较短的非关键件以及标准件进行订购。

K——新产品的试制、装配和调试。包括：整机的装配、各个功能部件的装配、试制过程中错误设计的改正、调试整机及其各个功能部件的正常运转和运动、编写装配工艺、制定工时定额、完成试制总结报告等。

L——工业性考核和试验。考核整机的工作性能是否满足设计要求和用户的需求、考核各个功能部件的运转和运动情况。

M——设计修改。针对试制、装配和调试过程中和工业性考核期间出现的技术问题、设计问题、加工问题、装配问题、调试问题进行系统的修改。

N——确认新产品开发成功，转入小批量生产。

要求：求出该工程各流程的完成时间的均值和方差，找出该工程的关键路径，并求出该工程在 360 天内完成的概率。

【案例分析】

在网络计划中最基本的参数是流程或工序的时间。一般来讲，流程时间是一个随机变量。在 PERT 方法中采用三时估计法。所谓三时估计法，就是估计流程三种完工的时间，即 a_{ij}——最乐观完成时间，指顺利完成的最短时间；m_{ij}——能完成时间，指正常情况下完成工序最可能的时间；b_{ij}——最悲观完成时间，指极不顺利条件下完成的时间。通过对新产品开发过程的每一个流程进行时间的三种预测，可以对整个产品开发过程的时间做出相对准确的判断。从而对产品开发计划做出准确的完成概率预测。

用下面公式来计算流程完成时间的均值：

$$t(i,j)=\frac{a_{ij}+4m_{ij}+b_{ij}}{6}$$

其方差为：

$$\sigma_{ij}^2=\left(\frac{b_{ij}-a_{ij}}{6}\right)^2$$

所以一个新产品的完工期为关键路径上各流程时间之和。由概率论定理可知，新产品的完工期是一个服从正态分布的随机变量。其期望值为关键路线上各工序时间期望之和，即

$$T_E=\sum_{(i,j)\in I}\frac{a_{ij}+4m_{ij}+b_{ij}}{6}$$

而均方差为：

$$\sigma=\sqrt{\sum_{(i,j)\in I}\left(\frac{b_{ij}-a_{ij}}{6}\right)^2}$$

要求得整个工程的关键路径，可通过分别计算出每个流程的最早开始、结束时间和最晚开始、结束时间，以及总时差来判断关键路径。具体计算公式如下：

最早开始时间： $t_{ES}(i,j)=\max_{k}\{t_{EF}(k,j)\}$

最早完成时间： $t_{EF}(i,j)=t_{ES}(i,j)+t(i,j)$

最晚结束时间： $t_{LF}(i,j)=\min_{k}\{t_{LS}(j,k)\}$

最晚开始时间： $t_{LS}(i,j)=t_{LE}(i,j)-t(i,j)$

总时差： $R(i,j)=t_{LF}(i,j)-t_{EF}(i,j)=t_{LS}(i,j)-t_{ES}(i,j)$

通过总时差是否为 0 来判断该流程是否是关键流程。

【案例求解】

根据上述理论公式，我们可以得到各流程完成时间的预测均值和方差，如表 6-3 所示。

表 6-3 预测完成时间均值和方差

流程	紧前流程	完成时间均值/天	完成时间方差/天
A	无	45	25
B	无	21	6.25
C	A,B	14	2.78
D	C	45	25
E	D	27	11.11
F	D	175	625
G	D	52	69.44
H	G	15	3.36
I	H	48	25
J	H	38	6.25
K	E,F,I,J	31	17.36
L	K	65	225
M	K	40	44.44
N	M	14	2.78

根据上述完成时间均值以及各流程的前后关系，可在 Excel 中计算出各流程的网络时间，如表 6-4 所示。

表 6-4 各项流程的各项时间计算结果 单位：天

代号	紧前工序	期望时间	方差	最早开始时间	最早完工时间	最晚开始时间	最晚完工时间	总时差	关键工序
A	—	45	25	0	45	0	45	0	是
B	—	21	6.25	0	21	24	45	24	否
C	A,B	14	2.78	45	59	45	59	0	是
D	C	45	25	59	104	59	104	0	是
E	D	27	11.11	104	131	252	279	148	否
F	D	175	625	104	279	104	279	0	是
G	D	52	69.44	104	156	164	216	60	否
H	G	15	3.36	156	171	216	231	60	否

续表

代号	紧前工序	期望时间	方差	最早开始时间	最早完工时间	最晚开始时间	最晚完工时间	总时差	关键工序
I	H	48	25	171	219	231	279	60	否
J	H	38	6.25	171	209	241	279	70	否
K	E,F,I,J	31	17.36	279	310	279	310	0	是
L	K	65	225	310	375	310	375	0	是
M	K	40	44.44	310	350	321	361	11	否
N	M	14	2.78	350	364	361	375	11	否

由表 6-4 可得该工程的关键路径为：

A→C→D→F→K→L，从而可得该工程的完成时间为

$$T_E = T_A + T_C + T_D + T_F + T_K + T_L = 375\ (天)$$

对于一个网络计划，只要计算出关键路线上的标准差 δ 和完工期的期望值 T_E，就能对给定某个时间内完成工程的可能性进行概率评价，通过令 $\lambda=\dfrac{T-T_E}{\sigma}$ 查标准正态分布：

$$\phi(\lambda) = \frac{1}{\sqrt{2\pi}}\int_{-\infty}^{\lambda} e^{-\frac{t^2}{2}dt}$$

T——项目的计划完工期；

T_E——项目完期的期望值；

σ——项目各关键流程的方差之和。

即可知整个开发流程在 T 时间内完成的概率。

由上面分析可知：开发任务完成的期望时间为 $T_E=375$(天)，$T=360$。

由表 6-4 计算得出各个流程的方差，计算时需要关键流程的方差：

则其标准差为

$$\begin{aligned}\sigma &= \sqrt{\sigma_A^2+\sigma_C^2+\sigma_D^2+\sigma_F^2+\sigma_K^2+\sigma_L^2+\sigma_A^2} \\ &= \sqrt{25+2.78+25+625+17.36+225+2.78}\sigma \\ &= 30.33\end{aligned}$$

$$\lambda = \frac{T-T_E}{\delta} = \frac{360-375}{30.33} = -0.495$$

查标准正态分布表，得 $\Phi(-0.495) = 1-\Phi(0.495) = 0.31$，则可知开发任务在 360 天内完成的概率为 0.31。根据对完工时间概率的判断，可以帮助计划任务制订者或者高层管理者对于整个产品开发的过程有一个预判，并能及时对全局有一个调控。

6.3 建筑公司工程项目的进度控制问题

【案例描述】

广东省遂溪县 JA 建筑公司承建了遂溪县城区某施工项目，建筑面积 15 000m²，楼高 15 层，每套建筑面积为 98.48～156.94m²，工程期预计从 2008 年 3 月至 2009 年 4 月。装饰和设备标准：外墙(彩瓷方砖)、地面(原浆找平)、阳台(铁艺护栏)、门窗(入户大门为胶合板

门，户内门留门洞，采用塑钢飘窗)、厨房(设置成品专用烟道，预留排气、排水管口，厨房墙水泥灰砂浆找平)、卫生间(预留排水、排污管口，公共卫生间安装蹲厕)、电梯通道(贴彩釉砖)、空调机位(外墙设置专用空调位，冷凝水统一管道排放)、公共内墙和天花(双飞粉)、内墙面和天花(水泥灰砂浆底)、排水和照明(每户装户外水表1个，户外电表1个，水龙头1个，铜芯电线接至每户门口，室内部分由住户自行安装或装饰)。

建筑公司的专业分析人员通过对施工地段进行勘查和分析后，确定了施工的四大工程：基础工程、主体工程、屋面工程以及装饰工程。基础工程的主要施工项目包括挖土、混凝土垫层、筑基础、砖砌基础墙、回填土；主体工程的主要施工项目包括安装塔吊、塔外用钢管脚手架、砌砖墙、圈梁、现浇板、硬架、安预制板、楼梯、现浇混凝土；屋面工程的主要施工项目包括隔气保温层、水泥砂浆找平层、二毡三油防水层、水泥砖块护面层、铁皮排水落水管；装饰工程的主要施工项目包括外墙面装修、内墙面装修、楼地面装修、安装门窗扇、玻璃油漆、水暖电卫设备安装、拆除外脚手架。各项施工项目的紧前活动和估计工期如表6-5所示。

表6-5 项目各施工过程关系及估计工期

序号	施工过程名称		紧前活动	估计工期/天
A1	基础工程	挖土		18
A2		混凝土垫层	A1	6
A3		筑基础	A2	18
A4		砖砌基础墙	A3	18
A5		回填土	A4	15
B1	主体工程	安装塔吊、塔外用钢管脚手架	A5	30
B2		砌砖墙	B1	60
B3		圈梁、现浇板、硬架	B2	40
B4		安预制板、楼梯	B2	30
B5		现浇混凝土	B2	30
C1	屋面工程	隔气保温层	B3、B4、B5	4
C2		水泥砂浆找平层	C1	4
C3		二毡三油防水层	C2	5
C4		水泥砖块护面层	C3	5
C5		铁皮排水落水管	C1	4
D1	装饰工程	外墙面装修	C4、C5	40
D2		内墙面装修	C4、C5	80
D3		楼地面装修	C4、C5	15
D4		安装门窗扇	D3	10
D5		玻璃油漆	D2、D4	50
D6		水暖电卫设备安装	A5	200
D7		拆除外脚手架	D1、D2、D5、D6	10

各施工项目的逻辑关系详细说明如下。

(1) 基础工程的施工顺序：基础工程施工阶段是指室内地坪以下的所有工程施工阶段。施工顺序一般是：挖土→做垫层→筑基础→砖砌基础墙→回填土。挖基槽和做垫层的施工搭接要紧凑。

(2) 主体工程的施工顺序：安装塔吊、塔外用钢管脚手架→砌砖墙→圈梁、现浇板、硬架，安预制板、楼梯，现浇混凝土。在圈梁、现浇板、硬架的同时安预制板、楼梯，现浇混凝土，特别是现浇混凝土时，更应该与楼层施工精密配合，否则由于混凝土养护时间的需要，后续工程不能按计划投入而拖长工期。

(3) 屋面工程的施工顺序：隔气保温层→水泥砂浆找平层，铁皮排水落水管→二毡三油防水层→水泥砖块护面层。对于刚性防水层，分格缝应在主体结构完成后开始，并尽快完成，以便为室内装饰创造条件。

(4) 装饰工程的施工顺序：外墙面装修、内墙面装修、楼地面装修→安装门窗扇→玻璃油漆→拆除外脚手架。水电卫等工程不同于土建工程，可以与土建工程的有关部分工程进行交叉施工，紧密配合。在基础工程施工时，先将相应的管道沟、地沟墙做好，然后回填土；在主体工程结构施工时，应在砌砖墙和现浇钢筋混凝土楼板的同时，预留出上下水管和电线孔槽；在装饰工程施工前，安设相应的各种管道和电器照明用的附墙暗管、接线盒等，在楼地面和墙面抹灰前后穿插施工。

公司管理层提出不惜在赶工的情况下缩短工期，在不长于300天的工期内完成项目，使得户主们能在2009年4月入住。有关进度-费用信息如图6-3所示。

	B	C	D	E	F	G	H
28	序号	时间/天		成本/万元		最大节约的	每天的赶工
29		正常	赶工	正常	赶工	时间/天	成本/(万元/天)
30	A1	18	12	10	18	6	1.33
31	A2	6	4	5	10	2	2.50
32	A3	18	12	10	18	6	1.33
33	A4	18	13	10	19	5	1.80
34	A5	15	12	9	16	3	2.33
35	B1	30	22	15	27	8	1.50
36	B2	60	50	19	25	10	0.60
37	B3	40	33	25	34	7	1.29
38	B4	30	26	30	38	4	2.00
39	B5	30	21	20	30	9	1.11
40	C1	4	3	12	19	1	7.00
41	C2	4	3	17	25	1	8.00
42	C3	5	3	12	25	2	6.50
43	C4	5	3	13	18	2	2.50
44	C5	4	2	18	26	2	4.00
45	D1	40	34	60	75	6	2.50
46	D2	80	75	40	56	5	3.20
47	D3	15	13	60	70	2	5.00
48	D4	10	7	30	42	3	4.00
49	D5	50	43	22	26	7	0.57
50	D6	200	180	30	38	20	0.40
51	D7	10	6	6	12	4	1.50

图6-3 各施工过程进度-费用

请为JA建筑公司制订合理的项目计划，在保证项目按期完工的前提下节省项目成本。

【案例分析】

在PERT网络图中，有时关键路线可能不止一条。此外，除关键路线外，还有持续时间十分接近关键路线，被称为次关键路线的一些路线。为了缩短整个计划进程，就要设法缩短关键路线的持续时间。缩短网络图上关键路线的持续时间可通过以下途径实现。

(1) 检查关键路线上各项作业的计划时间是否定得适当，如果过长，可适当缩短。

(2) 将关键路线上的作业进一步分细，尽可能安排多工位或平行作业。

(3) 抽调非关键路线上的人力、物力支援关键路线上的作业。

(4) 有时可通过重新制订工艺流程，也就是用改变网络图结构的办法来达到缩短时间的目的。

对于上述问题，可按图6-4所示步骤进行。

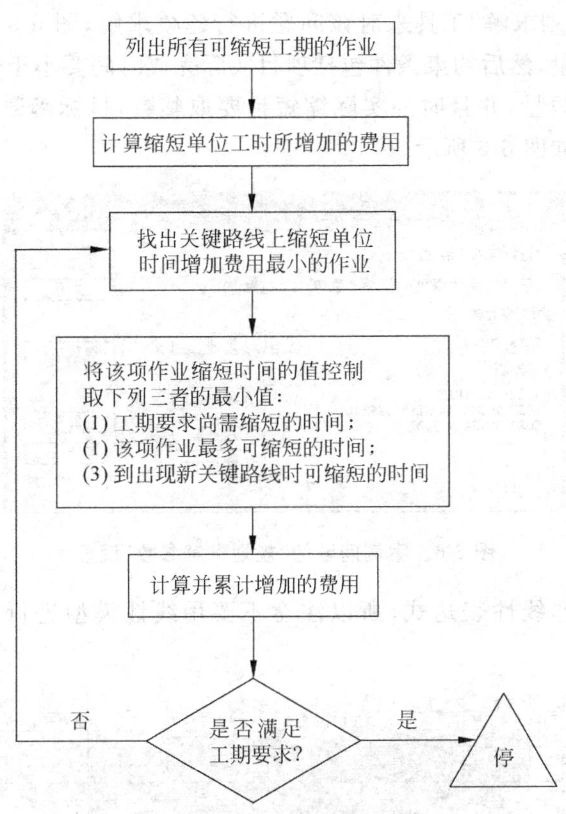

图 6-4 问题的求解流程

【案例求解】

该问题的求解可利用 Excel 进行,设计如图 6-5 所示表格。

	A	B	C	D	E	F	G	H	I	J	K	O
2		工序代号	紧前工序	正常工期	正常成本	应急工期	应急成本	每天赶工成本	时间最大缩短量	最早开始时间	最早完工时间	时间实际缩短量
3		A1		18	10	12	18	1.33	6	0	18	
4		A2	A1	6	5	4	10	2.5	2	18	24	
5		A3	A2	18	10	12	18	1.33	6	24	42	
6		A4	A3	18	10	13	19	1.8	5	42	60	
7		A5	A4	15	9	12	16	2.33	3	60	75	
8		B1	A5	30	15	22	27	1.5	8	75	105	
9		B2	B1	60	19	50	25	0.6	10	105	165	
10		B3	B2	40	25	33	34	1.29	7	165	205	
11		B4	B2	30	30	26	38	2	4	165	195	
12		B5	B2	30	20	21	30	1.11	9	165	195	
13		C1	B3、B4、B5	4	12	3	19	7	1	205	209	
14		C2	C1	4	17	3	25	8	1	209	213	
15		C3	C2	5	12	3	25	6.5	2	213	218	
16		C4	C3	5	13	3	18	2.5	2	218	223	
17		C5	C1	4	18	2	26	4	2	209	213	
18		D1	C4、C5	40	60	34	75	2.5	6	223	263	
19		D2	C4、C5	80	40	75	56	3.2	5	223	303	
20		D3	C4、C5	15	60	13	70	5	2	223	238	
21		D4	D3	10	30	7	42	4	3	238	248	
22		D5	D2、D4	50	22	43	26	0.57	7	303	353	
23		D6	A5	200	30	180	38	0.4	20	75	275	
24		D7	D1、D2、D5、D6	10	6	6	12	1.5	4	353	363	
25												
26		项目实际完成时间		规定时间								
27		363	《	300								
28												
29		最低费用	473									

图 6-5 案例问题的 Excel 表格设计

利用 Excel 的“规划求解”工具来对该问题进行建模求解，图 6-5 的时间实际缩短量可作为该模型的决策变量，然后约束条件包括项目实际完成时间要小于规定时间，时间实际缩短量要不超过最大缩短量，并且时间实际缩短量要取整数，目标函数即为总费用。具体的“规划求解”中的设置如图 6-6 所示。

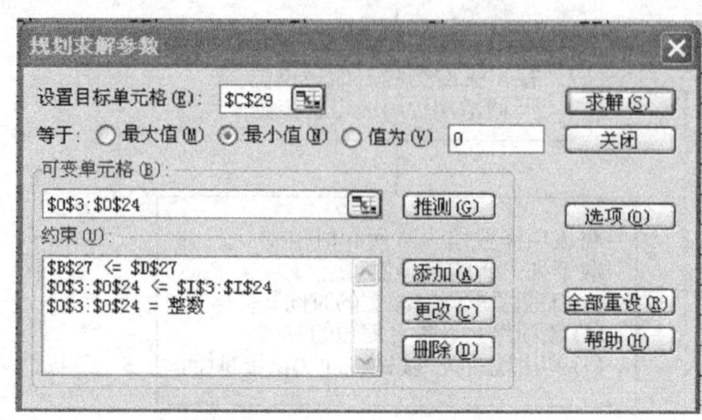

图 6-6　案例问题的“规划求解参数”设置

由于该模型含有非线性表达式，所以注意不要用线性模型进行求解。最后的求解如图 6-7 所示。

	A	B	C	D	E	F	G	H	I	J	K	O
2		工序代号	紧前工序	正常工期	正常成本	应急工期	应急成本	每天赶工成本	时间最大缩短量	最早开始时间	最早完工时间	时间实际缩短量
3		A1		18	10	12	18	1.33	6	0	12	6
4		A2	A1	6	5	4	10	2.5	2	12	16	2
5		A3	A2	18	10	12	18	1.33	6	16	28	6
6		A4	A3	18	10	13	19	1.8	5	28	41	5
7		A5	A4	15	9	12	16	2.33	3	41	53	3
8		B1	A5	30	15	22	27	1.5	8	53	75	8
9		B2	B1	60	19	50	25	0.6	10	75	125	10
10		B3	B2	40	25	33	34	1.29	7	125	158	7
11		B4	B2	30	30	26	38	2	4	125	155	0
12		B5	B2	30	20	21	30	1.11	9	125	155	0
13		C1	B3、B4、B5	4	12	3	19	7	1	158	162	0
14		C2	C1	4	17	3	25	8	1	162	166	0
15		C3	C2	5	12	3	25	6.5	2	166	171	0
16		C4	C3	5	13	3	18	2.5	2	171	174	2
17		C5	C1	4	18	2	26	4	2	162	166	0
18		D1	C4、C5	40	60	34	75	2.5	6	174	214	0
19		D2	C4、C5	80	40	75	56	3.2	5	174	251	5
20		D3	C4、C5	15	60	13	70	5	2	174	189	0
21		D4	D3	10	30	7	42	4	3	189	199	0
22		D5	D2、D4	50	22	43	26	0.57	7	251	294	7
23		D6	A5	200	30	180	38	0.4	20	53	253	0
24		D7	D1、D2、D5、D6	10	6	6	12	1.5	4	294	300	4
25												
26		项目实际完成时间		规定时间								
27		300	《	300								
28												
29		最低费用	561.57									

图 6-7　案例问题的求解结果

其中，缩短的工序情况如表 6-6 所示。

表 6-6　各施工流程实际工期缩短量

工序代号	时间实际缩短量/天
A1	6
A2	2
A3	6
A4	5
A5	3

续表

工序代号	时间实际缩短量/天
B1	8
B2	10
B3	7
C4	2
D2	3
D5	7
D7	4

此时最小的成本是 561.57 万元,并且也可以计算得到最少要使用的工期是 294 天。

6.4 某机械制造公司的项目开发问题

【案例描述】

B 公司是专业生产印后装订设备的机械制造商。以“精益求精、坚韧不拔”的企业精神为公司之本,瞄准世界一流的印后设备,用科学的发展理念和严格的现代管理手段,努力创造,精心制作,不断推出充分体现自动化、人性化、高效率和环保等凸显现代技术特征和高性价比的高端印后装订设备来满足国内外客户的需要。

B 公司在全球已有 50 个国家和地区的用户正在使用其设计和制造的设备,每年都有几十批代理商与用户从世界各地慕名前来工厂参观,他们看到了一支管理先进、工作严谨、制作精细又充满活力的精密团队。世界顶级的装订机械制造商也频频造访,商谈多层次的合作。B 公司优秀的发展前景还吸引了国外印后高级技术人才的加盟。

随着公司规模的扩大,业务越来越繁忙,产品供不应求。相对于业务的繁忙,对应着的却是公司目前相对落后的生产方法。在这种情况下,产品从接单到交单的时间很长。造成这种局面的原因有很多,其中很重要的一点就是,装配部门的工人相对缺乏专业装配知识,对着一张复杂的装配图,要一个人完成大部件的组装。但是,一个部装,往往包括了几百种零件,例如,联动线底胶就有 280 多个零件,零件与图纸的匹配占用了工人大量时间。另一个严重问题是几百个零件全部由一个工人组装,既不专业,又容易出错,而且一旦出错,返工的时间更是一种极度的浪费。

针对上述问题,B 公司决定实施一个产品线开发项目,开发出可以实现流水生产的产品线,希望通过流水线生产解决目前的问题。产品流水线既要能够把烦琐的装配工作分解成简单的零件组装,又要满足工艺要求,并且必须保证产品质量。

然而,开发新的产品线是一个复杂程度很高的项目,虽然预期效益巨大,但是项目风险性也很高。因此,公司想通过有效的项目管理手段,使项目风险尽可能处在可控范围内,而且项目还要尽可能早地完工。

通过对 B 公司管理人员及基层员工的访谈,收集到产品生产流水线化的项目各活动及其先后顺序,并根据现有资源和经验估算出的活动时间,如表 6-7 所示。

表 6-7　B公司生产流水线化项目各活动关系及经验估算时间　　单位：天

活动编号	活动名称	紧前活动	乐观工期	最可能工期	悲观工期
1	问题调研	无	35	45	55
2	技术总结	无	15	20	30
3	成立小组	1、2	12	13	18
4	拟订方案	3	30	45	60
5	工厂备料	4	20	25	40
6	采购订货	4	130	150	180
7	结构细化	4	30	50	75
8	技术文件初稿	7	10	15	20
9	工艺文件	8	30	40	50
10	采购配件	8	30	40	45
11	产品线试制	5、6、9、10	20	30	45
12	工业性试验	11	45	60	70
13	设计修改	11	30	40	60
14	投入生产使用	13	18	25	30

请评估项目在1年内完工的可能性，并提出加快项目进度的有关建议。

【案例分析】

该问题与上述两个案例类似，所使用的方法基本相同，可以看做是上述两个案例的综合。解决的大体思路是利用三点估计公式计算出每个活动的期望时间，然后求出整个项目的关键路径，求出实际的项目开发总时间，然后调整关键路径的时间，使总的项目时间符合规定时间的要求。

【案例求解】

我们同样使用 Excel 来解决该问题，在 Excel 中建立类似的表格，如图 6-8 所示。

工序代号	紧前工序	乐观时间(a)	最可能时间(m)	悲观时间(b)	期望时间	方差	最早开始时间	最早完工时间	最晚开始时间	最晚完工时间	总时差	关键工序
1	无	35	45	55	45	11.11	0	45	0	45	0	是
2	无	15	20	30	21	6.25	0	21	24	45	24	否
3	1、2	12	13	18	14	1	45	59	45	59	0	是
4	3	30	45	60	45	25	59	104	59	104	0	是
5	4	20	25	40	27	11.11	104	131	229	256	125	否
6	4	130	150	180	152	69.44	104	256	104	256	0	是
7	4	30	50	75	51	56.25	104	155	150	201	46	否
8	7	10	15	20	15	2.78	155	170	201	216	46	否
9	8	30	40	50	40	11.11	170	210	216	256	46	否
10	8	30	40	45	39	6.25	170	209	217	256	47	否
11	5、6、9、10	20	30	45	31	17.36	256	287	256	287	0	是
12	11	45	60	70	59	17.36	287	346	295	354	8	否
13	11	30	40	60	42	25	287	329	287	329	0	是
14	13	18	25	30	25	4	329	354	329	354	0	是

图 6-8　案例问题的 Excel 表格设计

从图 6-8 中可以看出，该项目的关键路径是 1→3→4→6→11→13→14，项目的完成时间的期望值为 354 天，这个时间的标准差为 12.37，利用公式 $\lambda=\frac{T-T_{\mathrm{E}}}{\delta}=\frac{365-354}{12.37}=0.889$，最后通过查标准正态分布表，得 $\Phi(0.889)=0.81$，则可知开发任务在 365 天内完成的概率为 0.81。如果要提早完成该项目，建议加快关键工序的时间，具体调整需要根据实际情况来决定。

习题

1. 根据表 6-8 所列项目各工序资料，完成下列要求。

表 6-8 项目各工序资料

工序	紧前工序	工序时间/天	工序	紧前工序	工序时间/天
a	—	3	f	c	8
b	a	4	g	c	4
c	a	5	h	d,e	2
d	b,c	7	i	g	3
e	b,c	7	j	h,i	2

要求：

(1) 绘制网络图。

(2) 计算各工序的最早开工、最早完工、最迟开工及最迟完工时间。

(3) 计算各工序的总时差。

(4) 确定关键路线。

2. 已知某项目的各工序关系和时间如表 6-9 所示。

表 6-9 某项目的各工序关系和时间

工序	紧前工序	工序时间/天	工序	紧前工序	工序时间/天	工序	紧前工序	工序时间/天
a	g,m	3	e	c	5	i	a,l	2
b	h	4	f	a,e	5	k	f,i	1
c	—	7	g	b,c	2	l	b,c	7
d	l	3	h	—	5	m	c	3

若要求工程完工时间缩短 2 天(天)，则缩短哪些工序时间为宜？

3. 一项管道施工汽车库及引道的施工计划如表 6-10 所示。

表 6-10 管道施工汽车库及引道的施工计划

工序代号	紧前工序	正常工期/天	正常成本	应急工期/天	应急成本
A	—	10	500	6	510
B	—	8	320	8	320
C	A,B	6	240	4	240
D	B	16	960	12	1020
E	C	24	120	24	120
F	D,E	4	160	2	180
G	F	4	80	2	90
H	F	10	300	8	320
I	F	4	120	3	135
J	G	12	300	8	320

续表

工序代号	紧前工序	正常工期/天	正常成本	应急工期/天	应急成本
K	H,I,J	16	800	12	960
L	C	8	320	6	360
M	L	24	120	24	120
N	K,M	4	40	4	40

试确定在保证 70 天内完成,而又使全部费用最低的施工方案。

4. 若该项工程之前没经验,所以工程管理者只能给出每项作业的最乐观时间、最可能时间和最悲观时间的估计,见表 6-11。计算该工程在 80 天内完成的概率。

表 6-11 每项作业最乐观、最可能、最悲观时间估计 单位:天

作业	紧前作业	最乐观	最可能	最悲观
A		8	10	12
B		6	8	9
C	A,B	5	6	7
D	B	14	16	18
E	C	22	24	25
F	D,E	3	4	5
G	F	3	4	6
H	F	9	10	11
I	F	2	4	5
J	G	11	12	13
K	H,I,J	14	16	17
L	C	7	8	9
M	L	22	24	26
N	K,M	3	4	5

5. 生产某种产品,生产过程所经过的工序及作业时间如表 6-12 所示。作业时间按常数或均值计算,试绘制这一问题的随机网络图,并假设产品生产过程经过工序 g 即为成品,试计算产品的成品率与产品完成的平均时间。

表 6-12 某种产品生产过程所经过的工序及作业时间

工序	概率	作业时间(常数或期望值)/h	紧后作业
a	1	25	b 或 f
b	0.7	6	c 或 d
c	0.7	4	g
d	0.3	3	e
e	1	4	c
f	0.3	6	g
g	1	2	—

第7章

动态规划

20 世纪 50 年代初美国数学家 R. E. Bellman 等人在研究多阶段决策过程(multistep decision process)的优化问题时，提出了著名的最优化原理(principle of optimality)，把多阶段过程转化为一系列单阶段问题，利用各阶段之间的关系，逐个求解，创立了解决这类过程优化问题的新方法——动态规划。1957 年出版了他的名著 *Dynamic Programming*，这是该领域的第一本著作。

动态规划问世以来，在经济管理、生产调度、工程技术和最优控制等方面得到了广泛的应用。例如最短路线、库存管理、资源分配、设备更新、排序、装载等问题，用动态规划方法比用其他方法求解更为方便。

虽然动态规划主要用于求解以时间划分阶段的动态过程的优化问题，但是一些与时间无关的静态规划(如线性规划、非线性规划)，只要人为地引进时间因素，把它视为多阶段决策过程，也可以用动态规划方法方便地求解。

动态规划程序设计是求解最优化问题的一种途径、一种方法，而不是一种特殊算法。不像搜索或数值计算那样，具有一个标准的数学表达式和明确清晰的解题方法。动态规划往往是针对一种最优化问题，由于各种问题的性质不同，确定最优解的条件也互不相同，因而动态规划的设计方法对不同的问题有各具特色的解题方法，而不存在一种万能的动态规划算法，可以解决各类最优化问题。因此读者在学习时，除了要对基本概念和方法正确理解外，还必须具体问题具体分析处理，以丰富的想象力去建立模型，用创造性的技巧去求解。我们也可以通过对若干有代表性的问题的动态规划算法进行分析、讨论，逐渐学会并掌握这一设计方法。

7.1 背包问题

【案例描述】

背包问题是一个经典的动态规划模型。它既简单形象容易理解，又在某种程度上能够揭示动态规划的本质。问题大致可以描述为：给定一组物品，每种物品都有自己的重量和价格，在限定的总重量内，我们如何选择，才能使得物品的总价格最高。问题的名称来源于如何选择最合适的物品放置于给定背包中。相似的问题经常出现在商业、组合数学，计算复杂性理论、密码学和应用数学等领域中。也可以将背包问题描述为决定性问题，即在总重量不超过 W 的前提下，总价值是否能达到 V？它是在 1978 年由 Merkel 和 Hellman 提出的。

背包问题的种类有很多，这里我们列举其中一种比较基本的 0-1 背包问题来对其进行说明。其他类型的背包问题，大家可以该问题为基础进行深入的探索。假设一个背包的载重量是 14，有重量分别为 3、4、5、6 的四种物品各 1 件，价值分别为 4、5、6、7，问如何选择这四种物品，可使背包的总价值最大？

【案例分析】

使用动态规划来求解这个问题前，我们需要引入动态规划的一些基本概念。

(1) 阶段。它是指一个问题需要做出决策的步数。通常用 k 来表示问题包含的阶段数，称为阶段变量。k 的编号有两种：①顺序编号法，即初始阶段编号为 1，以后随进程逐渐增大；②逆序编号法，令最后一个阶段编号为 1，往前推时编号逐渐增大。

(2) 状态。这是动态规划中最关键的一个参数，它既反映前面各阶段决策的结局，又是本阶段做出决策的出发点和依据。状态是动态规划问题各阶段信息的传递点和结合点，第 k 阶段的状态变量 sk 应含该阶段之前决策过程的全部信息，做到从该阶段后做出的决策与这之前的状态和决策相互独立。

(3) 决策。它是指某阶段初从给定的状态出发，决策者在面临的若干种不同方案中做出的选择。决策变量 $x_k(s_k)$表示第 k 阶段状态为 s_k 时对方案的选择。决策变量的取值要受到一定范围的限制，用 $D_k(s_k)$表示 k 阶段状态为 s_k 时决策的允许的取值范围，称允许决策集合，因而有 $x_k(s_k)\in D_k(s_k)$。

(4) 策略和子策略。动态规划问题各阶段决策组成的序列总体称做一个策略。含 n 个阶段的动态规划问题的策略可写为：$\{x_1(s_1),x_2(s_2),\cdots,x_n(s_n)\}$，把某一阶段开始到过程最终的决策序列称为问题的子过程策略或子策略。从 k 阶段起的子策略可写为$\{x_k(s_k),x_{k+1}(s_{k+1}),\cdots,x_n(s_n)\}$。

(5) 状态转移律。从 s_k 的某一状态值出发，当决策变量 $x_k(s_k)$的取值决定后，下一阶段状态变量 s_{k+1}的取值也就随之确定。这种从上一阶段的某一状态值到下阶段某一状态值的转移的规律称为状态转移律。显然下一阶段状态 s_{k+1}的取值是上阶段的状态变量 s_k 和上阶段决策变量 $x_k(s_k)$的函数，记为：$s_{k+1}=T(s_k,x_k(s_k))$。

(6) 指标函数。有阶段的指标函数和过程的指标函数之分。阶段的指标函数是对应某一阶段状态和从该状态出发的一个阶段的决策的某种效益度量，用 $v_k(s_k,x_k)$表示。过程的指标函数是指从状态 $s_k(k=1,\cdots,n)$出发至过程最终，当采取某种子策略时，按预定标准得到的效益值。这个值既与 s_k 的状态值有关，又与 s_k 以后所选取的策略有关，它是两者的函数值，记作 $V_{k,n}(s_k,x_k,s_{k+1},x_{k+1},\cdots,s_n,x_n)$。所谓最优指标函数，是指对某一确定状态选取最优策略后得到的指标函数值，实际上也就是对应某一最优子策略的某种效益度量。对应于从状态 sk 出发的最优子策略的效益值记作 $f_k(s_k)$，于是有 $f_k(s_k)=\mathrm{opt}V_{k,n}$，其中 opt 代表最优化，根据效益值的具体含义可以求最大或最小。

动态规划问题的求解有两种基本方法：逆序解法和顺序解法。所谓逆序解法，是从问题的最后一个阶段开始，逆多阶段决策的实际过程反向寻优。而顺序解法则从问题的最初阶段开始,同多阶段决策的实际过程顺序最优。下面我们就采用顺序解法来求解案例中的0-1背包问题。

我们设函数 $w(i)$ 表示物品 i 的重量,$v(i)$ 表示物品 i 的价值,物品的个数为 n,$m(i,j)$ 表示可选物品为 i,背包总重量为 j 时背包中所放物品的最大价值。首先,我们先对物品4放入背包的情况做分析,即在总重量分别为0到14时,如何放置物品4,使总价值最大,此时要确定 $m(4,0,\cdots,14)$ 15个元素的值。

如果物品4的重量超过背包允许的总重量,则物品4不放入背包,此时背包中物品的总价值为0,否则,如果物品4装入背包后不超重,则装入物品4,此时背包的总价值为物品4的价值 $v(4)$。因为 $w(4)=6$,所以当背包容量 j 小于 $w(4)$ 时,物品4不能放入,所以当前背包总价值为0。当 j 大于等于 $w(4)$ 时,物品4可以放入背包,此时当前背包总价值都为 $v(4)$。

然后,我们在对物品4处理后的基础上对物品3进行分析。此时我们的任务是要确定 $m(3,0,\cdots,14)$ 15个元素的值。用同样的方法,对物品3的处理有两种情况:$w(3)$ 大于 j 和 $w(3)$ 小于 j。当背包容量 j 小于 $w(3)$ 时,物品3不能放入,所以当前的背包总价值与 $m(5,j)$ 一致,即 $m(4,j)=m(5,j)(j=0,1,2,3,4)$。当背包容量 j 大于等于 $w(3)$ 时,对物品3要么放入要么不放入,最优值的选择标准应依据总价值,总价值高的作为最优值。例如,$m(3,5)$,物品3不放入时,总价值是 $m(4,5)=0$,当物品3放入时,则要配合其前面的最优值,即物品3的放入,使剩余物品的最大容量变为 $j-w(3)$,此时背包中的最大容量为 $m(4,j-w(3))$ 的值0加上 $v(3)$ 的值6,然后比较物品3放入与否的总价值,因此 $m(3,5)$ 选择物品3放入背包,最优值是6。以此类推,求出 $m(3,j)(j=6,\cdots,14)$ 的最优值分别为7,7,7,7,7,13,13,13,13。

类似地,根据 $m(i,j)=\max\{m(i+1,j),m(i+1),j-w(i)+v(i)\}$ 的推导公式求出其他 $m(i,j)$ 的值,最终结果如表7-1所示。

表7-1　0-1背包问题最优值推导

$w(i)$		0	1	2	3	4	5	6	7	8	9	10	11	12	13	14	$v(i)$
3	1	0	0	0	4	5	6	7	9	10	11	11	13	13	16	17	4
4	2	0	0	0	0	5	6	7	7	7	7	12	13	13	13	13	5
5	3	0	0	0	0	0	6	7	7	7	7	7	13	13	13	13	6
6	4	0	0	0	0	0	0	7	7	7	7	7	7	7	7	7	7

对于最优解,我们可根据 c 列的数据来构造最优解,从 $i=1,j=c$ 即 $m(1,c)$ 开始,如果 $m(i,j)=m(i+1,j)$,则物品 i 没有装入背包,从而 $x_i=0$,否则,物品 i 装入背包,相应的 $x_i=1$,此时,为了确定其后继即 $k=i+1$ 的值,我们应在 $i+1$ 行寻找新的 j 值作为参照。如果 $x_i=0$,则 $j=j$,否则,$j=j-w(i)$,此时 $i=i+1$。重复上述两步,计算新一组 (i,j) 对应的 x_i 值。直到 $i=n-1$ 为止。对物品 n,直接由 $m(n,j)$ 是否为0确定 x_n 的值是0还是1。对于案例问题,由于 $m(1,14)>m(2,14)$,所以 $x_1=1$;由于 $m(2,14-3)=m(3,14-3)$,所以 $x_2=0$;由于 $m(3,11)>m(4,11)$,所以 $x_3=1$;由于 $m(4,11-3)>0$,所以 $x_4=1$。即原问题的最优解是(1,0,1,1),最大总价值为17。

【案例求解】

下面我们来看一下，如何在 WinQSB 中求解该背包问题，具体的求解步骤如下。

(1) 执行程序→WinQSB→Dynamic Programming→New→New Problem，弹出并设置如图 7-1 所示对话框。

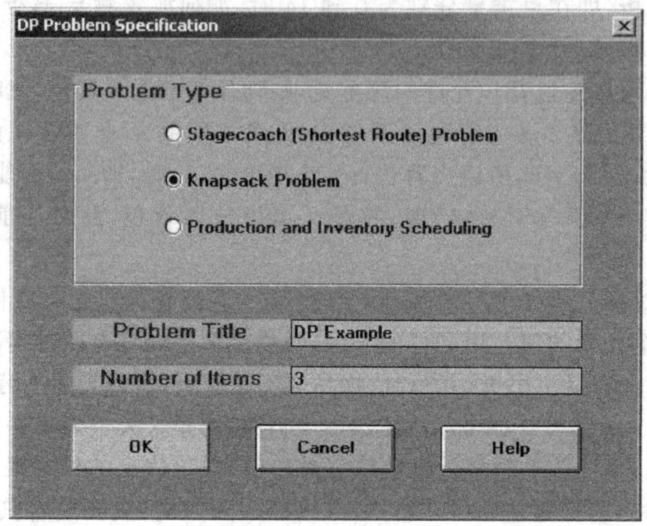

图 7-1 背包问题设置

(2) 选择第 2 项，输入物品种类数(Number of Items)4，单击 OK 按钮，弹出数据输入窗口，见图 7-2。

Item (Stage)	Item Identification	Units Available	Unit Capacity Required	Return Function (X: Item ID) (e.g., 50X, 3X+100, 2.15X^2+5)
1	Item1	1	3	4x
2	Item2	1	4	5x
3	Item3	1	5	6x
4	Item4	1	6	7x
Knapsack	Capacity =	14		

图 7-2 背包问题数据输入

注：*装载物品的价值必须是公式，该值＝物品的价值系数乘以 x；x 表示装载数量。*

(3) 执行菜单命令：Solve and Analyze→Solve the Problem 得运行结果，见图 7-3。

11-27-2013 Stage	Item Name	Decision Quantity (X)	Return Function	Total Item Return Value	Capacity Left
1	Item1	1	4x	4	11
2	Item2	0	5x	0	11
3	Item3	1	6x	6	6
4	Item4	1	7x	7	0
	Total	Return	Value =	17	CPU = 0.01

图 7-3 背包问题求解结果

即放入物品 1,3,4，总价值为 17，与我们用动态规划求解的结果是一致的。

7.2 重型自卸汽车更新问题

【案例描述】

某矿是一个开采铁矿石的特大型露天矿山,年产铁矿石为650万吨,采剥总量为1500万吨左右,所采矿石采用汽车和电机车在线联合运输方式,其工艺流程如图7-4所示。

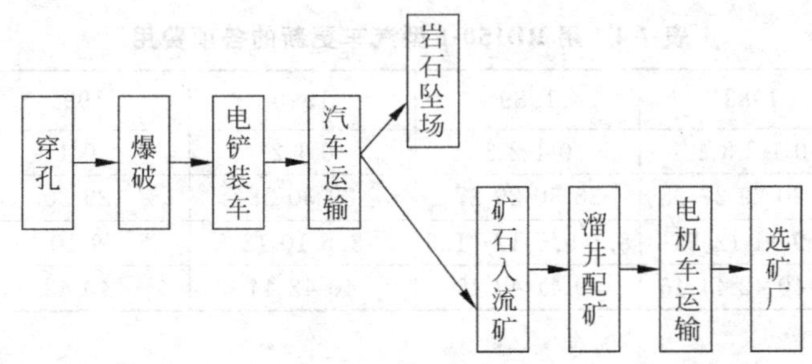

图7-4 采矿工艺流程

由图7-4可知,该矿的矿岩量主要是靠矿用自卸汽车运输,电机车只担负着进入溜井后的矿石输出,故汽车对于该矿每年能否完成向国家上缴1200万元的税收任务起着重要作用。

这个矿现有矿用自卸汽车65台,载质量都是20吨的。其中T20-203型汽车有40台,这批汽车来矿后已使用六年多时间,此外,有BJ371型汽车25台,来矿后已使用四年多时间,按国务院有关规定,矿用重型自卸汽车的服务年限为8～10年,随着使用时间的增加,T20-203型汽车虽然还不到规定的服务年限,但其性能、技术状况都日益趋向恶化,运输成本增加,综合经济效益逐年下降。再加上随着开采年份的增加,采场作业面不断下降。凡此种种原因,促使有关部门考虑这种汽车是继续留用还是更新的问题。

由于目前我国重型自卸汽车生产厂家不多,产量也很少,且根据该矿具体情况和实践经验,能符合该矿需要吨位的汽车,只有两个系列的产品可供选用,即北京重型汽车制造厂引进英国技术生产的RD系列汽车和内蒙古第二机械厂与美国联合生产的33系列汽车,因此,该矿在近几年内主要是用这两种系列的汽车进行更新。以年为周期,从1988年开始,为使该矿汽车使用的总收益最大,1988—1992年5年内每年年初时,对买新车(P:Puchase)还是维修留用旧车(K:Keep)问题做出决策。已知到1988年年初T20-203型汽车已使用7年,而BJ371型汽车也使用了5年。到1992年这5年时间内,如果继续使用旧车,所发生的各项费用或换新车费用如表7-2所示,如在这5年内用33-001型汽车更新,其各项费用如表7-3所示。如用RD150-1型汽车更新,其费用如表7-4所示。

表7-2 两种型号汽车的在不同时间使用及更新费用

型号	T20-203(一6年)					BJ371(一4年)				
使用年数	7	8	9	10	11	5	6	7	8	9
年收益	11.5	11.0	10.5	10.0	9.0	13.6	13.0	12.7	12.3	11.5
年使用费	6.7	8.6	7.5	9.5	8.5	6.1	7.3	6.8	8.8	8.4
更新费	56.0	58.0	60.0	63.0	65.0	62.0	52.0	54.0	56.0	58.0

表 7-3 用 33-001 型汽车更新的各项费用

起始年	1988	1989	1990	1991	1992
使用年数	0 1 2 3 4	0 1 2 3	0 1 2	0 1	0
年收益	25 26 26 25 24	25 28 27 25	26 27 28	29 30	30
年使用费	6 8 10 8 11	6 8 10.5 9	6.5 9 10	9 10.5	9.5
更新费	30 34 36 38 40	32 34 36 38	33 35 37	35 37	36

表 7-4 用 RD150-1 型汽车更新的各项费用

起始年	1988	1989	1990	1991	1992
使用年数	0 1 2 3 4	0 1 2 3	0 1 2	0 1	0
年收益	28 30 29 27 25	28 30 29 27	29 30 28	29 30	30
年使用费	8 9 11 12 13	8.5 9.5 12 11.5	8.5 10 12	9 10	10.5
更新费	38 40 42 44 46	39 41 43 45	40 42 44	40 42	41

【案例分析】

为了建立汽车更新的数学模型,定义符号如下。

$r_i(0)$——第 i 周期从新购汽车处所获得的收益;

$r_i(y)$——第 i 周期从已使用了 y 年的汽车处所获得的收益;

$u_i(0)$——第 i 周期新汽车的使用费用;

$u_i(y)$——第 i 周期已使用了 y 年的汽车的使用费用;

$c_i(y)$——第 i 周期安装,已使用了 y 年的汽车更新费用,该车是在$(i-y)$年出厂的新车;

T——现有汽车的使用年数;

A——折算系数(因工业利率为 1.5%,故这里 A 的取值为 0.9985);

$g_i(y)$——第 i 周期初,对使用了 y 年的汽车在第 $i,i+1,\cdots,m$ 周期中所获得的最优收益;

$x_i(y)$——第 i 周期初,为获得 $f_i(y)$做出的决策,其决策只有两种,买新车(P)或维修旧车(K)。

假定在第 i 周期初是一辆新车,则在第 $i,i+1,\cdots,m$ 周期所获得的总收益为:第 i 周期内从新车获得的收益 $r_i(0)$,减去在第 i 周期内新车的使用费用 $u_i(0)$,再减去在第 i 周期初已经使用了 y 年的汽车更新费 $c_i(y)$,加上 $i,i+1,\cdots,m$ 周期初已使用了 1 年的汽车所获得的最优收益(将其乘以折算系数 A,折算为第 i 周期初所获得的最优收益),即 $Ag_{i+1}(1)$,那么,更新的最优总收益为

P:$r_i(0)-u_i(0)-c_i(y)+Ag_{i+1}(1)$

同样,在假设第 i 周期仍然使用已经用了 y 年的汽车,则在第 $i,i+1,\cdots,m$ 周期所获得的总收益为:第 i 周期内这辆已使用了 y 年的汽车的收益 $r_i(y)$,加上第 $i,i+1,\cdots,m$ 周期初已使用了 $y+1$ 年的汽车的最优收益(将其乘以折算系数 A,折算为第 i 周期初获得的最优收益,即 $Ag_{i+1}(y+1)$),所以留用后的总收益为

K:$r_i(y)-c_i(y)+Ag_{i+1}(y+1)$

由此,第 i 周期已使用了 y 年的汽车,在第 $i,i+1,\cdots,m$ 周期获得的总收益 $g_i(y)$的基

本方程为

$$g_i(y)=\max\{P,K\},i=1,\cdots,m;y=1,\cdots,i-1,i+T-1$$

规定：$g_{m+1}(y)=0,y=1,\cdots,m+T$

【案例求解】

由于 T20-203 型汽车已用了 7 年，BJ371 型汽车已用了 5 年，其服务年限均为 8～10 年，所以 1988—1992 年的 5 年内，这两种型号的汽车都需要更新，这里就将此周期定为 5。T20-203 型汽车和 BJ371 型汽车已使用年数 T 分别为 7 年和 5 年。

将 T20-203 型更换成 33-001 型，各后期的最优收益及决策可计算如下。

逆序最优目标函数值集合与最优决策集合。

当 $j=5$ 时，递推关系为

$$g_5(t)=\max\begin{bmatrix}P:r_5(0)-u_5(0)-C_5(t)+Ag_6(1)\\K:r_5(t)-C_5(t)+Ag_6(t+1)\end{bmatrix}$$

$$g_5(1)=\max\begin{bmatrix}P:30-9.5-37=-16.5\\K:30-10.5=19.5\end{bmatrix}=19.5\text{，所以 }x_5(1)=K\text{。}$$

$$g_5(2)=\max\begin{bmatrix}P:30-9.5-37=-16.5\\K:28-10=18\end{bmatrix}=18\text{，所以 }x_5(2)=K\text{。}$$

同理 $g_5(3)=17,x_5(3)=K$；$g_5(4)=13,x_5(4)=K$；$g_5(5)=0.5,x_5(5)=K$。

当 $j=4$ 时，递推关系为

$$g_4(t)=\max\begin{bmatrix}P:r_4(0)-u_4(0)-C_4(0)+Ag_5(1)\\K:r_4(t)-C_4(t)+Ag_5(t+1)\end{bmatrix}$$

$$g_4(1)=\max\begin{bmatrix}P:29-9-35+0.9985\times19.5\approx4.5\\K:27-9+0.9985\times18\approx36\end{bmatrix}\approx36\text{，所以 }x_4(1)=K\text{。}$$

$$g_4(2)=\max\begin{bmatrix}P:29-9-38+0.9985\times19.5\approx1.5\\K:27-10.5+0.9985\times17\approx33.5\end{bmatrix}\approx33.5\text{，所以 }x_4(2)=K\text{。}$$

$$g_4(3)=\max\begin{bmatrix}P:29-9-37+0.9985\times19.5\approx2.5\\K:25-8+0.9985\times13\approx30\end{bmatrix}\approx30\text{，所以 }x_4(3)=K\text{。}$$

$$g_4(4)=\max\begin{bmatrix}P:29-9-63+0.9985\times19.5\approx-23.5\\K:10-9.5+0.9985\times0.5\approx1\end{bmatrix}\approx1\text{，所以 }x_4(4)=K\text{。}$$

当 $j=3$ 时，递推关系为

$$g_3(t)=\max\begin{bmatrix}P:r_3(0)-u_3(0)-C_3(0)+Ag_4(1)\\K:r_3(t)-C_3(t)+Ag_4(t+1)\end{bmatrix}$$

$$g_3(1)=\max\begin{bmatrix}P:28-6.5-34+0.9985\times36\approx23.5\\K:28-8+0.9985\times33.5\approx53.5\end{bmatrix}\approx53.5\text{，所以 }x_3(1)=K\text{。}$$

$$g_3(2)=\max\begin{bmatrix}P:28-6.5-36+0.9985\times36\approx21.5\\K:26-10+0.9985\times30\approx46\end{bmatrix}\approx46\text{，所以 }x_3(2)=K\text{。}$$

$$g_3(3)=\max\begin{bmatrix}P:28-6.5-60+0.9985\times36\approx-2.5\\K:10.5-7.5+0.9985\times1\approx4\end{bmatrix}\approx4\text{，所以 }x_3(3)=K\text{。}$$

当 $j=2$ 时，递推关系为

$$g_2(t)=\max\begin{bmatrix}P:r_2(0)-u_2(0)-C_2(0)+Ag_3(1)\\K:r_2(t)-C_2(t)+Ag_3(t+1)\end{bmatrix}$$

$$g_2(1)=\max\begin{bmatrix}P:25-6-34+0.9985\times 53.5\approx 38.5\\K:26-8+0.9985\times 46\approx 64\end{bmatrix}\approx 64,\text{所以 } x_2(1)=K。$$

$$g_2(2)=\max\begin{bmatrix}P:25-6-58+0.9985\times 53.5\approx 14.5\\K:11-8.6+0.9985\times 4\approx 6.4\end{bmatrix}\approx 14.5,\text{所以 } x_2(2)=P。$$

当 $j=1$ 时，递推关系为

$$g_1(t)=\max\begin{bmatrix}P:r_1(0)-u_1(0)-C_1(0)+Ag_2(1)\\K:r_1(t)-C_1(t)+Ag_2(t+1)\end{bmatrix}$$

$$g_1(1)=\max\begin{bmatrix}P:25-6-56+0.9985\times 64\approx 27\\K:11.5-6.7+0.9985\times 14.5\approx 19.3\end{bmatrix}\approx 27,\text{所以 } x_1(1)=P。$$

最后，根据上面计算过程反推之，可求得最优策略如表 7-5 所示，相应的最佳收益为 27。

表 7-5 问题求解所得的最优策略

年份	机龄	最佳策略
1988	7	K
1989	8	P
1990	1	K
1991	2	K
1992	3	K

同理可推出另三种情况。

结论：

由推出的情况可判断，将 40 辆 T20-203 型更换成 RD150-1 型，将 25 辆 BJ371 型更换成 RD150-1 型。

7.3 康博公司的设备更新最优策略

【案例描述】

康博公司拟为其已有三年役龄的一台设备决定在今后四年内的更新策略。已知一台设备若使用满六年则必须更新。若一台新的设备价格为 $p=20$ 万元。表 7-6 给出有关数据。

表 7-6 康博公司的设备每年收益及运营成本

役龄 t/年	每年收益 $y(t)$/万元	年运营成本 $c(t)$/万元	残值 $d(t)$/万元
0	3	0.03	
1	2.8	0.09	16.5
2	2.7	0.18	10.3
3	2.5	0.23	7.6
4	2.3	0.26	6.7
5	2.1	0.28	5
6	1.8	0.34	4

要求用动态规划方法确定该设备的更新策略。

【案例分析与求解】

该问题属于典型的设备更新问题，该类问题我们可以考虑用动态规划的方法来解决。具体的解决步骤如下。

1. 建立动态规划的递推关系式

用 i 表示阶段变量，t 为状态变量，代表设备的役龄，$y(t)$ 为役龄为 t 的设备工作一年的收益(万元)，$c(t)$ 为役龄为 t 的设备的年运营成本(万元)，$d(t)$ 为役龄为 t 的设备的残值。

当已有 t 年役龄的设备于年初(或上年年末)更新，则当年的收益为

$y(0)+d(t)-c(0)-p$，年末时设备役龄变为 1。

若年初役龄为 t 的设备不更新，则当年收益为

$y(t)-c(t)$，年末时设备役龄变为 $(t+1)$。

用 $f_i(t)$ 表示 i 年年初役龄为 t 的设备采用最优更新策略时，到规定期限 n 年年末的最大收益，则有

$$f_i(t)=\max\begin{cases}y(t)-c(t)+f_{i+1}(t)\text{，年初不更新}\\y(0)+d(t)-c(0)-p+f_{i+1}(t+1)\text{，年初更新}\end{cases}$$

因为考虑四年内更新策略，故 $i=1,\cdots,4$。边界条件为

$$f_5(t)=\begin{cases}d(t+1)\text{，当第 4 年年初不更新}\\d(t)\text{，当第 4 年年初更新}\end{cases}$$

2. 采用逆序算法求解

为进行计算，先分析各年设备状态的演变情况，如表 7-7 所示。

表 7-7 逆序算法下的各年设备状况演变情况

年份	1	2	3	4
年初决策前设备状态(役龄)	3	1 4	1 2 5	1 2 3 6

表 7-7 中双线箭头代表当年年初进行了设备更新，单线箭头代表未更新。

(1) 当 $i=4$ 时，计算过程如表 7-8 所示。

表 7-8 第 4 年的最优策略求解过程

年初设备状态	设备不更新	设备更新	最优决策	
t	$y(t)-c(t)+f_5(t)$	$y(0)+d(t)-c(0)-p+f_5(t)$	$f_4(t)$	决策
1	2.8−0.09+10.3=13.01	3+16.5−0.03−20+16.5=15.97	15.97	更新
2	2.7−0.18+7.6=10.12	3+10.3−0.03−20+16.5=9.77	10.12	不更新
3	2.5−0.23+6.7=8.97	3+7.6−0.03−20+16.5=7.07	8.97	不更新
6	不允许	3+4−0.03−20+16.5=3.47	3.47	更新

(2) 当 $i=3$ 时，计算过程如表 7-9 所示。

表 7-9 第 3 年的最优策略求解过程

年初设备状态	设备不更新	设 备 更 新	最优决策	
t	$y(t)-c(t)+f_4(t+1)$	$y(0)+d(t)-c(0)-p+f_4(t+1)$	$f_3(t)$	决策
1	2.8−0.09+10.12=12.83	3+16.5−0.03−20+15.97=15.44	15.44	更新
2	2.7−0.18+8.97=11.49	3+10.3−0.03−20+15.97=9.24	11.49	不更新
5	2.1−0.28+3.47=5.29	3+5−0.03−20+15.97=3.94	5.29	不更新

(3) 当 $i=2$ 时，计算过程如表 7-10 所示。

表 7-10 第 2 年的最优策略求解过程

年初设备状态	设备不更新	设 备 更 新	最优决策	
t	$y(t)-c(t)+f_3(t+1)$	$y(0)+d(t)-c(0)-p+f_3(t+1)$	$f_2(t)$	决策
1	2.8−0.09+11.49=14.2	3+16.5−0.03−20+15.44=14.91	14.91	更新
4	2.3−0.26+5.29=7.33	3+6.7−0.03−20+15.44=5.11	7.33	不更新

(4) 当 $i=1$ 时，计算过程如表 7-11 所示。

表 7-11 第 1 年的最优策略求解过程

年初设备状态	设备不更新	设 备 更 新	最优决策	
t	$y(t)-c(t)+f_2(t+1)$	$y(0)+d(t)-c(0)-p+f_2(t+1)$	$f_1(t)$	决策
3	2.8−0.23+7.33=9.9	3+7.6−0.03−20+14.91=5.48	9.9	不更新

根据以上计算过程，我们可得如下结论。

设备在第 1、2、3 年年初均不更新，在第 4 年年初更新，可获益 9.9 万元。如考虑第 1 年年初工作的设备役龄为 3 年，而第 4 年年末设备役龄为 1 年，其残值差为 8.9 万元，故实际总收益为 9.9+8.9=18.8 万元。

7.4 电力工程项目的优化开发次序问题

【案例描述】

研究一个电网中四个电站的最优开发次序问题。为简单起见，假定各电站的规模、装机容量、建设费用已经确定并与开发次序无关。

(1) 四个电站装机容量、建设费用如表 7-12 所示。

表 7-12 各电站的装机容量及建设费用

电站	1	2	3	4
装机容量/万千瓦	10	20	30	40
建设费用/亿元	1.8	3.0	4.0	5.2

(2) 规划期内电力系统负荷发展预测。

设规划期 25 年内，系统负荷按线性增长，每年增加 4 万千瓦，即负荷随时间增加的函数为：$N(t)=4t(t=1,2,\cdots,25)$，在规划期内共增加负荷 100 万千瓦，需把上述四个电站都建成。

(3) 年利率采用 $r=10\%$。

假设：

(1) 以 X 表示全部四个电站集合，$X=(1,2,3,4)$。

(2) 设已建成的工程集合为 x，$x\in X$，它向电力系统提供的发电容量(即装机容量之总和)为 $N(x)$。

(3) 由于电力系统的电力负荷需求量是随时间 t 增加的，为 $N(t)=4t$，当已建电站 x 提供容量 $N(x)$ 与系统负荷需求量 $N(t)$ 相等时，就需要投入新的电站 s，$s\in X$ 以 $t(x)$ 表示已建工程 x 集合所提供的容量 $N(x)$ 与负荷需求量 $N(t)$ 相等的时间，则 $t(x)=(1/4)N(x)$。

如当已建工程 $x=(1,2)$ 时，装机容量为 10+20=30 万千瓦，则 $t(x)=30/4=7.5$ 年，表示如已投入运行电站为 $x=(1,2)$，则在 7.5 年时须投入新电站才能保证电力系统正常需要。

(4) 设第 s 项工程的建设费用为 C_s，表 7-12 中所列费用值已考虑施工期的利息，为该项建成投入系统时折算值，若第 s 项工程在 $t(x)$ 年建成投入系统，则该工程的建设费用折算到规划期初的贴现值为

$$C_s(1+r)^{-t(x)}$$

优化目标：选择四个电站的最优开发次序，使其在满足各个时期需求的条件下，在整个规划期总费用的贴现值最小。

【案例分析及求解】

建立动态规划的递推方法如下：

$$c(x)=\min_{s\in X}\{c_s(1+r)^{-t(x-s)}+c(x-s)\}$$

式中：$c(x)$——表示满足从 $t=0$ 到 $t=t(x)$ 时需要，已建的工程集合 $x\in X$，采用最优建设次序时的最小贴现费用。

s——本阶段刚建成投入的电站，以电站的编号表示 s，$s=(1,2,3,4)$。

$(x-s)$——在集合中去掉工程后剩下的工程集合。

$C(x-s)$——表示在未建 s 工程以前，满足 $t=0$ 到 $t=(x-s)$ 时间负荷需要，建设 $(x-s)$ 个电站的最优开发次序时的最小贴现费用。

C_s——为第 s 工程的建设费用，因为它需要在 $t(x-s)$ 时投入，故贴现费用为

$$C_s(1+r)^{-t(x-s)}$$

利用动态规划方法计算结果如下：

水利工程优化开发次序为：先建电站 3，然后再建电站 2 和电站 4，最后建电站 1。按这样程序安排，其最小贴现总费用为 7.259 亿元。

习题

1. 设有一辆载重卡车，现有四种货物均可用此车运输。已知这四种货物的重量，容积及价值如表 7-13 所示。

表 7-13 四种货物的重量、容积及价值

货物代号	重量/吨	容积/立方米	价值/千元
1	2	2	3
2	3	2	4
3	4	2	5
4	5	3	6

若该卡车的最大载重为 15 吨，最大允许装载容积为 10 立方米，在许可的条件下，每车装载每一种货物的件数不限。问应如何搭配这四种货物，才能使每车装载货物的价值最大？

2. 某厂准备连续三个月生产 A 种产品，每月月初开始生产。A 的生产成本费为 A 产品当月的生产数量的平方。仓库存货成本费是每月每单位为 1 元。估计三个月的需求量分别为 100，110，120。现假设开始时第一个月月初存货为 0，第三个月月末存货为 0。试问：每月的生产数量应为多少才能使总的生产和存货费用最小？

3. 某公司去一所大学招聘一名管理专业应届毕业生。从众多应聘学生中，初选三名决定依次单独面试。面试规则为：当对第 1 人或第 2 人面试时，如满意（记 3 分），并决定聘用，面试不再继续；如不满意（记 1 分），决定不聘用，找下一人继续面试；如较满意（记 2 分）时，有两种选择，或决定聘用，面试不再继续，或不聘用，面试继续。但对决定不聘用者，不能同在后面面试的人比较后再回过头来聘用。故在前两名面试者都决定不聘用时，第三名面试者不论属何种情况均需聘用。根据以往经验，面试中满意的占 20%，较满意的占 50%，不满意者占 30%。要求用动态规划方法帮助该公司确定一个最优策略，使聘用到的毕业生期望的分值为最高。

4. 某警卫部门有 12 支巡逻队负责 4 个仓库的巡逻。按规定对每个仓库可分别派 2～4 支队伍巡逻。由于所派队伍数量上的差别，各仓库一年内预期发生事故的次数如表 7-14 所示。试应用动态规划的方法确定派往各仓库的巡逻队数，使预期事故的总次数为最少。

表 7-14 各仓库一年内预期发生事故的次数

巡逻队数＼仓库	1	2	3	4
2	18	38	14	34
3	16	36	12	31
4	12	30	11	25

5. 某公司有三个工厂，它们都可以考虑改造扩建。每个工厂都有若干种方案可供选择，各种方案的投资及所能取得的收益如表 7-15 所示（单位：千万元）。现公司有资金 5000 万元，问应如何分配投资可使公司的总收益最大？

表 7-15 各方案的投资及所能取得的收益情况

方案	工厂 1		工厂 2		工厂 3	
	投资	收益	投资	收益	投资	收益
1	0	0	0	0	0	0
2	1	5	2	8	1	3
3	2	6	3	9	—	—
4	—	—	4	12	—	—

注：表中“—”表示无此方案

6. 某商店在未来的四个月里，准备利用商店里一个仓库来专门经销某种商品，该仓库最多能装这种商品 1000 单位。假定商店每月只能卖出它仓库现有的货。当商店决定在某个月购货时，只有在该月的下个月开始才能得到该货。据估计未来四个月这种商品买卖价格如表 7-16 所示。假定商店在 1 月开始经销时，仓库储存商品有 500 单位。试问：如何制订这四个月的订购与销售计划可使获得的利润最大？

表 7-16 未来四个月商品买卖价格 单位：元

月份	买价	卖价
1	10	12
2	9	9
3	11	13
4	15	17

第8章

存 贮 论

存贮论(inventory theory)又称存储论、库存论,是运筹学中发展较早的分支。早在1915年,哈李斯就针对银行货币的储备问题进行了详细的研究,建立了一个确定性的存贮费用模型,并求得了最佳批量公式。1934年威尔逊重新得出了这个公式,后来人们称这个公式为经济订购批量公式。这是属于存贮论的早期工作。1958年威汀发表了《存贮管理的理论》一书,随后阿罗等发表了《存贮和生产的数学理论研究》,毛恩在1959年写了《存贮理论》。此后,存贮论成了运筹学中的一个独立的分支,有关学者相继对随机或非平稳需求的存贮模型进行了广泛深入的研究。

为了对存贮问题有一个概括性的了解,下面说明存贮论中常用的几个基本概念。

1. 需求

对于一个存贮系统而言,需求就是它的输出,即从存贮系统中取出一定数量的物资以满足生产或消费的需要,存贮量因满足需求而减少。单位时间的需求称为需求量或需求率,记为D。输出的方式可能是均匀连续式的,也可能是间断瞬间式的。

其中I是初始存贮量,经过时间t后,存贮量为Q,输出量为$I-Q$。

对存贮系统来说,需求是客观存在的,存贮管理者必须设法了解或预测所存贮的物资的需求规律。关于需求量的预测方法很多,读者可参阅有关书籍。

需求量可以是确定性的,也可以是随机性的。对于随机性需求,可以根据大量的统计资料,用某种随机分布来加以描述。根据需求是确定性还是随机性的,可以将存贮模型分为确定性的和随机性的两类。

2. 补充供应

存贮由于需求而不断减少,必须加以补充,否则最终将无法满足需求。补充就是存贮系统的输入,补充可以通过向供货厂商订购或者自己组织生产来实现,存贮系统对于补充订货的订货时间及每次订货的数量是可以控制的。

从订货到货物入库往往需要一段时间,我们把这段时间称为拖后时间。从另一个角度看,为了在某一时刻能补充存贮,必须提前订货,那么这段时间也可称为提前时间(或称备货时间)。提前时间可以是确定性的,也可以是随机性的。

3. 费用

存贮论所要解决的问题是：多少时间补充一次，每次补充的数量应该是多少？决定多少时间补充一次以及补充数量的策略称为存贮策略。存贮策略的优劣如何衡量呢？最直接的衡量标准是，计算该策略所耗用的平均费用多少。为此有必要对存贮系统的费用进行详细的分析。一般来说，一个存贮系统主要包括下列一些费用。

(1) 存贮费：包括存贮物资所占用资金应付的利息、物资的存贮损耗、陈旧和跌价损失、存贮物资的保险费、仓库建筑物及设备的修理折旧费、保险费、存贮物资的保养费、库内搬运费等，记每存贮单位物资单位时间所花费的费用为 c_1(元/(件·时间))。

(2) 订货费：对供销企业来说，订货费是指为补充库存，办理一次订货所发生的有关费用，包括订货过程中发生的订货手续费、网络通信费、人工核对费、差旅费、货物检查费、入库验收费等。对于生产企业，订货费相当于组织一次生产所必需的工夹具安装、设备调试、材料安排等费用。订货费只与订货次数有关，而与订购或生产的数量无关，记每次的订货费为 c_3 元。

(3) 缺货损失费：它一般是指由于存贮供不应求时所引起的损失。如失去销售机会的损失、停工待料的损失以及不能履行合同而交纳的罚款等。衡量缺货损失费有两种方式，当缺货费与缺货数量的多少和缺货时间的长短成正比时，一般以缺货一件为期一年(付货时间延长一年)造成的损失赔偿费来表示；另一种是缺货费仅与缺货数量有关而与缺货时间长短无关，这时以缺货一件造成的损失赔偿费来表示。记单位物资缺货单位时间的损失费为 c_2(元/(件·时间))。

由于缺货损失费涉及丧失信誉带来的损失，所以它比存贮费、订货费更难以准确确定，对不同的部门、不同的物资，缺货损失费的确定有不同的标准，要根据具体要求分析计算，将缺货造成的损失数量化。

在不允许缺货的情况下，在费用上处理的方式是将缺货损失费视为无穷大。

以上由存贮费、订货费和缺货损失费的意义可以知道，为了保持一定的库存，要付出存贮费；为了补充库存，要付出订货费；当存贮不足发生缺货时，要付出缺货损失费。这三项费用之间是相互矛盾、相互制约的。存贮费与所存贮物资的数量和时间成正比，如降低存贮量，缩短存贮周期，自然会降低存贮费；但缩短存贮周期，就要增加订货次数，势必增加订货费支出；为了防止缺货现象发生，就要增加安全库存量，这样在减少缺货损失费的同时，增大了库存费的开支。因此。我们要从存贮系统总费用为最小的前提出发，进行综合分析，以寻求一个最佳的订货批量和订货间隔时间。

一般在进行存贮系统的费用分析时，是不必考虑所存贮物资的价格的。但有时由于订购的批量大，物资的价格有一定的优惠折扣；在生产企业中，如果生产批量达到一定的数量，产品的单位成本也往往会降低，这时进行费用分析就需要考虑物资的价格因素。

4. 存贮策略

如前所述，决定何时补充、每次补充多少的策略称为存贮策略。常见的存贮策略有以下几种。

(1) t_0 循环策略：每隔 t_0 时间补充存贮量为 Q，使库存水平达到 S。这种策略的方法有时称为经济批量法。

(2) (s, S)策略：每当存贮量 $x>s$ 时不补充，当 $x\leqslant s$ 时补充存贮，补充量 $Q=S-x$，使库存水平达到 S。其中，s 称为最低库存量。

(3) (t_0, s, S)混合策略：每经过 t_0 时间检查存贮量 x，当 $x>s$ 时不补充，当 $x\leqslant s$ 时补充存贮，补充量 $Q=S-x$，即使库存水平达到 S。

5. 目标函数

要在一类策略中选择一个最优策略，就需要有一个衡量优劣的标准，这就是目标函数。在存贮问题中，通常把目标函数取为平均费用函数或平均利润函数。选择的策略应使平均费用达到最小，或使平均利润达到最大。

确定存贮策略时，首先是把实际问题抽象为数学模型。在形成模型的过程中，对一些复杂的条件要尽量加以简化，只要模型能反映问题的本质就可以。然后对模型用数学方法加以研究，得出数量的结论。这些结论是否正确，还要拿到实践中去加以检验。如结论与实际不符，则要对模型重新加以研究和修改，存贮问题经过长期研究，已得出一些行之有效的模型。从存贮模型来看大体上可分为两类：一类叫做确定性模型，即模型中的数据皆为确定的数值；另一类叫做随机性模型，即模型中含有随机变量，而不是确定的数值。

8.1 北京亚洲公司的存储决策问题

【案例描述】

北京亚洲科技发展有限公司，涉足多媒体网络应用、数字视频、电子出版和桌面印刷制版等技术领域。公司提供从产品开发、网络集成、系统销售，直到专业化的影视后期编辑、平面设计、电子出版物制作等多项服务。非线性视音频编辑系统(简称"非线性")是公司的主要产品之一。"非线性"是应用于广播电视领域的专业计算机多媒体设备，主要用来完成电影、电视节目(如：新闻、专题、电视剧……)的编辑制作。目前，公司的"非线性"产品的核心硬件(Finish qxc/NT、Finish V60 及 Finish V80)均是从美国进口的，如何订货才能使公司的成本最低是在年初计划时必须解决的问题。由于该产品的订购折扣是一定的，且在实际销售过程中并不要求必须是现货供应，因此，属允许缺货的经济订货批量模型，具体统计数据如表 8-1 所示。

表 8-1 各型号设备的订货统计数据

产品核心硬件	年订货量/套	单位产品成本/元	订货费/元	年存储费/元	缺货损失/元
Finish qxc/NT	1800	26 500	3000	15 800	1400
Finish V60	1000	42 000	3000	24 500	2000
Finish V80	120	92 000	3000	54 000	4600

注：①由于计算机多媒体技术发展非常快，技术折旧大，也就是说，产品如购进后没能及时售出，其技术折旧所带来的损失非常大。因此在产品的年存储费中，仅仅考虑库存成本，是很不全面的。所以在本问题的计算过程中，年存储费不但有库存费，还包括了产品的年技术折旧损失。②缺货损失是指由于缺货而带来的合同损失费用，以及由此产生的公司信用等软性损失。

【案例分析】

该问题属于允许缺货的经济订货批量(economic order quantity, EOQ)模型,设一种物品的需求率为 D(套/年),并以一定的批量 Q 供应给需求方,S 为最大允许的短缺量。在 t_1 时间间隔内,库存量是正值,在 t_2 时间间隔内发生短缺。每当新的一批零件到达,马上补足供应所短缺的数量 S,然后将 $Q-S$ 的物品暂时存在仓库。因此这种情况下,最高的库存量是 $Q-S$,在这个模型中总的费用包括:订货费用 C_d、保管费用 C_p 和短缺费用 C_s。现需要确定经济批量 Q 及供应期间隔期 t,使平均总额费用为最小。这类模型可用图 8-1 表示。

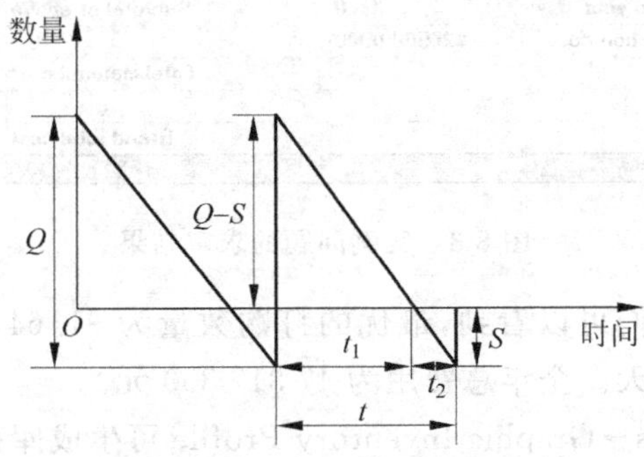

图 8-1 EOQ 模型示意图

根据一般 EOQ 模型的最优解计算公式可得,该模型的最优解如下:

$$\text{最优的供应批量 } Q^* = \sqrt{\frac{2C_D D(C_p + C_s)}{C_p C_s}}$$

$$\text{最优的全年总费用 } \mathrm{TC}^* = \sqrt{\frac{2C_D D C_p C_s}{C_p + C_s}}$$

$$\text{最优的短缺数量 } S^* = \sqrt{\frac{2C_D C_p D}{C_s(C_p + C_s)}}$$

【案例求解】

我们可在 WinQSB 中求解该问题,我们以 Finish qxc→NT 产品为例说明具体求解步骤。

(1) 开始→程序→WinQSB→Inventory Theory and System→File→New Problem→选择第 1 个单选按钮,单击 OK 按钮,弹出数据编辑窗口。

(2) 输入需求 1800,每次订货费 3000,单位产品年存储费 15 800,无折扣单位产品成本 26 500,单位产品每年短缺损失 1400(图 8-2)。

DATA ITEM	ENTRY
Demand per year	1800
Order or setup cost per order	3000
Unit holding cost per year	15800
Unit shortage cost per year	1400
Unit shortage cost independent of time	
Replenishment or production rate per year	M
Lead time for a new order in year	
Unit acquisition cost without discount	26500
Number of discount breaks (quantities)	
Order quantity if you known	

图 8-2 案例问题的数据输入

(3) 执行菜单命令：Solve and Analyze→Solve the Problem，得运行结果(图 8-3)。

11-28-2013	Input Data	Value	Economic Order Analysis	Value
1	Demand per year	1800	Order quantity	91.6397
2	Order (setup) cost	$3000.0000	Maximum inventory	7.4590
3	Unit holding cost per year	$15800.0000	Maximum backorder	84.1806
4	Unit shortage cost		Order interval in year	0.0509
5	per year	$1400.0000	Reorder point	-84.1806
6	Unit shortage cost			
7	independent of time	0	Total setup or ordering cost	$58926.4500
8	Replenishment/production		Total holding cost	$4796.3410
9	rate per year	M	Total shortage cost	$54130.1000
10	Lead time in year	0	Subtotal of above	$117852.9000
11	Unit acquisition cost	$26500.0000		
12			Total material cost	$47700000.0000
13				
14			Grand total cost	$47817850.0000

图 8-3 案例问题的求解结果

从上面的求解结果我们可以看到，最优的订购数量为 91.64，订购的时间间隔是 0.05 年，换算成天大约是 18.6 天。全年总费用为 47 817 850 元。

执行菜单命令 Results→Graphic Inventory Profile 可生成库存变动曲线图(图 8-4)。

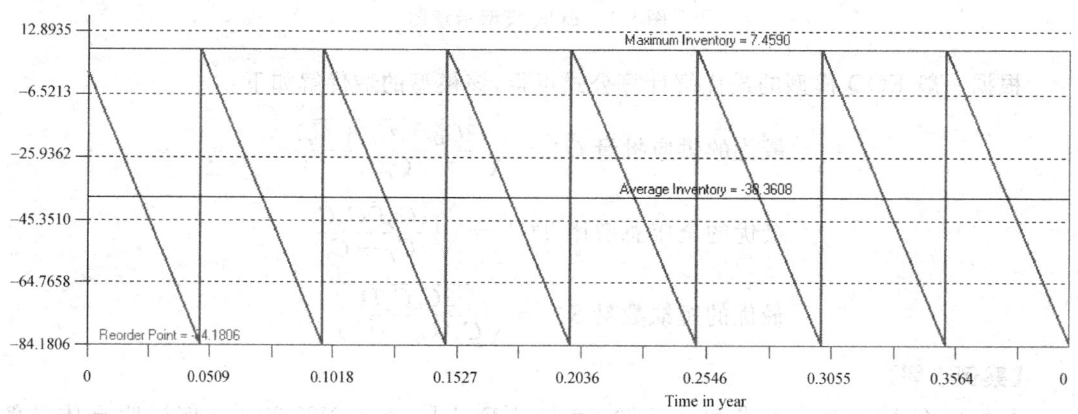

图 8-4 案例问题的库存变动曲线图

同样的方法可得到 Finish V60 和 Finish V80 两种产品的最优订购策略，在此不再赘述。

8.2 华北加气混凝土厂的钢筋存储问题

【案例描述】

华北加气混凝土厂 1965 年从瑞典某公司引进设备和技术，1989 年又改造生产线，从德国某公司引进关键设备进行生产，装备达到国际 20 世纪 80 年代末期水平。1991 年重新投产，产品为加气混凝土砌块及加气混凝土屋面板，主要用于建筑的墙体及屋面，具有良好的保温、防火性能，且质轻易于运输，利于抗震。从上面的情况可以知道，混凝土厂的产品前途是光明的，效益也不错。但由于种种原因，还有许多不尽如人意的地方，还有许多需要改善的地方，这需要掌握管理技术的人才细心地管理。这里将运筹学中的存储论的有关知识运用于该厂的钢筋存储问题中，是考虑到了能够获得相对较多的信息。其他的大宗材料或者重要材料，如铝粉、水泥、沙、有机化合物等，由于资料不充分，未予计算。另外成品的存储，积压的资金更是数量巨大，如果把这些全部考虑进来，统筹安排的话，成本会下降，效率会提高，更重要的是，最高管理人员可支配的现金量大，可以搞投资、技改等效益更好的项目。该厂产品优势在加气混凝土板材上，钢筋是供车间生产板材时用的，如果缺货的话，将导致较大的缺货损失，包括板材相应的利润、大批工人停工的损失、顾客买不到相应的产品引起对企业不满造成的损失等，这些损失远远超过了钢筋的存储成本，所以这里视为不允许缺货的模型。另外，由于现在是买方市场，交通方便，距离较近，价格稳中有降，视为生产时间很短的模型。经调查求得以下各项数据。

1. 年需求量的计算

(1) 计划板材产量：9 万立方米。

(2) 钢筋消耗计划：$35kg/m^3$。

(3) 年需求总量：$90\,000m^3 \times 35kg/m^3 = 3\,150\,000kg = 3150$ 吨。

(4) 由经验预测。

其中 $\phi6.5$ 的钢筋年需求量：1300 吨/年；

$\phi8$ 的钢筋年需求量：1050 吨/年；

$\phi10$ 的钢筋年需求量：800 吨/年。

2. 存储费

存储费＝货物占用资金应付的利息＋保管费＋货物损坏费

1998 年年利率为 1.24%。

钢筋单价为 2400 元/吨。

货物占用资金应付的利息：29.76 元/吨。

货物损坏变质的费用：每年总有 1 ～ 2 捆钢筋因锈蚀作废物(1 捆钢筋为 1.5～2 吨，此处计为 1.5 吨。废钢筋为 600～800 元/吨，此处计为 800 元/吨)。

货物损失为：1.5 吨×（2400－800)元/吨＝2400 元；分摊到每一吨为：2400 元÷3150 吨＝0.76 元/吨。

其他费用暂视为 0，则存储费用总共为：29.76＋0.76＝30.52(元/吨)。

3. 订购费

订购费即固定费用＝手续费＋电信往来费＋委派人员的费用

此费用为估算法，具体值供应部门可搞清楚，现做如下估计。

(1) 每次派两人：供应科长及司机。

(2) 每次花时间为两个半天(包括洽谈订货、给支票、取发票等)。

(3) 交往费：以上三项计为 200 元/次，其他费用(手续费、电信往来费)计为 20 元/次，则订购费为 220 元/次。

4. 生产准备期

生产准备期是指为防止订货后，钢筋进厂的时间拖后或者由于板材生产量的突然增加导致缺货而设置的缓冲量。设为 4 天(即在钢筋用完前 4 天就订货)。

请对这三种钢筋存储问题进行决策。

【案例分析】

该问题可用生产经济订货批量模型进行求解，对案例中的数据进行整理我们可得下面的模型数据表格，见表 8-2。

表 8-2 各类型钢筋的订货数据

钢筋类型	年需求量/吨	钢筋单价/(元/吨)	订购费/(元/次)	存储费用/(元/吨)	生产准备期/天
$\phi 6.5$	1300	2400	220	30.52	4
$\phi 8$	1050	2400	220	30.52	4
$\phi 10$	800	2400	220	30.52	4

根据以上表格数据，我们就可以利用有订货提前期、不允许缺货的 EOQ 模型在 WinQSB 中进行求解。

【案例求解】

求解上述问题的过程和上节的过程基本类似，仅仅在输入数据时会有些不同，以 $\Phi 6.5$ 为例，在数据输入窗口我们填写如下数据(图 8-5)。

DATA ITEM	ENTRY
Demand per year	1300
Order or setup cost per order	220
Unit holding cost per year	30.52
Unit shortage cost per year	M
Unit shortage cost independent of time	
Replenishment or production rate per year	M
Lead time for a new order in year	0.011
Unit acquisition cost without discount	2400
Number of discount breaks (quantities)	
Order quantity if you known	

图 8-5 案例问题的数据输入

其中，年需求量是 1300 吨，每次订购费是 220 元，每年的单位存储费用是 30.52 元，每次订购需提前的时间是 0.011 年(假设 1 年为 365 天)，单位产品采购价格为 2400 元/吨。

执行菜单命令：Solve and Analyze→Solve the Problem，得运行结果(图 8-6)。

Input Data	Value	Economic Order Analysis	Value
Demand per year	1300	Order quantity	136.9007
Order (setup) cost	$220.0000	Maximum inventory	136.9007
Unit holding cost per year	$30.5200	Maximum backorder	0
Unit shortage cost		Order interval in year	0.1053
per year	M	Reorder point	14.3
Unit shortage cost			
independent of time	0	Total setup or ordering cost	$2089.1050
Replenishment/production		Total holding cost	$2089.1050
rate per year	M	Total shortage cost	0
Lead time in year	0.011	Subtotal of above	$4178.2100
Unit acquisition cost	$2400.0000		
		Total material cost	$3120000.0000
		Grand total cost	$3124178.0000

图 8-6 案例问题的求解结果

从图 8-6 的结果中我们可以看出，每次订购的 $\Phi6.5$ 钢筋的数量是 136.9 吨，订购的时间间隔是 0.1 年，大约是 36.5 天，每次在还剩 14.3 吨时需要去订购，总的费用是 3 124 178。其他型号钢筋的求解过程也基本类似，读者可以自行求解。

8.3 曙光包装制品公司存储决策问题

【案例描述】

曙光包装制品公司 1997 年开始进口日本、韩国产的铜版纸、胶版纸、白板纸等印刷、包装用纸张，在国内销售。应用存贮论正好可以解决公司每次订货多少、选择何时订货的问题，以免纸张存货不足，发生缺货现象而失去销售机会，或因为进货过多，一时售不出去造成商品积压，占用流动资金过多而且周转不开。

由于市场对纸张的需求具有随机性，故要建立随机性存储模型。我们选择定点订货策略，即库存降到某一确定的数量时即订货，而订货的数量不变。存储量的变化如图 8-7 所示。

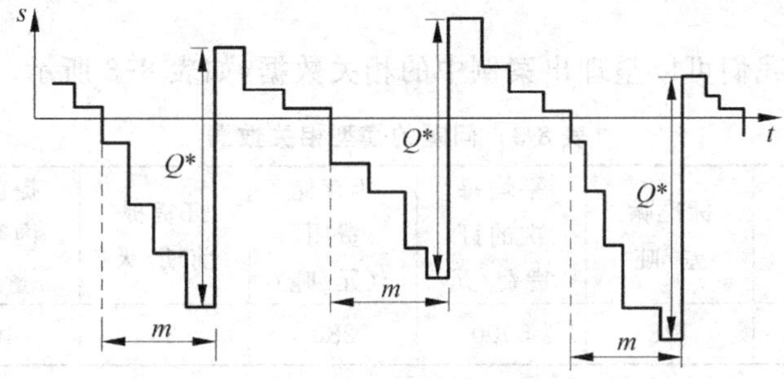

图 8-7 问题的存储量变化图

根据公司两年多的纸张销售记录，可计算出公司纸张每月的平均销售量（即需求量）为 486 吨，年均需求量为 5832 吨，标准偏差为 128 吨。公司平均每次的订货费为 5000 元，一吨纸一年的存储费用为 280 元。由于货物需要从韩国或日本进口，从签约、开立信用证到货物到达口岸、通关完毕、进入仓库，大约需要 $m = 25$ 天，故提前期内的平均需求量为 405 吨。公司规定允许缺货的情况为 $\alpha=10\%$。请对其存储问题进行决策。

【案例分析】

该问题属于需求随机的订货批量、再订货点模型，在这种模型中，由于需求为随机变量我们无法求得周期（两次订货时间间隔）的确切时间，也无法求得再订货点确切来到的时间。但在这种多周期的模型里，在上一周期里卖不出去的产品可以放到下一个周期里出售，故在这种模型里像经济订货批量和再订货批量模型那样，主要的费用为订货费和存储费。

下面介绍求订货量和再订货量的最优解的近似方法。我们可以根据平均需求像经济批量订货模型那样求出使得全年的订货费和存储费总和最少的最优订货量 Q^*。但在对再订货点的处理上与经济订货批量模型不同。在经济订货批量模型中，由于需求率是个常量 d/天，对于一个需要 m 天前订货的情况，我们可以把再订货点定位 dm，即当仓库里还有 dm 单位的产品时，就再订货 Q^* 单位的产品，这样当 m 天后 Q^* 单位的产品补充进来时，仓库正好把剩余的 dm 产品处理完，仓库及时地得到补充。而对需求为随机变量的情况，这种处理显然是不恰当的，正像图 8-7 所示，有时在这 m 天里需求大于$\bar{d}m$（这里$\bar{d}$为每天平均需求），

这样在 m 天里就出现了缺货，而有时需求小于$\bar{d}m$，这样 m 天后当新的 Q^* 单位的产品补充进来时，仓库是还有剩货的。

在这种模型里，我们要对再订货点进行讨论，而不是简单地定为$\bar{d}m$，我们不妨设再订货点为 r，即我们随时对仓库的产品库存进行检查，当仓库里产品库存为 r 时就订货，m 天后送来 Q^* 单位的产品，虽然在 m 天里的需求量是随机的，但一般来说当 r 值较大时，在 m 天里出现缺货的概率就越小，反之，当 r 较小时，在 m 天里出现缺货的概率就越大。这样就需要我们根据具体情况制定出服务水平，即制定在 m 天里出现缺货的概率 α，也即不出现缺货的概率为 $1-\alpha$。即

$$P(m\text{ 天里需求量} \leqslant r) = 1-\alpha$$

由于每次的订货量 Q^* 我们可以按经济订货批量模型求得，每年的产品平均需求量可以求得，这样就可以求出每年平均的订货次数，我们也可以以每年允许在 m 天里出现缺货的次数作为服务水平。我们可以依据事先制定的服务水平和 m 天里需求量的概率分布来定出相应的 r 值，并把 r 值中超过$\bar{d}m$ 的部分叫做安全存储。

【案例求解】

针对上述问题，我们可以整理出案例中的相关数据，如表 8-3 所示。

表 8-3 问题的模型相关数据

	年需求量/吨	标准偏差/吨	平均每次的订货费/元	年存储费用/(元/吨)	订货提前期/天	提前期内需求量/吨	出现缺货的概率
纸张	5832	128	5000	280	25	405	10%

首先我们可以按经济订货批量模型来求出最优订货批量 Q^*，已知每年的平均需求量 $\overline{D}=5832$ 吨，每吨纸张每年的存储费 $c_1=280$ 元，每次订货费 $c_3=5000$ 元，根据公式得

$$Q^* = \sqrt{\frac{2\overline{D}c_3}{c_1}} = \sqrt{\frac{2\times 5832\times 5000}{280}} = 456.4(\text{吨})$$

由于每年平均需求为 5832 吨，可知每年平均约订货 5832/456.4=13(次)。

根据服务水平的要求：

$$P(25\text{ 天里需求量} \leqslant r) = 1-\alpha = 1-0.1 = 0.9$$

因为 25 天需求量服从均值 405 吨，均方差 12.8 吨的正态分布，故有

$$\Phi(\frac{r-\mu}{\sigma}) = 0.9$$

查标准正态分布表，得

$$\frac{r-\mu}{\sigma} = 1.29$$

即有

$$\frac{r-405}{12.8} = 1.29$$

求得

$$r = 421.5$$

这就是说当仓库里库存剩下 $r=421.5$ 吨时，就应该向厂家订货，每次的订货量为

456.4 吨，这里的 $r=421.5$ 吨就是再订货点，$Q^*=456.4$ 吨就是最优订货量，而

$$r-\bar{d}m=421.5-405=16.5(\text{吨})$$

这 16.5 吨就是安全存储量，在这样的存储策略下，能有 90%的概率在订了货而货物还没运到公司的 25 天里不会出现缺货。

8.4　报童问题

【案例描述】

报童问题是运筹学经典案例，可描述如下：报童每日早晨从报社以批发价购得当日的日报，然后在市场以零售价售出，每份订购价 0.6 元，零售价 1 元；若卖不完，则积压报纸退还给报社每份 0.2 元。该报童对以往的销售量做了连续一个月的统计，其记录如表 8-4 所示。

表 8-4　报纸的需求量分布

日需求量 d	120	130	140	150	160
频率 $P(d)$	0.15	0.2	0.3	0.25	0.1

问题：

(1) 他(或她)应订购多少份报纸为宜？

(2) 若需求满足均值为 140 份、标准差为 25 份的正态分布，订货量又应为多少？

【案例分析】

报童问题属于单时期随机需求存储问题，该问题是指需求量不确定，在一个周期内订货只进行一次，若未到期末货已售完也不再补充订货；若发生滞销，未售出的货应在期末处理。这类订货可以重复进行，但在各周期之间订货量与销售量互相保持独立。

设每件货物的单位成本为 C，每件的售价为 S，用 $p(x)$代表对该种产品需求量为 x 的概率。当需求数大于订购数，发生供应短缺时，每短缺一件的损失为 C_s 元，若到期末有未售出的产品时每件处理价为 C_g 元。要求确定期初的最优订货数量 Q，使预期利润为最大。

因为

$$\text{总的预期利润}=\text{销售总收入}+\text{处理收入}-\text{订购成本}-\text{短缺损失}$$

用公式可表示为

$$G(Q)=S\sum_{x=0}^{Q-1}xp(x)+SQ\sum_{x=Q}^{\infty}p(x)+C_g\left[\sum_{x=0}^{Q-1}(Q-x)p(x)\right]-CQ-C_s\sum_{x=0}^{\infty}(x-Q)p(x)$$

如果有

$$\Delta G_1(Q)=G(Q)-G(Q-1)\geqslant 0\quad \text{且}\quad \Delta G_2(Q)=G(Q)-G(Q+1)\geqslant 0$$

则 Q 就是使总的预期利润达到最大的订货量。

因为由

$$\Delta G_1(Q)=-(C-C_g)+(S+C_s-C_g)\sum_{x=Q}^{\infty}p(x)\geqslant 0$$

可得

$$\sum_{x=Q}^{\infty}p(x)\geqslant\frac{C-C_g}{S+C_s-C_g}$$

由

$$\Delta G_2(Q)=(C-C_g)-(S+C_s-C_g)\sum_{x=Q+1}^{\infty}p(x)\geqslant 0$$

可得

$$\sum_{x=Q+1}^{\infty}p(x)\leqslant\frac{C-C_g}{S+C_s-C_g}$$

所以只需 $\sum_{x=Q+1}^{\infty}p(x)\leqslant\frac{C-C_g}{S+C_s-C_g}\leqslant\sum_{x=Q}^{\infty}p(x)$ 即可求得最优解 Q。

将案例中具体的数据代入

$$\sum_{x=Q+1}^{\infty}p(x)\leqslant\frac{C-C_g}{S+C_s-C_g}\leqslant\sum_{x=Q}^{\infty}p(x)$$

可得

$$\sum_{x=Q+1}^{\infty}p(x)\leqslant\frac{0.6-0.2}{1+0.4-0.2}\leqslant\sum_{x=Q}^{\infty}p(x)$$

即

$$\sum_{x=Q+1}^{\infty}p(x)\leqslant\frac{1}{3}\leqslant\sum_{x=Q}^{\infty}p(x)$$

当 $Q=150$ 时，有

$$0.1\leqslant\frac{1}{3}\leqslant(0.25+0.1)$$

所以最优的订货最为每天150份。

此时每天的最大利润为

$$\begin{aligned}G(150)=&1\times(120\times0.15+130\times0.2+140\times0.3)+1\times150\times(0.25+0.1)\\&+0.2\times((150-120)\times0.15+(150-130)\times0.2+(150-140)\times0.3)\\&-0.6\times150-0.4\times(160-150)\times0.1=50.4\end{aligned}$$

【案例求解】

我们同样可以在WinQSB中求解报童问题，首先我们求解问题(1)，具体的求解步骤如下。

(1) 开始→程序→WinQSB→Inventory Theory and System→File→New Problem→选择第3个单选按钮，将时间单位改为day(图8-8)。

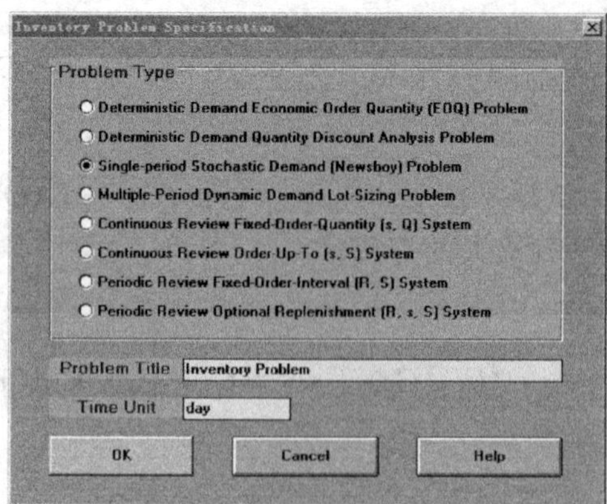

图8-8 报童问题的设置

(2) 单击 OK 按钮,弹出数据编辑窗口(图 8-9)。

DATA ITEM	ENTRY
Demand distribution (in day)	Normal
Mean (u)	
Standard deviation (s>0)	
(Not used)	
Order or setup cost	
Unit acquisition cost	
Unit selling price	
Unit shortage (opportunity) cost	
Unit salvage value	
Initial inventory	
Order quantity if you know	
Desired service level (%) if you know	

图 8-9 报童问题的数据输入界面

(3) 在该窗口中需求分布默认的为正态型(Normal),WinQSB 提供了包括常数在内的 18 种分布可供选择。双击 Normal 可选择适当的分布律(图 8-10)。

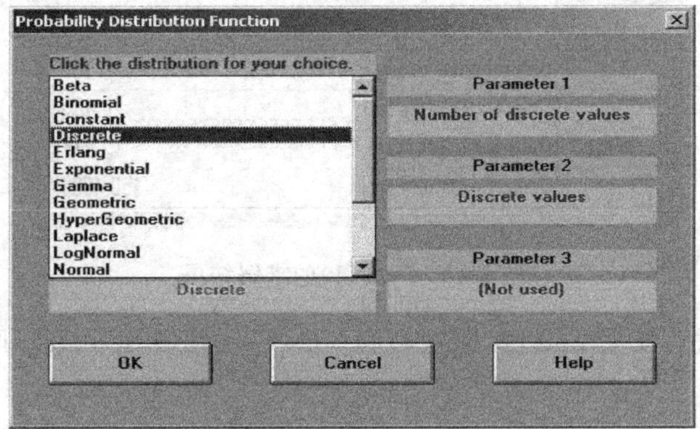

图 8-10 需求分布选择界面

(4) 选择离散分布(Discrete),返回数据窗口;输入数据,见图 8-11。

DATA ITEM	ENTRY
Demand distribution (in day)	Discrete
Number of discrete values	5
Discrete values	120/0.15,130/0.2,140/0.3,150/0.25,160/0.1
(Not used)	
Order or setup cost	
Unit acquisition cost	0.6
Unit selling price	1
Unit shortage (opportunity) cost	0.4
Unit salvage value	0.2
Initial inventory	
Order quantity if you know	
Desired service level (%) if you know	

图 8-11 问题(1)的数据输入

断点数(Number of discrete values)：5。

离散值(Discrete values)：依次输入，并用逗号分隔离散值/该离散值概率。

单位购货成本：0.6。

销售单价：1。

单位缺货成本：0.4(缺货损失为售价－进价)。

残值：0.2。

(5) 执行菜单命令 Solve and Analyze→Solve the problem，得运行结果，见图 8-12。

11-12-2012	Input Data or Result	Value
1	Demand distribution (in day)	Discrete
2	Demand mean	139.5
3	Demand standard deviation	12.0312
4	Order or setup cost	0
5	Unit cost	$0.6000
6	Unit selling price	$1.0000
7	Unit shortage (opportunity) cost	$0.4000
8	Unit salvage value	$0.2000
9	Initial inventory	0
10		
11	Optimal order quantity	150
12	Optimal inventory level	150
13	Optimal service level	90%
14	Optimal expected profit	$50.4000

图 8-12 问题(1)的求解结果

从结果可见最优订货量 150 份，期望利润 50.40 元，服务率 90%(即以 90%的概率满足全部需求)。

接下来我们求解问题(2)，求解过程基本类似，若需求满足正态分布需求，则应在数据输入界面中输入数据如下：均值(Mean)140，标准差(Standard deviation)25，其他同问题(1)，如图 8-13 所示。

执行菜单命令：Solve and Analyze→Solve the problem，得最优结果(图 8-14)。

DATA ITEM	ENTRY
Demand distribution (in day)	Normal
Mean (u)	140
Standard deviation (s>0)	25
(Not used)	
Order or setup cost	
Unit acquisition cost	0.6
Unit selling price	1
Unit shortage (opportunity) cost	0.4
Unit salvage value	0.2
Initial inventory	
Order quantity if you know	
Desired service level (%) if you know	

图 8-13 问题(2)的数据输入

09-21-2010	Input Data or Result	Value
1	Demand distribution (in day)	Normal
2	Demand mean	140
3	Demand standard deviation	25
4	Order or setup cost	0
5	Unit cost	¥0.60
6	Unit selling price	¥1.00
7	Unit shortage (opportunity) cost	¥0.40
8	Unit salvage value	¥0.20
9	Initial inventory	0
10		
11	Optimal order quantity	150.7687
12	Optimal inventory level	150.7687
13	Optimal service level	66.6667%
14	Optimal expected profit	¥45.09

图 8-14 问题(2)的求解结果

从图 8-14 中可知最优订货 151 份，期望利润 45 元，服务率 66.67%。

习题

1. 某公司经理一贯采用不允许缺货的经济批量公式确定订货批量，因为他认为缺货虽然可以随后补上，但总不是什么好事。但激烈的竞争迫使他不得不考虑采用允许缺货的策略。已知对该公司所销产品的需求为 $R=800$ 件/年，每次的订货费用为 $C_3=150$ 元，存贮费为 $C_1=3$ 元/(件·年)，发生短缺时的损失为 $C_2=20$ 元/(件·年)，试分析：

(1) 计算采用允许缺货的策略较之原先不允许缺货策略带来的费用上的节约。

(2) 如果该公司为保持一定信誉，自己规定缺货随后补上的数量不超过总量的 15%，任何一名顾客因供应不及时需等下批货到达补上的时间不得超过 3 周，问在这种情况下，允许缺货的策略能否被采用？

2. 某汽车厂的多品种装配线轮换装配各种牌号汽车。已知某种牌号汽车每天需 10 台，装配能力为 50 台/天。该牌号汽车成本为 15 万元/台，当更换产品时需准备结束费用 200 万元/次。若规定不允许缺货，存贮费为 50 元/（台·天）。试求：

(1) 该装配线最佳的装配批量。

(2) 若装配线批量达到每批 2000 台时，汽车成本可降至 14.8 万元/台(存贮费、准备结束费不变)，问该厂可否采纳此方案？

3. 某商店准备在新年前订购一批挂历批发出售，已知每批(100 本)进货价格 50 元，出售价格 120 元。如果挂历在新年前售不出去，则每 100 本损失 40 元，不计短缺损失。根据以往的销售经验，该商店售出挂历的数量如表 8-5 所示。

表 8-5 商店售出挂历年的数量

销售量/百本	0	1	2	3	4	5
概率	0.05	0.1	0.25	0.35	0.15	0.1

如果该商店对挂历只能提出一次订货。试问应订多少本，可使期望的获利数最大？

4. 某商店准备订购一批圣诞树迎接节日，据历年经验，其销量服从正态分布，$\mu=200$，$\sigma^2=300$。每棵圣诞树售价为 25 元，进价为 15 元。如果进了货卖不出去，则节后其残值基本为零。试回答：

(1) 该商店应进多少棵圣诞树，可使期望利润值为最大？

(2) 如果商店按销售量的期望值 200 棵进货，则期望的利润值为多大？

5. 某航空公司在 A 市到 B 市的航线上用波音 737 客机执行飞行任务。已知该机有效载客量为 138 人。按民用航空有关条例，旅客因有事或误机，机票可免费改签一次，此外也有在飞机起飞前退票的。为避免由此发生的空座损失，该航空公司决定每个航班超量售票(即每班售出票数为 $138+S$ 张)。但由此会发生持票登机旅客多于座位数的情况，这种情况下，航空公司规定，对超员旅客愿改乘本公司后续航班的，机票免费(即退回原机票款)；若换乘其他航空公司航班的，按机票价的 150% 退款。据统计，前一类旅客占超员中的 80%，后一类占 20%。又据该公司长期统计，每个航班旅客退票和改签发生的人数 i 的概率

$p(i)$如表 8-6 所示。

表 8-6　每个航班旅客退票和改签发生的人数及概率

i	0	1	2	3	4	5	6	7	8
$p(i)$	0.18	0.25	0.25	0.16	0.06	0.04	0.03	0.02	0.01

试确定该航空公司从 A 市到 B 市的航班每班应多售出的机票张数 S，使预期的获利最大。

6. 某航空旅游公司经营 8 架直升机用于观光旅游。该直升机上有一种零件需经常备用更换，据过去经验，对该种零件的需求服从泊松分布，平均每年两件。由于现有直升机机型两年后将被淘汰，故生产该机型的工厂决定投入最后一批生产，并征求旅游公司对该种零件备件的订货。规定如立即订货每件收费 900 元，如最后一批直升机投产结束后提出临时订货，按每件 1600 元收费，并需两周的订货提前期。又如直升机因缺乏该种备件停飞时，每周的损失为 1200 元。对订购多余的备件当飞机被淘汰时其处理价为每件 100 元。试求该航空旅游公司应立即提出多少个备件的订货可做到最经济合理？

排 队 论

排队论(queuing theory),是研究系统随机聚散现象和随机服务系统工作过程的数学理论和方法,又称随机服务系统理论。它是通过对服务对象到来及服务时间的统计研究,得出这些数量指标(等待时间、排队长度、忙期长短等)的统计规律,然后根据这些规律来改进服务系统的结构或重新组织被服务对象,使得服务系统既能满足服务对象的需要,又能使机构的费用最经济或某些指标最优。它也是研究服务系统中排队现象随机规律的学科,广泛应用于计算机网络、生产、运输、库存等各项资源共享的随机服务系统。排队论研究的内容有三个方面：统计推断,根据资料建立模型；系统的性态,即和排队有关的数量指标的概率规律性；系统的优化问题。其目的是正确设计和有效运行各个服务系统,使之发挥最佳效益。

排队系统由输入过程、排队过程和服务过程三个部分组成。输入过程包含输入源和输入方式，本文主要讨论的是输入方式即顾客按怎样的规律到达，其主要类型有定长输入、泊松输入和爱尔朗输入，其中泊松输入适用范围最广。排队过程包含队列形式和排队规则，队列形式主要指队列的数目和队列的空间形式；排队规则指到达的顾客按怎样的次序接受服务，它主要有损失制、等待制和混合制。服务过程包含服务规则和服务机构，其中服务机构中包含的服务方式是指同一时刻有多少服务台可接纳顾客，对每一位顾客的服务花了多长时间，它主要有定长分布、负指数分布、爱尔朗分布三种方式。

排队系统主要研究和计算的数量指标有以下几项。

(1) 队长，系统中的全部顾客数。

(2) 队列长，系统中排队的顾客数。

(3) 顾客在系统中的逗留时间，包括顾客排队等候及被服务的时间。

(4) 顾客在系统内排队等候的时间。

(5) 忙期，指服务机构连续接待顾客的时间长度，即指服务强度；为了描述方便，令：M 代表泊松输入或负指数分布；D 代表定长分布；E_K 代表 K 阶爱尔朗分布；若排队系统描述成 $M/M/C$，则表示是泊松输入、负指数分布服务、C 个服务台的排队系统。

9.1 伯格·度姆快餐店的排队系统

【案例描述】

伯格·度姆快餐店出售火腿汉堡、奶酪汉堡、法式油炸食品、软包装饮料和搅拌牛奶，同时还有一些特色食品和甜点可供选择。虽然伯格·度姆快餐店希望能为每位顾客提供即时服务，但是很多时候，到达的顾客远远多于伯格·度姆快餐店的服务人员所能接待的人数。因此，顾客不得不排队，以等候所点快餐并取走所点的食品。

伯格·度姆快餐店担心，它目前所用的顾客服务方式正导致过长的等候时间。管理层已经提出要求，需要对排队系统进行研究，以开发能够减少等待时间、提高服务质量的最佳服务方式。

伯格·度姆快餐店目前所实行的运作方式是，首先由一名服务生接受一位顾客的点餐，计算总费用，向顾客收取餐费，然后上菜。为第一位顾客上菜之后，这名服务生就可以为下一位等待中的顾客服务。这种运作方式是一个单队列等候线。每位进入伯格·度姆快餐店的顾客都必须通过这一渠道进行点餐、付款，然后取食品。当到达顾客人数很多，以至于工作人员不能及时提供服务时，顾客就会形成一条等候队伍，等待这个点餐和上菜的工作台为其提供服务。

假设伯格·度姆快餐店顾客到达规律可以用泊松概率分布来进行描述。泊松概率函数可以计算出在某个时间段内，有 x 位顾客到达的概率。该概率函数如下：

$$P(x)=\frac{\lambda^x e^{-\lambda}}{x!}\quad (x=0,1,2,\cdots)$$

式中 x 为在此时间段内到达的人数，λ 为每个时间段内到达的平均人数，称为到达率，e=2.718。

假设伯格·度姆快餐店已经对相关的顾客到达数据进行了分析，并得知平均每小时到达的顾客数为 45 人。也就是说，平均 1 分钟内到达人数为 $\lambda=45/60=0.75$(位/分钟)。因此，我们可以利用下面的泊松概率函数计算 1 分钟内有 x 位顾客到达的概率：

$$P(x)=\frac{\lambda^x e^{-\lambda}}{x!}=\frac{0.75^x e^{-0.75}}{x!}$$

从而可得该快餐店的顾客人数的概率分布如表 9-1 所示。

表 9-1　1 分钟内到达快餐店的顾客人数的概率分布

到达顾客数/人	概　率
0	0.4724
1	0.3543
2	0.1329
3	0.0332
4	0.0062
≫5	0.001

对于伯格·度姆快餐店而言，服务时间是从顾客开始向服务生点餐开始，并持续到顾客拿到所点食品为止。假设该快餐店的服务时间用指数概率分布来表示，那么可以利用指数

概率分布来计算服务时间小于或等于时间长度 t 时的概率如下：

$$P(\text{服务时间} \leqslant t) = 1 - e^{-\mu t}$$

式中 μ 为每个时间段内可接受服务个体的均值，称为服务率。

假设伯格·度姆快餐店已经研究了接受点餐和上菜的过程，并发现每个服务生平均每小时能为 60 位顾客提供点餐服务。在此基础上，可以得出平均服务率为 $\mu=60/60=1$(位顾客/分钟)。

最后假设伯格·度姆快餐店以先到先服务的原则来安排等候服务的顾客。

【案例分析】

为了确定伯格·度姆快餐店单队列等候线的稳态运行参数，我们将引入一些相关公式。我们将解释如何应用这些公式来确定伯格·度姆快餐店的运行参数，并据此为管理层提供有益的决策信息。

(1) 系统中没有任何个体的概率：

$$P_0 = 1 - \frac{\lambda}{\mu}$$

(2) 队伍中个体的平均数：

$$L_q = \frac{\lambda^2}{\mu(\mu - \lambda)}$$

(3) 系统中个体的平均数：

$$L = L_q + \frac{\lambda}{\mu}$$

(4) 个体在队伍中所花费的平均时间：

$$W_q = \frac{L_q}{\lambda}$$

(5) 个体在系统中所花费的平均时间：

$$W = W_q + \frac{1}{\mu}$$

(6) 刚到达的个体必须等待的概率：

$$P_W = \frac{\lambda}{\mu}$$

(7) 系统中同时有 n 个个体的概率：

$$P_n = \left(\frac{\lambda}{\mu}\right)^n P_0$$

很明显，到达率 λ 和服务率 μ 的值是运行参数的重要因素。从上述公式不难看出，到达率和服务率的比值 λ/μ 表示个体由于服务设施处于使用状态而不得不等候的概率。因此，通常将 λ/μ 看做服务设施的利用系数。

只有当服务率大于到达率时，上述公式所求的运行参数才适用。如果不存在上述情况，则队伍将无限增长，因为服务设施没有足够的能力接待新到达的个体。因此，必须要求 $\mu>\lambda$，我们才能利用上述公式来计算。

【案例求解】

根据上面的案例描述，我们可知伯格·度姆快餐店的到达率为 0.75，服务率为 1。因此，可以利用上述公式来计算伯格·度姆快餐店的单队列等候线运行参数：

$$P_0 = 1 - \frac{\lambda}{\mu} = 1 - \frac{0.75}{1} = 0.25$$

$$L_q = \frac{\lambda^2}{\mu(\mu-\lambda)} = \frac{0.75^2}{1\times(1-0.75)} = 2.25$$

$$L = L_q + \frac{\lambda}{\mu} = 2.25 + \frac{0.75}{1} = 3$$

$$W_q = \frac{L_q}{\lambda} = \frac{2.25}{0.75} = 3$$

$$W = W_q + \frac{1}{\mu} = 3 + 1 = 4$$

$$P_W = \frac{\lambda}{\mu} = \frac{0.75}{1} = 0.75$$

以及确定系统中任何数目顾客的概率。表 9-2 给出了这些信息。

表 9-2 伯格·度姆快餐店的等候线系统中有 *n* 位顾客的概率

顾客人数/人	概　率
0	0.25
1	0.1875
2	0.1406
3	0.1055
4	0.0791
5	0.0593
6	0.0445
≫7	0.1335

伯格·度姆快餐店的单队列等候线的计算结果给出了一些关于等候线运作的重要信息。特别值得注意的是，顾客在点餐前的平均等待时间是 3 分钟，这对以快速服务为宗旨的快餐行业来说多少有点长。此外，我们还注意到，等待中的顾客平均人数为 2.25 位，且顾客不得不等待的概率为 75%，这也要求我们必须采取措施来改善等候线的运作。通过表 9-2 我们知道，在伯格·度姆快餐店的系统中，同时有 7 位或 7 位以上顾客等待的概率为 0.1335。这一数字表明，如果伯格·度姆快餐店继续使用单队列等候线运作方式，则很可能会出现较长的等待队伍。

考察了等候线模型所提供的运行参数之后，伯格·度姆快餐店的管理者认为有必要改善等候线的运作从而减少顾客的等候时间。为了改善等候线的运作，分析家常常侧重于采用提高服务率的方法。一般来讲，要提高服务率，需要做出下面一两种改变。

- 通过创造性的设计变更或利用新技术来提高服务率。
- 增加服务渠道，这样能够使更多的顾客得到即时服务。

假设在考虑前一种方案时，伯格·度姆快餐店的管理者决定雇佣一名上菜员来帮助收银台旁的点餐员。从点餐员点餐开始，顾客开始接受服务。点餐后，点餐员通过一个内部通信系统报出菜名，然后由上菜员开始上菜。点餐完毕后，点餐员处理付款事宜，上菜员继续上菜。按照这一设计，伯格·度姆快餐店的管理者预测，服务率可以从现在的每小时 60 位顾客上升到每小时 75 位顾客。也就是说，改变后的系统的服务率为 $\mu=75/60=1.25$(位顾客/分钟)。在 $\lambda=0.75$ 位顾客/分钟且 $\mu=1.25$ 位顾客/分钟的情况下，我们可以利用上述计算公式重新计算伯格·度姆快餐店的等候线的新的运行参数。计算得到的运行参数如表 9-3 所示。

表 9-3 平均服务率上升到 1.25 位顾客/分钟时伯格·度姆快餐店系统的运行参数

运行参数	数值
系统中没有顾客的概率	0.4
等候线中顾客的平均人数/人	0.9
系统中顾客的平均人数/人	1.5
一位顾客在等候线中花费的平均时间/分钟	1.2
一位顾客在系统中花费的平均时间/分钟	2
一位到达的顾客必须等候的概率	0.6
系统中有 7 位以上(含 7 位)顾客的概率	0.028

从表 9-3 中我们可以看出，服务率的提高改善了所有的运行参数。特别地，顾客排队等候所花费的平均时间从 3 分钟下降到 1.2 分钟，顾客在系统中所花费的平均时间从 4 分钟减少到 2 分钟。

9.2 高速公路收费亭设计问题

【案例描述】

随着国家对高速公路建设投资力度的加大，各省、市经过几年的建设后，均逐步建成了各省内的高速公路，大量的车辆行驶在高速公路上。为了保证车辆在高速公路出入口畅通无阻，高速公路收费站的服务台与工作人员配备成为一个重要的衡量指标。如果工作人员及设备配置过多，则会造成工作效率低下，浪费资源；工作人员及设备配置不足，则会导致车辆滞留在收费站，出现排队等待现象，无法提供迅捷高效的服务。因此运用排队论对收费站服务台设计与工作人员的配备进行定量分析，对避免盲目确定服务台的个数，提高高速公路收费站的服务和管理水平，降低运营成本等有着重要的作用。

根据成渝高速公路收费站单向通道的相关资料可知，车辆的平均到达率 $\lambda=80$ 辆/h；假设工作人员的平均服务率 $\mu=18$ 辆/s，并且服从负指数分布，问：单向通道至少需要多少个通道？并对不同的系统进行分析。

【案例分析及求解】

首先把此系统设为单通道 $M/M/1$ 系统。设汽车平均到达率为 λ，收费站服务台的平均服务率为 μ，则服务强度 ρ 为

$$\rho=\lambda/c\mu$$

当 $\rho<1$ 时，系统中的队列不会排成无限的队列，此时系统稳定；当 $\rho\geqslant1$ 时，系统处于瘫痪状态，排队长度会越变越长。

因为案例中的

$$\lambda=80 \text{ 辆/h}$$
$$\mu=450 \text{ 辆/h}$$
$$\rho=\lambda/c\mu=0.18<1$$

所以系统稳定。

对于高速公路收费站多采用的是多路排队方式，则到达系统中的车辆可视哪个服务台前的排队车辆最少，就往该队列后排队等待，并且服务前还可以换到排队少的服务台前。

所以系统中没有车辆的概率 p_0 为

$$p_0=\left[\sum_{n=0}^{c-1}\frac{1}{n!}\left(\frac{\lambda}{\mu}\right)^n+\frac{1}{C!}\left(\frac{\lambda}{\mu}\right)^C\left(\frac{1}{1-\rho}\right)\right]^{-1}$$

系统中有 n 辆车的概率 p_n 为

$$p_n=\begin{cases}\dfrac{1}{n!}\left(\dfrac{\lambda}{\mu}\right)^n p_0, & 1\leqslant n\leqslant C\\ \dfrac{1}{C!C^{C-1}}\left(\dfrac{\lambda}{\mu}\right)^n p_0, & n\geqslant C\end{cases}$$

系统中的平均车辆数(即平均队长)L_s 为

$$L_s=\frac{(C\rho)^C\rho}{C!(1-\rho)^2}p_0+\frac{\lambda}{\mu}$$

系统中等待的车辆数(即平均队列长) L_q 为

$$L_q=L_s-\frac{\lambda}{\mu}$$

根据以上公式,对于案例中的系统有

$$P_0=1-\rho=0.82$$
$$Ls=\lambda/(\lambda-\mu)=0.22(\text{辆})$$
$$Lq=\rho\lambda/(\mu-\lambda)=1.22(\text{辆})$$
$$Ws=1/(\mu-\lambda)=97.2(\text{s/辆})$$
$$Wq=\rho/(\mu-\lambda)=1.75(\text{s/辆})$$

其次把系统设为 $M/M/2$ 系统,根据上述公式,各参数分别为

$$P_0=0.837$$
$$L_S=0.194(\text{辆})$$
$$L_q=0.016(\text{辆})$$
$$Ws=7.2(\text{s/辆})$$
$$Wq=0.72(\text{s/辆})$$

对这两种模型进行比较发现，$M/M/1$ 系统的交通强度 $\rho<1$，这说明该收费站设置已经在很大程度上超过了交通流量的需求，根据调查的资料可知，在 $M/M/1$ 系统中车辆的队列不会越变越长，所以对于目前的成渝高速公路，设置一个单向通道收费亭即可以满足要求;但是在计算的过程中，$M/M/2$ 系统也能满足交通强度 $\rho<1$ 的条件，对两个系统进行比较可知，$M/M/2$ 系统中车辆的等待时间远远比 $M/M/1$ 系统的等待时间短，所以说，如果在节假日和高速公路上的车辆较多的情况下，可以考虑增加到两个收费亭。因此,在没有其他条件限制的情况下，成渝高速公路的单向通道收费亭适宜选择 $M/M/1$ 系统。

9.3 银行服务系统的分析

【案例描述】

RX 支行客户排队系统的客户源可以认为是无限的，客户到达银行后，在排队叫号机上选择业务类别，按先后顺序单列排队等候，排队规则为先到先服务，队长无限制；客户到达时间和间隔时间相互独立，客户到达数服从泊松分布，各服务柜台相互独立工作，各服务台的服务率基本相同，服务时间服从负指数分布，则该行客户排队问题服从于多服务台单队系统的 $M/M/C$ 随机排队模型。

设客户能够接受的最长逗留时间 T_q 是指客户自到达 RX 支行营业厅开始，包括等待以及接受服务到离开营业厅所能承受的最长时间，T_q 是排队系统服务效率的重要参考指标。如果客户在营业厅花费的时间超过 T_q，客户就会认为该行的服务时间过长，服务效率较低，从而产生焦躁与不满情绪。通过对 RX 支行营业厅随机到达办理业务的 40 位客户进行现场调查，可以获得 T_q，具体数据见表 9-4。

表 9-4　T_q 统计数据

	T_q			
	5 分钟	10 分钟	15 分钟	15 分钟以上
客户数/人	6	29	3	0
客户比例/%	15	72.5	7.5	0

获取 RX 支行客户平均到达率 λ 的方法是根据该行营业厅每天实际发生的业务量来确定，同一客户办理多笔业务，可以视同多个客户同时到达。总共调取了 RX 支行连续 10 天的客户数据（以每 15 分钟为单位），并整理成客户到达数的分布表如表 9-5 所示。

表 9-5　客户到达分布

客户到达数/人	频　数
0	2
1	2
2	4
3	5
4	11
5	19
6	26
7	58
8	81
9	66
10 以上	46
合计	320

【案例分析及求解】

通过客户到达数的分布表，可以计算 RX 支行营业厅的客户平均到达率：

$$\lambda = \frac{\sum nf}{\sum f} = \frac{2428}{320} = 7.59(\text{人}/15\text{分钟})$$

即该营业厅的客户平均到达率 $\lambda=0.506$（人/分钟）。

由于在实际工作中，客户存取款、转账汇款、缴费、理财、开销户等业务是随机发生的，客户办理业务的种类不同，服务时间必然有所差别。同时，每位柜员的业务技能素质也不尽相同，故在现场调查中随机抽取了四名柜员办理的 240 笔各类业务进行统计分析。经统计测算，240 笔业务的总服务时间为 1229.5 分钟，平均服务时间为 5.123（分钟/人），则客户平均服务率 μ 为 0.1952（人/分钟）。经统计检验，RX 支行的客户到达规律服从参数为 0.506 的泊松分布，服务时间服从参数为 0.1952 的负指数分布。

一般情况下，RX 支行的服务柜台数为三个，则服务强度 ρ 为 0.864。由此，RX 支行的客户排队模型如图 9-1 所示。

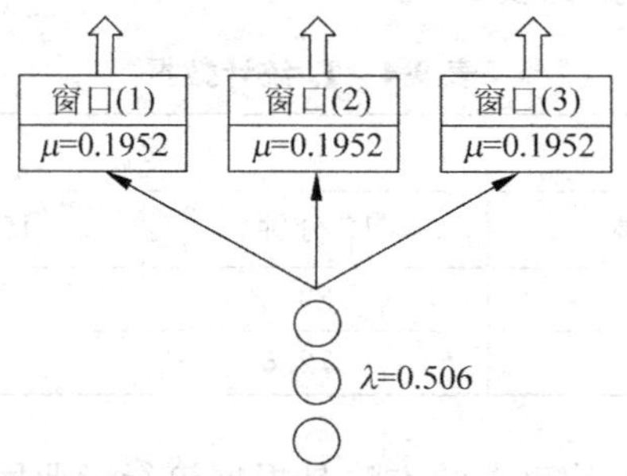

图 9-1 RX 支行客户排队模型

在 RX 支行的客户排队模型中，服务柜台数为三个，通过“多服务台 $W_q\cdot\mu$ 数值表”与线性插值法，即可求得

$$W_q\cdot\mu = 1.0787 + \frac{(0.864-0.8)\times(2.7235-1.0787)}{0.9-0.8} = 2.13$$

因 μ 为 0.1952，所以可以计算求得 W_q 为 10.9 分钟，客户在营业厅平均逗留时间 W_s 为 16.02 分钟，已经远远超过 10 分钟，这意味着大多数客户会产生不满。可以想象，在业务高峰时段，客户的等待时间会更长。

另外，ρ 为 0.864，说明 RX 支行的服务柜台比较繁忙。此时，该支行客户排队系统的负荷较大，客户排队时间较长，系统的业务处理效率较低，亟待进行改进。

9.4 大型超市收银排班及流程优化

【案例描述】

人人乐连锁商业集团股份有限公司前身为深圳市人人乐连锁商业有限公司，成立于 1996 年 4 月。公司主营业务为大卖场、综合超市和百货的连锁经营。截至 2011 年 12 月 31 日，人人乐已在全国开设门店 122 家，网点遍布广东、陕西、四川、天津、重庆、广西、福建、湖南等省区的数十个大中城市，总营业面积超过 150 万平方米，并初步完成了华南、西北、西南、华北四个营运大区的全国发展战略布局。2010年销售收入超过100亿元，位居中国连锁百强企业第39位和中国快速消费品连锁百强企业第17位。人人乐超市学府店位于深圳市南山区学府路的黄金地段，介于南海大道和南山大道两条交通干道之间，公车、自驾车、商场免费巴士都能为顾客提供便利的交通环境。附近有各种完善的生活设施，如西部百货、中国移动营业厅、麦当劳、肯德基、交通银行网点等，形成了一个生活便利区，每天晚上和周末都有大量顾客到超市购物，客流量大且相对稳定。

超市采用两层布局，目前共有30个收银台，8个通道(其中配置4个收银台的通道有6个，配置3个收银台的通道有2个)，同一通道的收银台依次对着不同方向的顾客相间排列。现场调查发现有些收银台存在故障，有些已被废置。由于地段紧俏，空间紧张，收银台排列紧密，容易造成顾客排队拥挤，产生焦躁情绪。待扫描商品存放处和已扫描商品存放处的面积约为0.4m×0.5m，面积过小，造成下一位顾客不能在收银之前就把商品放在收银台上。超市目前的收银流程如图9-2所示，其中有会员卡和需要购物袋的顾客数均超过一半。

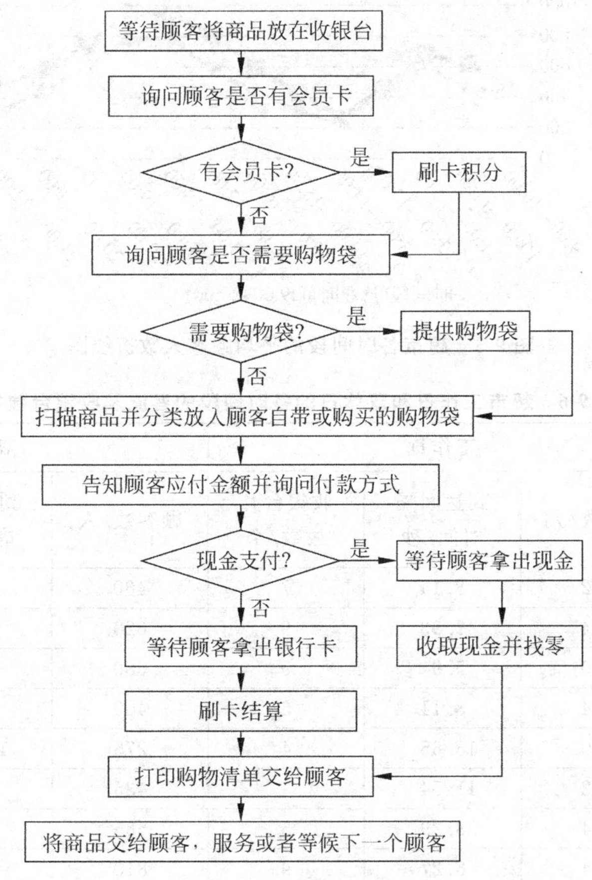

图9-2 超市收银流程

【数据获取】

为获取案例有关数据，连续进行了为期7天(包括5天工作日和2天双休日)的实地调查，主要调查数据包括：①调研超市每个时间段(营业时间9:00—22:00，共13段，时间间隔为1小时)的顾客人数，平均客流量分布如图9-3所示，可以看出，顾客到达具有明显的波动性，一天存在两个高峰期（上午 11:00—12:00，主要是购买午餐/快餐需求；下午 17:00—19:00，主要是购买食物准备晚餐），而且周末比平时客流量大。②调研收银服务过程，包括开放的收银台数目、顾客购买商品数目、结算方式、服务时间等。采用 Arena Input Analyzer 对收集的数据进行仿真输入分析，顾客到达情况如表 9-6 所示，尽管到达过程服从泊松分布，但受需求波动影响，各时段到达间隔时间均值具有明显差异，因此单一的指数分布到达间隔时间无法真实描述超市的实际顾客需求，分段统计与分析将更加合理；用现金和银行卡结算的服务时间分别服从 10＋125×BETA（1.19，1.98）和 35＋105×BETA（0.777，1.42）的 BETA 分布（时间单位：秒），其中使用银行卡进行结算的比例约为 16.8%。

鉴于工作日和双休日的处理方法类似，下面仅以工作日为例，说明系统仿真在该超市收银排班和流程优化上的应用情况。

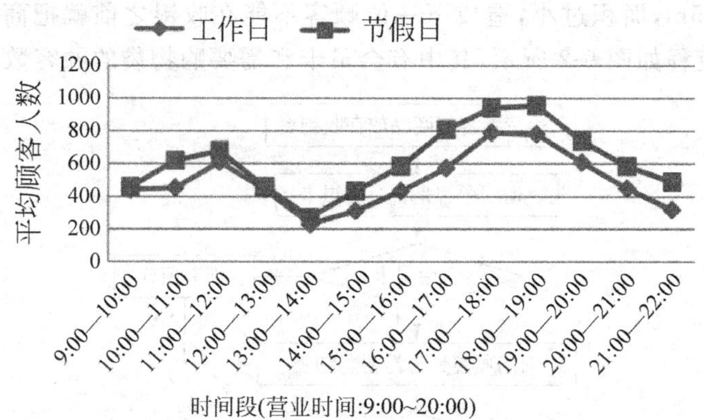

图 9-3 超市各时间段的平均顾客人数折线图

表 9-6 超市工作日和双休日的各时间段的客流及收银台数据

时间段	工作日			双休日		
	顾客数/人	到达间隔时间/秒	收银台开放数/个	顾客数/人	到达间隔时间/秒	收银台开放数/个
9:00—10:00	442	8.14	7	460	7.83	8
10:00—11:00	454	7.93	9	620	5.81	11
11:00—12:00	610	5.9	9	680	5.29	12
12:00—13:00	444	8.11	6	460	7.83	7
13:00—14:00	230	15.65	4	275	13.09	5
14:00—15:00	312	11.54	3	435	8.28	5
15:00—16:00	434	8.29	5	585	6.15	7
16:00—17:00	574	6.27	9	810	4.44	11
17:00—18:00	790	4.56	10	940	3.83	13
18:00—19:00	780	4.62	12	955	3.77	14
19:00—20:00	608	5.92	10	740	4.86	10
20:00—21:00	450	8	10	585	6.15	10
21:00—22:00	320	11.25	6	490	7.35	8

【案例分析】

我们采用 Rockwell 公司开发的通用仿真平台 Arena 构建仿真模型,模拟超市的收银过程,并分段统计系统绩效(主要为顾客平均等待时间、超过最大等待时间的顾客数等)。仿真流程如图 9-4 所示,其中的仿真实体即代表实际系统中的顾客。图 9-5 所示为 Arena 实现的仿真逻辑,图 9-6 所示为 Arena 中不同时段数据的修改逻辑。

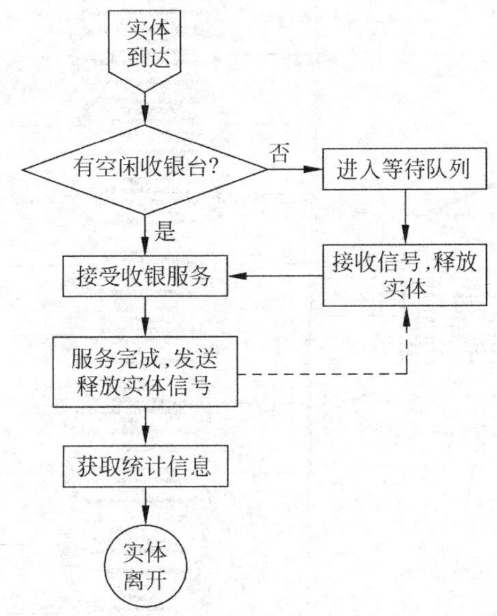

图 9-4 系统仿真流程

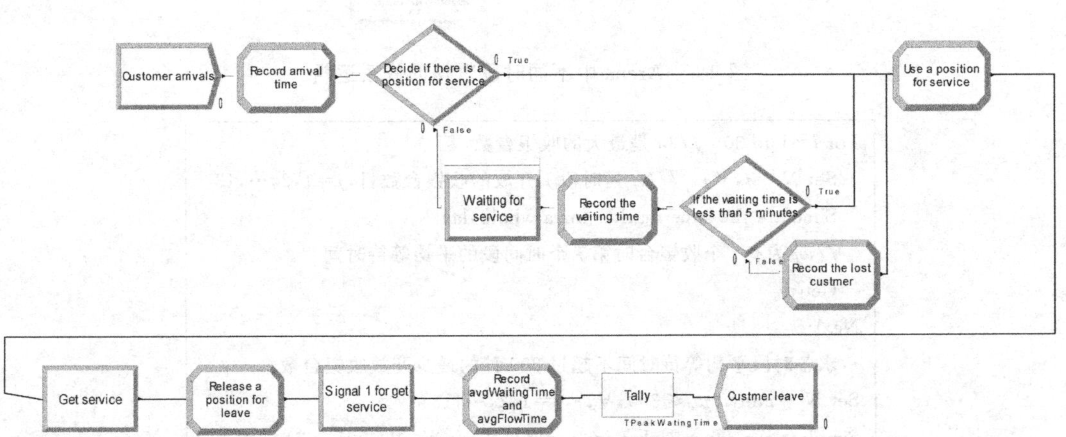

图 9-5 Arena 中实现的仿真逻辑

【案例求解】

1. 排队的优化

将仿真输入分析获得的顾客到达信息和收银服务信息导入模拟当前收银流程的仿真模型,通过仿真实验运行得到如表 9-7 所示的结果(一次仿真运行包含 200 次独立重复的仿真实验,在 95%置信度下得到置信区间半长约为均值的 1%,说明仿真实验结果具有较高的精

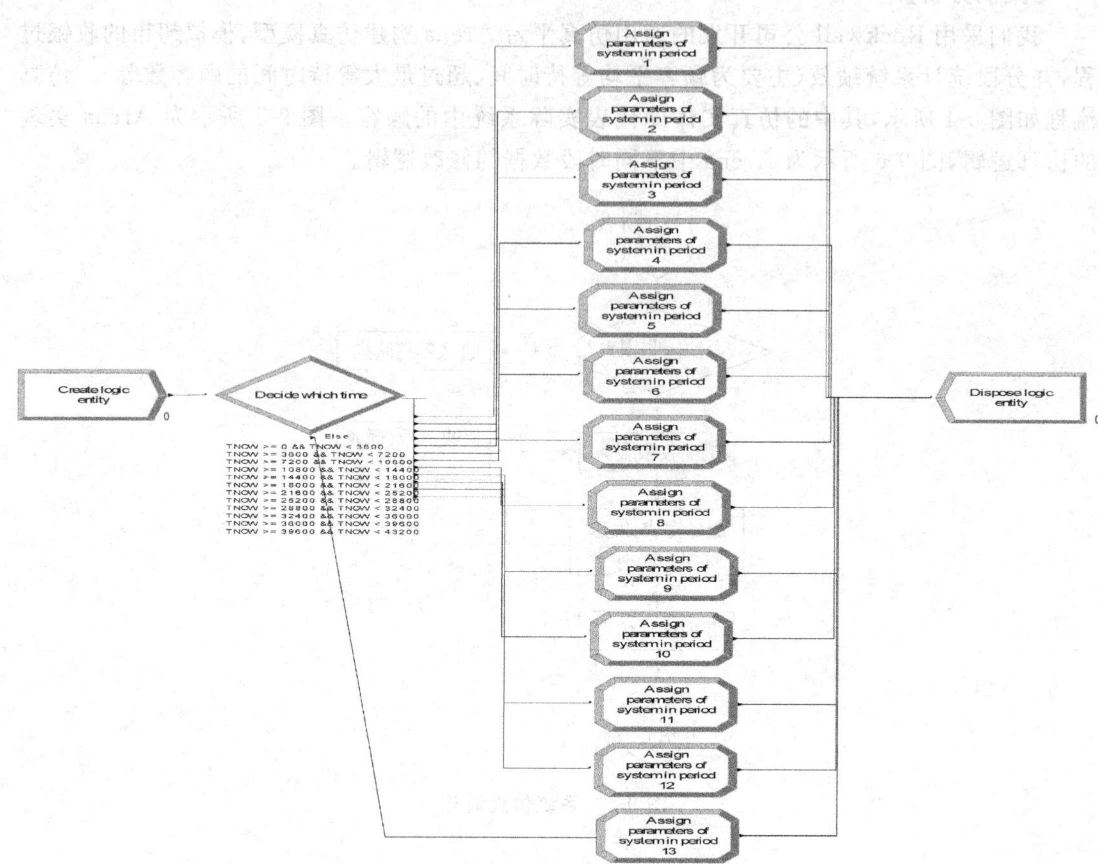

图 9-6　Arena 中不同时段数据的修改逻辑

For $i=1$ to 30　//30 是最大的收银台数

　Set $N_j=i, \forall j$　//N_j 是时段 j 开放的收银台数目，$j=1,2,\cdots,13$

　Simulate the supermarket for a whole day

　//w_{ij} 为有 i 个收银台时第 j 个时间段的平均等待时间

　Get w_{ij}

Next i

//求各时段平均等待时间不超过 300 秒的最少开放收银台数

Set $N_j'=\min\{i \mid w_{ij}\leqslant 300, \forall i\}, j=1,2,\cdots,13$

Simulate the supermarket for a whole day with N_j' in the jth hour

Update$\{N_j'\}$to$\{N_j^*\}$so that $w_j\leqslant 300, j=1,2,\cdots,13$

Output$\{N_j^*\}$

图 9-7　排班优化的启发式规则

度）。超市提出不管哪个时段，都希望顾客平均等待时间能够控制在 5 分钟左右。排班优化前的仿真实验结果与实际调查结果比较吻合（高峰期平均等待时间高达 20 分钟以上，由于仿真系统要在顾客接受完服务之后才统计等待时间，所以平均等待时间的高峰期滞后于顾客人数高峰期)，由此可以验证仿真模型的合理性。根据超市要求(平均等待时间为 5 分钟)，本文设计了如图 9-7 所示的一种启发式规则对收银排班进行优化，优化结果见表 9-7，可以看出，尽管最大开放收银台数目有所增加(由 12 增加到 13)，但新的排班平稳了服务绩效，减少了顾客等待时间，达到了很好的效果。

表 9-7 排班优化结果

时间段	优化前排班			优化后排班		
	收银台数目/个	平均等待时间/秒	等待超过 5 分钟的人数/人	收银台数目/个	平均等待时间/秒	等待超过 5 分钟的人数/人
9:00—10:00	7	99.49	22.28	6	291.41	165.48
10:00—11:00	9	49.00	13.48	9	261.39	208.43
11:00—12:00	9	154.99	81.73	8	288.75	223.23
12:00—13:00	6	225.82	141.17	10	255.87	214.36
13:00—14:00	4	192.43	69.67	4	65.21	4.16
14:00—15:00	3	521.37	153.81	5	124.80	27.65
15:00—16:00	5	1290.22	302.59	7	162.96	70.7
16:00—17:00	9	1492.69	547.04	9	239.67	169.01
17:00—18:00	10	1580.10	606.64	13	248.89	273.66
18:00—19:00	12	2037.36	728.19	13	241.97	255.83
19:00—20:00	10	2225.15	729.93	8	238.72	191.47
20:00—21:00	10	1474.93	681.64	9	276.63	225.29
21:00—22:00	6	180.72	81.97	5	103.38	16.52

2. 收银流程的优化

从仿真实验结果可知，超市最大的收银台开放数目为 16 个(出现在双休日)，考虑到服务水平的波动和收款机运行的不确定性，增加 4 个收银台作为备用，还可将原来的 30 个收银台减少为 20 个，原来的 8 个通道减少为 6 个，增加的空间则可拓宽收银通道，使下一位顾客可以在等待的时候就将商品放在收银台上，从而减少“等待顾客将商品放在收银台”的时间。

此外，可借鉴宜家家居的经验，将购物袋作为商品放置于超市中让顾客自由选择，由此节省收银员询问顾客是否需要购物袋及提供购物袋和放置商品的时间。对于顾客购买的蔬菜、水果、肉类等多数物品，由于本身就需要打价，可在打价时统一生成一张总价签，将盛装所有商品的袋子封口，贴上总价签，这样结账的时候收银员就不必扫描每个商品的价签，只需扫描一张总价签即可，从而节省扫描商品和分类放置商品的时间。优化后的收银流程如图 9-8 所示。

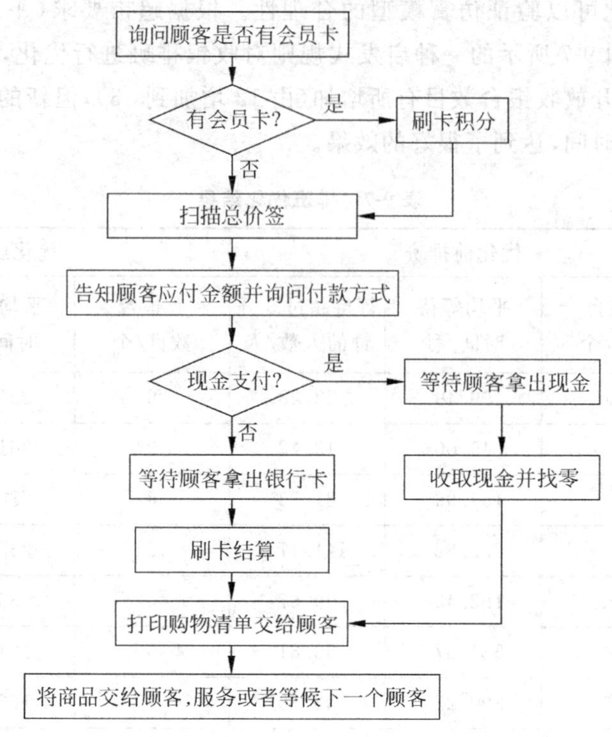

图 9-8 优化后的收银流程

习题

1. 某停车场有 10 个停车位置，车辆按泊松流到达，平均 10 辆/h。每辆车在该停车场存放时间为 $1/\mu=10\text{min}$ 的负指数分布。试求：①停车场平均空闲的车位；②一辆车到达时找不到空闲车位的概率；③若该停车场每天营业 10h，则每天平均有多少台汽车因找不到空闲车位而离去？

2. 某街道口有一电话亭，在步行距离为 4min 的拐弯处有另一电话亭。已知每次电话的平均通话时间为 $1/\mu=3\text{min}$ 的负指数分布，又已知到达这两个电话亭的顾客均为 $\lambda=$ 10 个/h 的泊松分布。假如有位顾客去其中一个电话亭打电话，到达时正有人通话，并且还有一个人在等待，问该顾客应在原地等待，还是转去另一电话亭打电话？

3. 假定一个排队系统中有两个服务员，到达该系统的顾客数服从泊松分布，平均 1 人/h；又每个服务员对顾客的服务时间服从负指数分布，平均 1 人/h。在有一位顾客于中午 12 点到达该排队系统的情况下，试求：①下一位顾客在下午一点前、一点到两点之间、两点以后到达的概率为多大？②假定下午一点前没有别的顾客到达，则下一位顾客于一点到两点间到达的概率为多大？③在一点到两点间顾客到达数分别为 0 位、1 位和不少于2 位的概率？④假定两个服务员于下午一点都正在为顾客服务，则两位被服务的顾客于下午 2:00 前、1:10 前、1:01 前都没有被服务完的概率分别为多大？

4. 某工厂有大量同一型号的车床，当该种车床损坏后或送机修车间或由机修车间派人来修理。已知该种车床损坏率是服从泊松分布的随机变量，平均每天 2 台。又知机修车间对每台损坏车床的修理时间为服从负指数分布的随机变量，平均每台的修理时间为 $1/\mu d$。但 μ 是一个与机修人员编制及维修设备配备好坏(即与机修车间每年开支费用 K)有关的函数。已知

$$\mu(K)=0.1+0.001K(K\geqslant 1900\text{元})$$

又已知机器损坏后，每台的生产损失为 400 元/d，试决定使该厂生产最经济的 K 及 μ 的值。

5. 某飞机维修中心专门负责波音 747 大型客机的定期全面维修。为了使飞机尽快投入运行，原先的方案是每次只检修 4 台发动机中的 1 台，这种情况下来检修的飞机平均每天到达一架，服从泊松分布，而每台发动机实际需检修时间(不计可能的等待时间)为 0.5d，服从负指数分布。后来有人提出新的维修方案，即对来维修的飞机依次对 4 台发动机均检修一遍(检修组同一时间内只能对一台发动机进行检修)，因此前来检修的飞机将减少到平均每天 1/4 架，仍为泊松分布。试比较在上述两种检修方案下，哪种方案使飞机因发动机检修耽误的时间更少一些。

6. 某货场计划安装起重设备专为来运货的汽车装货。有三种起重设备可供选择，如表 9-8 所示。

表 9-8 三种起重设备信息

起重机械	每天固定费用/元	每小时操作费/元	平均每小时装载能力/t
甲	60	10	100
乙	130	15	200
丙	250	20	600

设来运货的汽车按泊松分布到达，平均到达 150 辆/d，每辆车载重量 5t，由于货物在包装、品种上存在差别，每辆汽车实际装载时间服从负指数分布，已知该货场工作 10h/d，又每辆汽车停留的经济损失为 10 元/h。试问该货场应安装哪一种起重机械最合算？

第10章

决策分析

决策分析，一般指从若干可能的方案中通过决策分析技术，如期望值法或决策树法等，选择其一的决策过程的定量分析方法。

决策分析一般分四个步骤：①形成决策问题，包括提出方案和确定目标；②判断自然状态及其概率；③拟订多个可行方案；④评价方案并做出选择。常用的决策分析技术有：确定型情况下的决策分析、风险型情况下的决策分析、不确定型情况下的决策分析。

(1) 确定型情况下的决策分析。确定型决策问题的主要特征有四方面：一是只有一个状态，二是有决策者希望达到的一个明确的目标，三是存在着可供决策者选择的两个或两个以上的方案，四是不同方案在该状态下的收益值是清楚的。确定型决策分析技术包括用微分法求极大值和用数学规划等。

(2) 风险型情况下的决策分析。这类决策问题与确定型决策只在第一点特征上有所区别：风险型情况下，未来可能状态不只一种，究竟出现哪种状态，不能事先肯定，只知道各种状态出现的可能性大小(如概率、频率、比例或权等)。常用的风险型决策分析技术有期望值法和决策树法。期望值法是根据各可行方案在各自然状态下收益值的概率平均值大小，决定各方案的取舍。决策树法有利于决策人员使决策问题形象化，可把各种可以更换的方案、可能出现的状态、可能性大小及产生的后果等，简单地绘制在一张图上，以便计算、研究与分析，同时还可以随时补充和修正。

(3) 不确定型情况下的决策分析。如果不只有一个状态，各状态出现的可能性的大小又不确知，便称为不确定型决策。常用的决策分析方法有：①乐观准则。比较乐观的决策者愿意争取一切机会获得最好结果。决策步骤是从每个方案中选一个最大收益值，再从这些最大收益值中选一个最大值，该最大值对应的方案便是入选方案。②悲观准则。比较悲观的决策者总是小心谨慎，从最坏结果着想。决策步骤是先从各方案中选一个最小收益值，再从这些最小收益值中选出一个最大收益值，其对应方案便是最优方案。这是在各种最不利的情况下从中找出一个最有利的方案。③等可能性准则。决策者对于状态信息毫无所知，所以对它们一视同仁即认为它们出现的可能性大小相等。于是这样就可按风险型情况下的方法进行决策。

10.1 保险公司风险决策问题

【案例描述】

John Campbell是曼哈顿建筑公司的一名员工，他声称自己在修葺Eastview公寓园的屋顶时摔倒导致了背部受伤。为此，他起诉Eastview公寓的所有者Doug Reynolds，索求150万美元的受伤赔偿。John Campbell声称屋顶有好几处已经严重腐朽，而如果Reynolds先生将此情况告诉曼哈顿建筑公司的话，他就知道要小心谨慎以防跌倒。Reynolds先生已经就此诉讼案通知了他的保险公司，Allied保险公司。Allied保险公司必须为Reynolds的公司辩护，并确定公司应该就此诉讼采取的措施。

就此问题，双方进行了一系列的协商。John Campbell提出接受75万美元的索赔以解决争议。因此，Allied保险公司的一种选择是支付75万美元给John Campbell以解决此案。为避免庭审的麻烦和费用，Allied保险公司也正在考虑给John Campbell一个40万美元的反报价，并希望John Campbell接受这一报价。但是Allied保险公司初期的调查显示John Campbell赢得官司的可能性比较大。Allied保险公司担心John Campbell会拒绝这一反报价，并要求陪审团审判。Allied保险公司的律师已花了一些时间来研究John Campbell对40万美元反报价的可能反应。

律师得出的结论是：John Campbell对40万美元反报价有可能做出三种反应：①John Campbell会接受这一反报价并结束这一案子；②John Campbell拒绝这一反报价并选择由陪审团决定赔偿额；③John Campbell再给Allied保险公司一个60万美元的反报价。如果John Campbell真的提出一个反报价，Allied保险公司决定他们不再会提出另外的反报价了。他们要么是接受John Campbell的60万美元的反报价，要么就交由法庭处理。

如果案子交由陪审团审判，Allied保险公司觉得有必要考虑三种可能性：①陪审团否决John Campbell的索赔要求，这样Allied保险公司就不用支付任何赔偿费了；②陪审团支持John Campbell的索赔要求，并判Allied保险公司给John Campbell以75万美元的赔偿费；③陪审团认为John Campbell的理由十分充分，并判Allied保险公司给John Campbell以他所要求的全额150万美元的赔偿费。

当Allied保险公司设计解决此案子的策略时，他们发现需要重点考虑的因素包括：与John Campbell对Allied保险公司提出的40万美元反报价的反应相关的概率，以及与三种审判后果相应的概率。Allied保险公司的律师推测，John Campbell接受40万美元反报价的概率为0.1，John Campbell拒绝40万美元反报价的概率为0.4，而他自己再提出60万美元反报价的概率为0.5. 如果案子交由法庭裁决，他们推算，陪审团判给John Campbell以150万美元赔偿费的概率是0.3，陪审团判给John Campbell以75万美元赔偿费的概率是0.5，而陪审团不判给John Campbell任何赔偿的概率是0.2。

问题：

(1) Allied保险公司是否应该接受John Campbell最初提出的75万美元赔偿费的要求？

(2) 如果Allied保险公司决定向John Campbell提出40万美元的反报价，Allied保险公司应该遵循的决策策略是什么？

【案例分析】

该问题属于风险情况下的决策，解决的方法有利用支付矩阵或决策树来完成。由于Allied保险公司要连续地进行多次决策，所以属于序贯决策。这种决策每选择一个策略后，可能有m种不同的事件发生。每种事件发生后，要进行下一步决策，又有n个决策可选择，并发生不同的事件，如此需要相继做出一系列决策。序贯决策如果用支付矩阵来进行分析，则容易使表格关系变得十分复杂，而决策树是一种能帮助决策者进行序贯决策分析的有效工具。

每个决策树由四个部分组成。

(1) 决策点，通常以□表示，决策者应当在决策点从若干策略中进行抉择。

(2) 事件点，通常以○表示。在每个策略确定之后，可能遇到发生不同的事件和状态。

(3) 树枝，每一树枝表示一个策略或事件。

(4) 树梢，决策树的树梢端表示各事件的结果。

根据上述案例的描述，我们可以把Allied保险公司的决策过程描述如下。

首先Allied保险公司面临两种选择：①支付75万美元给John Campbell以解决此案；②给John Campbell一个40万美元的反报价，并希望John Campbell接受这一报价。如果提出40万美元反报价，John Campbell可能会做出三种反应：①John Campbell会接受这一反报价并结束这一案子；②John Campbell拒绝这一反报价并选择由陪审团决定赔偿额；③John Campbell再给Allied保险公司一个60万美元的反报价。如果案子交由陪审团审判，Allied保险公司觉得又有三种可能性：①陪审团否决John Campbell的索赔要求，这样Allied保险公司就不用支付任何赔偿费；②陪审团支持John Campbell的索赔要求，并判Allied保险公司给John Campbell以75万美元的赔偿费；③陪审团认为John Campbell的理由十分充分，并判Allied保险公司给John Campbell以他所要求的全额150万美元的赔偿费。

【案例求解】

根据以上分析结果，我们利用Excel的Treeplan宏功能画出该问题的决策树。Treeplan宏是Excel的专门进行决策树分析的一个加载宏，可用来求解风险型决策问题。使用的方法比较简单，只需要下载Treeplan宏文件，双击treeplan.xla加载到Excel中，然后在Excel的“工具”菜单的“加载宏”对话框中就会出现Treeplan加载宏选项，如图10-1所示。

勾选Treeplan复选框，单击“确定”按钮后，在“工具”菜单下就会出现Decision Tree工具，见图10-2。

单击Decision Tree功能，弹出创建决策树的对话框，见图10-3。

单击New Tree按钮，在Excel中就创建出一个初始的决策树，见图10-4。

当你选择表格中的决策树的不同部分时可对决策树进行编辑，例如你选择F3单元格，再次单击Decision Tree功能，这时就出现如下的决策树编辑对话框，见图10-5。

此时你可以选择将此单元格改变为决策树的决策点或者事件点或者移除前面的树枝等。根据上述案例分析的结果，我们可以将Allied保险公司的决策过程画出如图10-6所示的决策树。

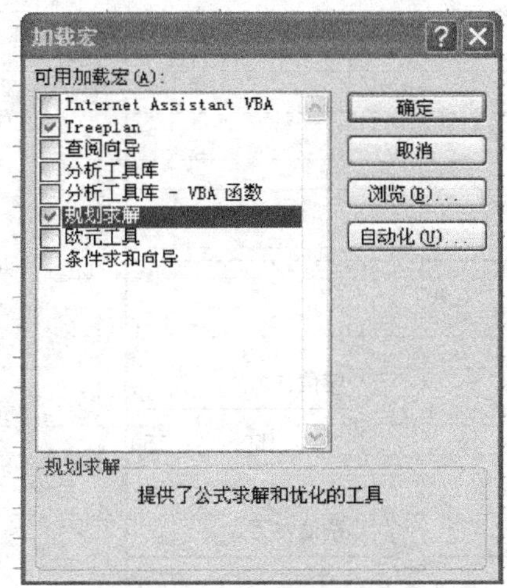

图 10-1　“加载宏”选项

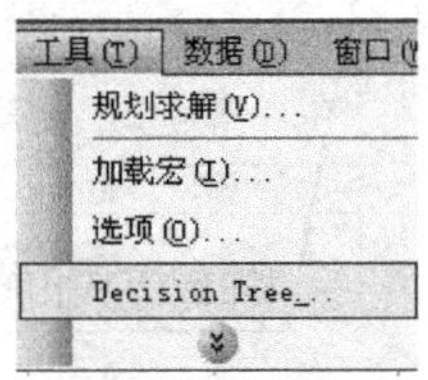

图 10-2　Decision Tree 工具菜单位置

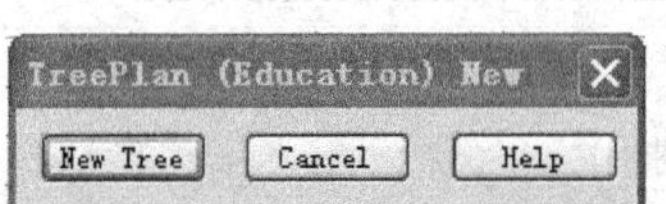

图 10-3　决策树创建对话框

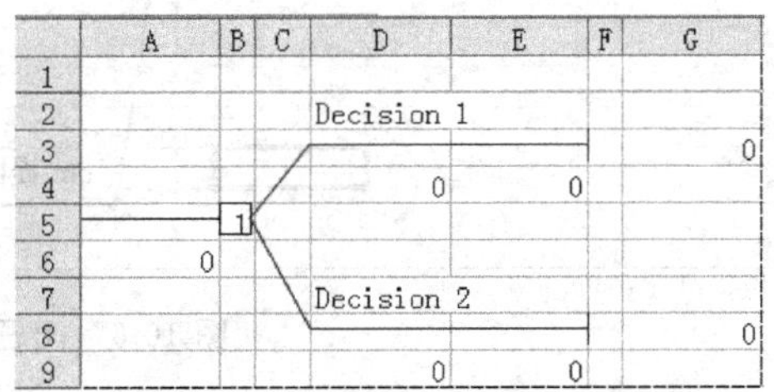

图 10-4　创建的初始决策树

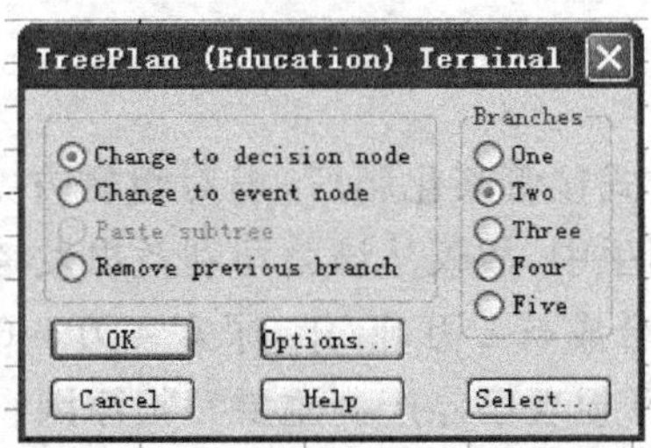

图 10-5　决策树编辑对话框

从图 10-6 可以看出，对问题(1)，Allied 保险公司是否应该接受 John Campbell 最初提出的 75 万美元赔偿费的要求？Allied 保险公司选择不应该接受，因为不接受下的损失相对接受下的损失更小(67 万美元)。

对于问题(2)，如果 Allied 保险公司决定向 John Campbell 提出 40 万美元的反报价，Allied 保险公司应该遵循的决策策略是什么？我们的解答是：

如果 John 接受 40 万美元新报价，则了结此案；如果 John 提出 60 万美元新报价，则接受 John 的新报价。如果 John 拒绝，则由陪审团审判。因为：

John 接受的期望损失是 40×0.1＝4 最小，其次是 John 提出新报价的期望损失 60×0.5＝30，最后是 John 拒绝的期望损失 82.5×0.4＝33。

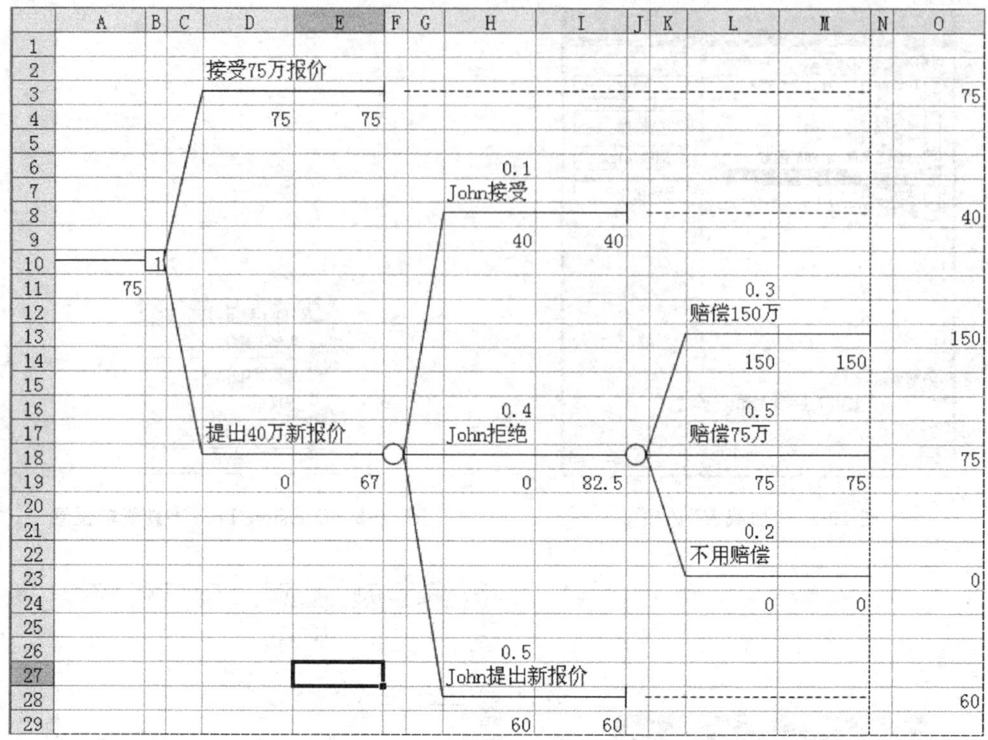

图 10-6 问题的决策树

10.2 东华化肥厂租赁方案决策分析

【案例描述】

东华化肥公司拟以租赁方式接管某化肥厂，现对租赁方案做出分析，以资决策参考(因是否接管主动权掌握在该公司手中，故仅从该公司利益出发考虑方案的可行性)。

(1) 该厂现状生产能力：合成氨 4 万吨/年，尿素 4 万～6 万吨/年，尿素完全成本 1750 元/吨，生产装置基本完好，因亏损现已停产。主要亏损原因：一是规模偏小，生产能力处于盈亏平衡点以下；二是技改投入严重不足，消耗大、成本高；三是管理不善，效率低下；四是银行债务负担过重。

(2) 租赁条件：租期内，该公司每年付租综合费 400 万元，此项费用可进入成本。该厂经营管理由我公司全权负责，按当地政府的优惠政策，经与债权人协商，银行债务可做挂账处理.

(3) 市场预测：1997 年下半年起，尿素市场需求下降，价格低迷。造成这种状况的主要原因有：粮食市场不景气，粮价低，卖粮难，农民种粮积极性受挫，农业投入减少；近年来化肥工业发展迅速，国内氮肥生产能力已基本能够满足农业需求，但由于利益驱动，多家竞相进口，导致大量进口氮肥涌入国内，对市场形成了较大的冲击。如此内外夹击，化肥生产企业陷于空前的困境。然而物极必反，一部分规模太小、管理混乱、产品质量低、经济效益差的企业被淘汰出局；同时，国家及时采取措施，明令停止了氮肥的进口，市场供大于求的状况得到缓解，恶性竞争有所减少。另外，粮食流通体制改革逐步施行并初见成效，也使农民的种粮积极性得到恢复。当然，最根本的一点是我国还处于经济发展的起步阶段，农业作为经济发展的基础仍将不断得到加强，在相当长的一个时期内，粮食问题仍将是我国的头等大事。因此，有理由相信农业投入将会不断加大，化肥需求将继续增长，化肥市场必将好转。从微观上来看，即使处于目前的不太景气的市场中，也有相当一部分具备一定的规模、技术先进、管理好、效率高的化肥生产企业取得了较好的经济效益，其中尿素生产能力达到10万～12万吨/年的企业，年利润可达3000万元。根据统计资料，尿素出厂价一般在1100～1400元波动，目前的平均价格约为1250元。假设市场好时出厂价为1400元，市场较好时出厂价为1200元，市场差时出厂价为1100元。

(4) 经营设想：东华公司租赁该厂后，只要投入一定的资金进行设备大修与技术改造，就能使生产能力达到合成氨5万～6万吨/年，相应尿素能力8万～10万吨/年，同时依靠本公司技术与管理上的优势，将使尿素的完全成本降至1100～1200元/吨，按目前的市场水平计，平均每年利润将达400万～1000万元。

(5) 具体方案(以10年租赁期计)。

方案一：投入2500万元，生产能力达到合成氨5万吨/年，相应尿素8万吨/年，每吨尿素工厂成本1080元，租赁费用400万元，合每吨尿素50元；贷款分5年还清本息(以3000万元计)，平均每年600万元，合每吨尿素75元，则尿素完全成本为1205元(前5年)/1130元(后5年)。

方案二：投入4000万元，生产能力达到合成氨6万吨/年，相应尿素10万吨/年，每吨尿素工厂成本降为950元.租赁费用400万元，合每吨尿素40元；贷款分5年还清本息(以4800万元计)，平均每年960万元，合每吨尿素96元，则尿素完全成本为1086元(前5年)/990元(后5年)。

方案三：先期投入2500万元，生产能力达到合成氨5万吨/年，相应尿素8万吨/年，每吨尿素工厂成本1080元，租赁费用400万元，合每吨尿素50元；贷款分5年还清本息(以3000万元计)，平均每年600万元，合每吨尿素75元，则尿素完全成本1205元。5年后再投入1500万元，生产能力达到合成氨6万吨，相应尿素10万吨，每吨尿素工厂成本950元。租赁费用400万元，合每吨尿素50元；贷款分5年还清本息(以1800万元计)，平均每年360万元，合每吨尿素36元，则尿素完全成本为986元。

请在这三个方案中做出决策。

【案例分析及求解】

若尿素市场价格按1250元计，则该问题属于确定型决策问题(不考虑利率)，则有

方案一：利润$=R=8\times[(1250-1205)\times5+(1250-1130)\times5]=6600$(万元)；

方案二：利润$=R=10\times[(1250-1086)\times5+(1250-990)\times5]=21\,200$(万元)；

方案三：利润$=R=8\times(1250-1205)\times5+10\times(1250-1026)\times5=13\,000$(万元)。

所以，方案二最优。

若该问题不能确定尿素市场价格，则属于不确定型决策问题(贷款利率即贴现率按20%计)。

方案一：市场好时，前5年年利润为：$(1400-1205)\times8=1560$(万元)，后5年年利润为：$(1400-1130)\times8=2160$(万元)；市场较好时，前5年年利润为：$(1200-1205)\times8=$

－40(万元)，后5年年利润为：(1200－1130)×8＝560(万元)；市场差时，前5年年利润为：(1100－1205)×8＝－840(万元)，后5年年利润为：(1100－1130)×8＝－240(万元)。

方案二：市场好时，前5年年利润为：(1400－1086)×10＝3140(万元)，后5年年利润为：(1400－990)×10＝4100(万元)；市场较好时，前5年年利润为：(1200－1086)×10＝1140(万元)，后5年年利润为：(1200－990)×10＝2100(万元)；市场差时，前5年年利润为：(1100－1086)×10＝140(万元)，后5年年利润为：(1100－990)×10＝1100(万元)。

方案三：市场好时，前5年年利润为：(1400－1205)×8＝1560(万元)，后5年年利润为：(1400－1026)×10＝3740(万元)；市场较好时，前5年年利润为：(1200－1205)×8＝－40(万元)，后5年年利润为：(1200－1026)×10＝1740(万元)；市场差时，前5年年利润为：(1100－1205)×8＝－840(万元)，后5年年利润为：(1100－1026)×10＝740(万元)。

由公式

$$v_{\text{前五年年利润}}+\sum_{t=2}^{5}\frac{v_{\text{前五年年利润}}}{1.2^{t-1}}+\sum_{t=6}^{10}\frac{v_{\text{后五年年利润}}}{1.2^{t-1}}$$

计算各方案在各种情况下的贴现收益，见表10-1。

表10-1　各方案在不同市场情况下的收益　　单位：元

方案＼市场情况	市　场　好	市场较好	市　场　差
方案一	13 350	1866	－3876
方案二	25 982	11 628	4450
方案三	19 020	6101	－359

由此可以进行不确定型决策问题的求解。

以采用最大最小准则为例：$\max\limits_{1\leqslant i\leqslant 3}[\min\limits_{1\leqslant j\leqslant 3}\alpha]=4450$，所以方案二最优。

10.3　进口发电机组备用线棒的确定

【案例描述】

某发电厂在订购进口发电机时同时要订购一部分构造复杂、价格昂贵的备件。因这部分零件无通用性或其他原因，必须在订购发电机时同时订购，如订购一台发电机，同时要订购一定数量的线棒，每根线棒的价格$C_1=500$元。如果在发电机运行时线棒损坏而又没有备件时发电机将停止运行。再加上特殊配制该部件的费用，共计损失$C_2=10\ 000$元。同时我们知道以往100台同类型发电机备用线棒需要量的统计资料如表10-2所示，问订购发电机时，同时应订购多少个备用线棒为好？

表10-2　备用线棒需求量分布

备用线棒需求量 r/个	0	1	2	3	4	5	6	6以上
相应发电机台数/台	90	5	2	1	1	1	0	0
状态概率 $p(r)$	0.9	0.05	0.02	0.01	0.01	0.01	0	0

【案例分析及求解】

计算订购不同数量的备用线棒时，最可能的费用损失的期望值$E(S)$。决策的原则以费用损失期望值(积压损失＋机会损失)最小时的订购量为最合适的订购量。

(1) 假如订购 $S=5$ 个备用线棒，则对于 90％的发电机是多余的，对这些发电机，将造成积压损失为

$$C_1 \times S \times P(0) = 500 \times 5 \times 0.9 = 2250(\text{元})$$

对于 5％的发电机，因其只需要一个线棒，故 4 个是多余的，将造成积压损失为

$$C_1 \times (S-1) \times P(1) = 500 \times (5-1) \times 0.05 = 100(\text{元})$$

同理：

$$C_1 \times (S-2) \times P(2) = 500 \times (5-2) \times 0.02 = 30(\text{元})$$
$$C_1 \times (S-3) \times P(3) = 500 \times (5-3) \times 0.01 = 10(\text{元})$$
$$C_1 \times (S-4) \times P(4) = 500 \times (5-4) \times 0.01 = 5(\text{元})$$
$$C_1 \times (S-5) \times P(5) = 500 \times (5-5) \times 0.01 = 0(\text{元})$$

因此，当订购 $S=5$ 个备用线棒时，总损失的期望值为

$$E(S=5) = C_1 \sum_{r=0}^{5} (S-r)P(r) = 2250 + 100 + 30 + 10 + 5 + 0 = 2395(\text{元})$$

(2) 假如订购 $S=4$ 个备用线棒，则

$$C_1 \times S \times P(0) = 500 \times (4-0) \times 0.9 = 1800(\text{元})$$
$$C_1 \times (S-1) \times P(1) = 500 \times (4-1) \times 0.05 = 75(\text{元})$$
$$C_1 \times (S-2) \times P(2) = 500 \times (4-2) \times 0.02 = 20(\text{元})$$
$$C_1 \times (S-3) \times P(3) = 500 \times (4-3) \times 0.01 = 5(\text{元})$$
$$C_1 \times (S-4) \times P(4) = 500 \times (4-4) \times 0.01 = 0(\text{元})$$

另有 1％的发电机需要 $r=5$ 个备用线棒，但只订购了 4 个，这种情况将失去一次更换的机会而造成停机，其期望损失是

$$C_1 \times (S-r) \times P(r) = 10\,000 \times (5-4) \times 0.01 = 100(\text{元})$$

因此，当订购 $S=4$ 个备用线棒时，总损失的期望值为

$$E(S=4) = C_1 \sum_{r=0}^{4} (S-r)P(r) + C_2(r-S)P(r) = 1800 + 75 + 20 + 5 + 100 = 2000(\text{元})$$

(3) 同理，可以求得 $S=3$、2、1、0 个备用线棒时，总损失的期望值为

$$E(S=3) = C_1 \sum_{r=0}^{3} (S-r)P(r) + C_2 \sum_{r=4}^{5} (r-S)P(r) = 1710(\text{元})$$

$$E(S=2) = C_1 \sum_{r=0}^{2} (S-r)P(r) + C_2 \sum_{r=3}^{5} (r-S)P(r) = 1525(\text{元})$$

$$E(S=1) = C_1 \sum_{r=0}^{1} (S-r)P(r) + C_2 \sum_{r=2}^{5} (r-S)P(r) = 1550(\text{元})$$

$$E(S=0) = C_2 \sum_{r=1}^{5} (S-r)P(r) = 2100(\text{元})$$

根据决策原则可得

$$\min[E(S=0), E(S=1), E(S=2), E(S=3), E(S=4), E(S=5)]$$
$$= \min[2100, 1550, 1525, 1710, 2000, 2395] = 1525 = E(S=2)$$

故应在订购该发电机时订购 2 个备用线棒。

10.4 供电公司岗位价值贡献度模型

【案例描述】

一个公司的岗位设置就其数量而言是非常多的，以江苏省电力公司某市供电公司为例，各类岗位设置总计有三百多个，若要直接从这三百多个岗位入手来分析不同的岗位对于企业价值影响的重要程度，显然是难以进行的，为此我们需要首先按照企业的业务结构对企业岗位层次进行划分，以期获得不同岗位类别对企业价值影响程度的参数，进而分析出继电保护岗位对企业价值贡献度的影响程度。

在实际分类中，我们根据企业业务的逻辑组织特点，对岗位进行了如下分类，其中，决策类岗位是指对企业生产与发展战略具有决定性影响的岗位，包括经营决策、管理监督等部门，具体来说，就是指在供电公司中处于最高决策与管理机构的若干岗位。管理类岗位是指企业生产经营与管理政策的具体制定和实施岗位，包括生产经营管理、人事政工及其他一些管理支持部门，具体来说，就是指在供电公司中承担管理支持与执行等事务的若干岗位，如人事政工、财务审计、企划营销、生产技术管理、安全保障、工程管理等。生产运营类岗位是指企业生产运营业务的具体执行岗位，按照电力生产企业的行业特点，具体包括了输电、变电、配电、调度、营销以及其他一些生产性岗位。如何对这些岗位的价值以量化的形式进行评价是该企业要解决的当下问题。

【案例分析及求解】

在实践中，我们采用了专家访问法，得到了整个供电公司按照业务逻辑进行分解的层次结构图，由于本次调研分析的具体对象是继电保护类岗位，因此在以下的岗位层次图(图10-7)中，仅列出了继电保护类岗位所处的业务层次结构。

AHP方法的基本操作步骤描述如下。

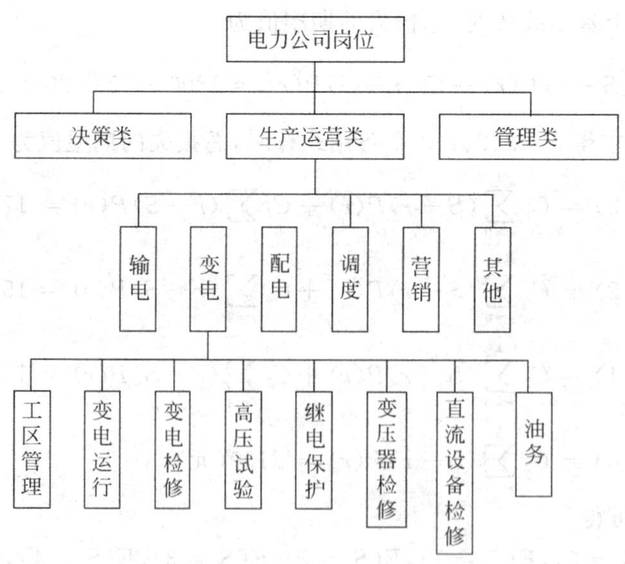

图10-7 岗位层次图

步骤 1，求出评价要素层的权系数。

运用专家访问法，确定了如下五个评价要素，分别如下。

(1) 对公司效益（成本控制，收益增加）的影响程度（简称“效益”）。

(2) 对公司长期发展的影响程度（简称“长期发展”）。

(3) 对公司安全生产的影响程度（简称“安全生产”）。

(4) 对公司企业形象的影响程度（简称“企业形象”）。

(5) 对员工素质的要求程度（简称“员工素质”）。

记 $A=(a_{ij})_{n\times n}$，则 A 为评价要素层的一个判断矩阵。在实际操作中，我们运用德尔菲法获得每个专家不同的要素评分矩阵，然后分别进行一致性检验。

根据和积法计算，在选取的 20 个专家样本中，有 8 个样本的一致性指标 C.I. $\leqslant 0.1$，因此将这 8 个样本的各对应比项的比值按如下公式进行几何平均：$\bar{a}_{ij}=\sqrt[8]{\prod_{n=1}^{8} a_{ijn}}$，得到 $\bar{A}=(\bar{a}_{ij})_{5\times 5}$，并结合定性讨论，确定新的近似判断矩阵，计算 $\lambda_{\max}$ 为 5.10，C.I. $=0.03\leqslant 0.1$，从而得到最终的评价要素层判断矩阵为 $\boldsymbol{A}=\begin{bmatrix} 1 & 1/3 & 1 & 3 & 2 \\ 3 & 1 & 3 & 5 & 3 \\ 1 & 1/3 & 1 & 3 & 1 \\ 1/3 & 1/5 & 1/3 & 1 & 1 \\ 1/2 & 1/3 & 1 & 1 & 1 \end{bmatrix}$，其 $\lambda_{\max}$ 对应的特征向量为 $\boldsymbol{B}_e=(0.19, 0.44, 0.17, 0.08, 0.12)^{\mathrm{T}}$

步骤 2，计算第一层岗位类的组合权重。

对应于评价要素层的每一个评价要素，计算相应的第一层岗位类的判断矩阵为 $\boldsymbol{A}_{3\times 3}$，由于采用德尔菲法分别获得了 20 个专家样本的评分数据，在实际操作中，我们分别求得了 20 个专家样本的相应判断矩阵，并求出了各判断矩阵的最大特征值及相应的特征向量，即对样本 i，$1\leqslant i\leqslant 20$，在评价要素 j 下，相应判断矩阵为 $\boldsymbol{A}_{ij(3\times 3)}$，$1\leqslant j\leqslant 5$，计算样本 i 的对应于评价要素 j 的最大特征值及相应的特征向量，构造特征向量矩阵为 $\boldsymbol{B}_{i(3\times 5)}$，并由 $\boldsymbol{B}_e$ 计算样本 i 的组合权重向量为 $\boldsymbol{B}_{i(3\times 5)}\cdot\boldsymbol{B}_{e(5\times 1)}=\boldsymbol{B}_{i(3\times 1)}$。

步骤 3，计算第二层岗位类的组合权系数。

计算方法同步骤 2。综合步骤 2、3，分别得到 20 个专家样本的第一层岗位类和第二层岗位类的组合权重向量值，求出各岗位的样本均值，并剔除变异较大的样本，见表 10-3，最终获得第一、二层岗位类的组合权系数分别为

（决策类，生产运营类，管理类）=(0.50，0.22，0.28)

（输电类，变电类，配电类，调度类，营销类，其他类）=(0.15，0.19，0.14，0.25，0.21，0.06)

表 10-3 各岗位样本均值

三大类岗位权重评分			生产运营类岗位权重评分					
决策	生产运营	管理	输电	变电	配电	调度	营销	其他
0.56	0.20	0.24	0.11	0.30	0.11	0.27	0.17	0.04
0.50	0.24	0.26	0.17	0.18	0.18	0.22	0.19	0.06
0.56	0.19	0.25	0.11	0.12	0.11	0.39	0.23	0.04
0.55	0.21	0.24	0.26	0.26	0.17	0.14	0.12	0.05

续表

	三大类岗位权重评分			生产运营类岗位权重评分					
	决策	生产运营	管理	输电	变电	配电	调度	营销	其他
	0.46	0.22	0.32	0.14	0.15	0.18	0.19	0.26	0.08
	0.54	0.22	0.24	0.16	0.26	0.15	0.18	0.21	0.03
	0.41	0.12	0.47	0.29	0.27	0.11	0.21	0.10	0.04
	0.42	0.26	0.32	0.16	0.17	0.17	0.23	0.19	0.08
	0.54	0.21	0.25	0.14	0.20	0.13	0.28	0.21	0.04
	0.54	0.17	0.29	0.15	0.15	0.14	0.30	0.21	0.05
	0.50	0.27	0.24	0.13	0.12	0.10	0.35	0.25	0.04
	0.54	0.21	0.24	0.13	0.12	0.11	0.33	0.20	0.10
	0.56	0.22	0.22	0.10	0.13	0.23	0.25	0.24	0.06
	0.42	0.26	0.32	0.16	0.24	0.16	0.18	0.17	0.09
	0.47	0.28	0.25	0.08	0.17	0.10	0.21	0.39	0.05
均值	0.50	0.22	0.28	0.15	0.19	0.14	0.25	0.21	0.06
标准差	0.05	0.02	0.06	0.04	0.05	0.02	0.07	0.06	0.01

步骤 4,计算第三层岗位类的组合权重。

在评判第三层岗位类的组合权系数时,访问了两个专家组,其中专家组 1 的有效样本数为 19,专家组 2 的有效样本数为 13,根据步骤 1 的方法,得到基于第一专家组的评价要素层判断矩阵为

$$\boldsymbol{A}=\begin{bmatrix} 1 & 1/3 & 1 & 3 & 2 \\ 3 & 1 & 3 & 5 & 3 \\ 1 & 1/3 & 1 & 3 & 1 \\ 1/3 & 1/5 & 1/3 & 1 & 1 \\ 1/2 & 1/3 & 1 & 1 & 1 \end{bmatrix}$$

其 $\lambda_{\max}$ 的特征向量为

$$\boldsymbol{B}_e=(0.19,0.44,0.17,0.08,0.12)^{\mathrm{T}}$$

第二专家组的评价要素层判断矩阵为

$$\boldsymbol{A}=\begin{bmatrix} 1 & 1/2 & 4 & 2 & 1 \\ 2 & 1 & 1/3 & 3 & 1 \\ 4 & 3 & 1 & 5 & 3 \\ 1/2 & 1/3 & 1/5 & 1 & 1 \\ 1 & 1 & 1/3 & 1 & 1 \end{bmatrix}$$

其 $\lambda_{\max}$ 的特征向量为

$$\boldsymbol{B}_e=(0.13,0.19,0.46,0.09,0.13)^{\mathrm{T}}$$

根据步骤 2、3,分别计算基于两个专家组的变电类岗位权重评分,得到表 10-4。

表 10-4　变电类岗位权重评分

	工区管理	变电运行	变电检修	高压试验	继电保护	变压器检修	直流设备检修	油务
	0.25	0.09	0.13	0.13	0.16	0.11	0.08	0.06
	0.36	0.09	0.10	0.11	0.13	0.10	0.08	0.03

续表

	工区管理	变电运行	变电检修	高压试验	继电保护	变压器检修	直流设备检修	油务
	0.31	0.11	0.12	0.10	0.13	0.12	0.06	0.05
	0.26	0.19	0.07	0.08	0.18	0.10	0.08	0.04
	0.33	0.04	0.10	0.09	0.22	0.10	0.08	0.04
	0.34	0.05	0.14	0.08	0.17	0.09	0.10	0.03
	0.46	0.07	0.08	0.08	0.08	0.09	0.10	0.04
	0.20	0.12	0.13	0.09	0.23	0.07	0.11	0.05
	0.21	0.14	0.15	0.14	0.14	0.09	0.09	0.04
	0.36	0.10	0.07	0.05	0.17	0.11	0.06	0.08
	0.40	0.09	0.10	0.08	0.12	0.13	0.06	0.03
	0.32	0.12	0.10	0.09	0.12	0.08	0.09	0.08
	0.18	0.07	0.10	0.11	0.31	0.11	0.10	0.03
	0.36	0.11	0.08	0.11	0.10	0.09	0.08	0.06
	0.22	0.17	0.06	0.12	0.20	0.08	0.11	0.04
	0.31	0.16	0.06	0.08	0.16	0.06	0.12	0.04
	0.15	0.12	0.13	0.13	0.13	0.11	0.08	0.15
	0.37	0.10	0.11	0.05	0.13	0.13	0.06	0.06
	0.19	0.14	0.08	0.18	0.19	0.08	0.08	0.05
	0.26	0.09	0.13	0.06	0.21	0.11	0.08	0.06
	0.17	0.19	0.09	0.03	0.25	0.14	0.05	0.09
	0.18	0.13	0.13	0.13	0.17	0.13	0.06	0.08
	0.07	0.12	0.14	0.10	0.27	0.13	0.05	0.13
	0.28	0.08	0.09	0.08	0.26	0.08	0.08	0.04
	0.07	0.21	0.16	0.06	0.20	0.12	0.05	0.13
	0.13	0.21	0.06	0.09	0.29	0.14	0.04	0.05
	0.12	0.29	0.12	0.08	0.16	0.09	0.10	0.04
	0.23	0.20	0.20	0.07	0.08	0.11	0.06	0.05
均值	0.25	0.13	0.11	0.09	0.18	0.10	0.08	0.06
标准差	0.28	0.09	0.03	0.03	0.10	0.01	0.01	0.03

根据表10-4,得到第三层岗位类的组合权系数为

(工区管理,变电运行,变电检修,高压试验,继电保护,变压器检修,直流设备检修,油务)=(0.25,0.13,0.11,0.09,0.18,0.10,0.08,0.06)

综合上述计算,得到如图10-8所示的有关继电保护岗位的权重评分。

综上分析,最终得到了各层岗位类对企业价值贡献影响程度的权重参数。对继电保护类岗位而言,它对企业价值贡献影响程度的权重为0.22×0.19×0.18=0.008。

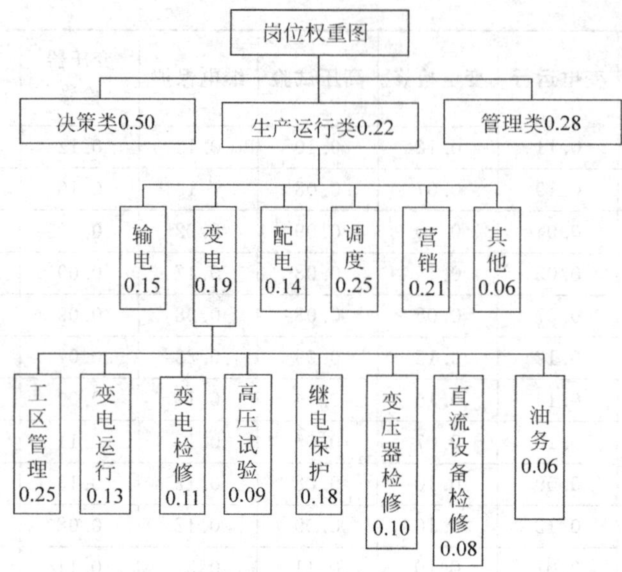

图 10-8 继电保护岗位的权重评分

习题

1. 某邮局要求当天收寄的包裹当天处理完毕。根据以往记录统计，每天收寄包裹的情况见表 10-5。

表 10-5 收寄包裹情况

收寄包裹数/个	41～50	51～60	61～70	71～80	81～90
占的比例%	10	15	30	25	20

已知每个邮局职工平均处理包裹 4 个/h，工资为 5 元/h。规定每人实际工作 7h/d，如加班工作，工资额增加 50%，但加班时间每人不得超过 5h/d(加班以 h 计，不足 1h 的以 1h 计算)。试用期望值法确定该邮局最优雇佣工人的数量。

2. 某一季节性商品必须在销售之前就把产品生产出来。当需求量是 D 时，生产者生产 x 件商品获得的利润(元)为

$$f(x)=\begin{cases}2x;0\leqslant x\leqslant 0\\ 3D-x;x>0\end{cases}$$

设 D 只有五个可能的值：1000 件，2000 件，3000 件，4000 件和 5000 件，并且它们的概率都是 0.2。生产者也希望商品的生产量是上述五个值中的某一个。问：

(1) 若生产者追求最大的期望利润，他应选择多大的生产量？

(2) 若生产者选择遭受损失的概率最小，他应生产多少商品？

(3) 生产者欲使利润大于或等于 3000 元的概率最大，他应选取多大的生产量？

3. 有一块海上油田进行勘探和开采的招标。根据地震试验资料的分析，找到大油田的

概率为 0.3，开采期内可赚取 20 亿元；找到中油田的概率为 0.4，开采期内可赚取 10 亿元；找到小油田的概率为 0.2，开采期内可赚取 3 亿元；油田无工业开采价值的概率为 0.1。按招标规定，开采前的勘探等费用均由中标者负担，预期需 1.2 亿元，以后不论油田规模多大，开采期内赚取的利润中标者分成 30%。有 A，B，C 三家公司，其效用函数分别为

A 公司： $U(M)=(M+1.2)^{0.9}-2$

B 公司： $U(M)=(M+1.2)^{0.8}-2$

C 公司： $U(M)=(M+1.2)^{0.6}-2$

其中的 M 为收益的货币值。

试根据效用值用期望值法确定每家公司对投标的态度。

4. 某公司有 50 000 元多余资金，如用于某项开发事业估计成功率为 96%，成功时一年可获利 12%，但一旦失败，则有丧失全部资金的危险。如把资金存放到银行，则可稳得年利 6%。为获取更多情报，该公司求助于咨询服务，咨询费用为 500 元，但咨询意见只是提供参考，帮助下决心。过去咨询公司类似 200 例咨询意见实施结果，情况见表 10-6。

表 10-6 咨询公司咨询意见实施结果

实施结果 / 咨询意见	投资成功	投资失败	合计
可以投资	154 次	2 次	156 次
不宜投资	38 次	6 次	44 次
合计	192 次	8 次	200 次

试用决策树法分析：

(1) 该公司是否值得求助于咨询服务？

(2) 该公司多余资金应如何合理使用？

画出上述问题的决策树，并计算出效用值或后验概率，求出上述问题，并将求解结果写在该文档中。

5. 某钟表公司计划通过它的销售网推销一种低价钟表，计划零售价为每块 10 元。对这种钟表有三个设计方案：方案Ⅰ需一次投资 10 万元，投产后每块成本 5 元；方案Ⅱ需一次投资 16 万元，投产后每块成本 4 元；方案Ⅲ需一次投资 25 万元，投产后每块成本 3 元。该种钟表需求量不确切，但估计有三种可能：E_1——30 000；E_2——120 000；E_3——200 000。

(1) 建立这个问题的损益矩阵。

(2) 分别用悲观法、乐观法及等可能法决定公司应采用哪一个设计方案。

(3) 建立后悔矩阵，用后悔值法决定采用哪一个设计方案。

第11章

综合应用案例汇编

11.1 炼油厂的生产计划安排

【案例描述】

某炼油厂的工艺流程如图 11-1 所示。

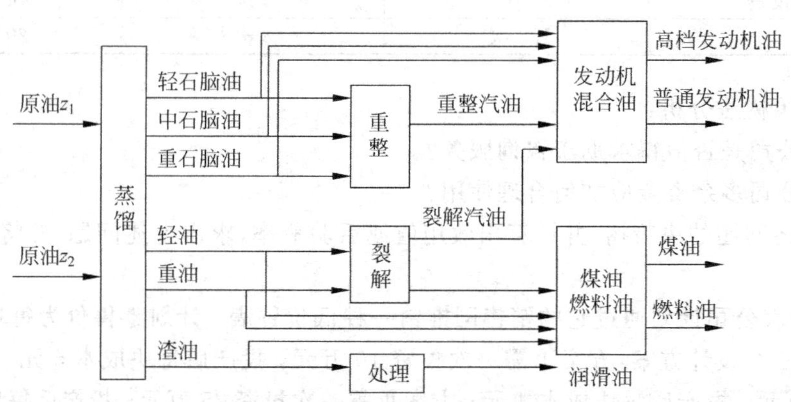

图 11-1 炼油厂的工艺流程

炼油厂输入两种原油(原油 1 和原油 2)。原油先进入蒸馏装置,每桶原油经蒸馏后的产品及份额见表 11-1,其中轻、中、重石脑油的辛烷值分别为 90、80 和 70。

表 11-1 原油蒸馏后的产品及份额

原油 \ 产品	轻石脑油	中石脑油	重石脑油	轻油	重油	渣油
原油 1	0.1	0.2	0.2	0.12	0.2	0.13
原油 2	0.15	0.25	0.18	0.08	0.19	0.12

石脑油部分直接用于发动机油混合,部分输入重整装置,得辛烷值为 115 的重整汽油。1 桶轻、中、重石脑油经重整后得到的重整汽油分别为 0.6 桶、0.52 桶、0.45 桶。

蒸馏得到的轻油和重油，一部分直接用于煤油和燃料油的混合，一部分经裂解装置得到裂解汽油和裂解油。裂解汽油的辛烷值为105。1桶轻油经裂解后得0.68桶裂解油和0.28桶裂解汽油，1桶重油经裂解后得0.75桶裂解油和0.2桶裂解汽油。其中裂解汽油用于发动机油混合，裂解油用于煤油和燃料油的混合。

渣油可直接用于煤油和燃料油的混合，或用于生产润滑油。1桶渣油经处理后可得0.5桶润滑油。

混合成的发动机油高档的辛烷值应不低于94，普通的辛烷值不低于84。混合物的辛烷值按混合前各油料辛烷值和所占比例线性加权计算。

规定煤油的气压不准超过1kg/cm²，而轻油、重油、裂解油和渣油的气压分别为1.0kg/cm²、0.6kg/cm²、1.5kg/cm²和0.05kg/cm²。而气压的计算按各混合成分的气压和比例线性加权计算。

燃料油中，轻油、重油、裂解油和渣油的比例应为10∶3∶4∶1。

已知每天可供应原油1为20 000桶，原油2为30 000桶。蒸馏装置能力每天最大为45 000桶，重整装置每天最多重整10 000桶石脑油，裂化装置能力每天最大为8000桶。润滑油每天产量应在500～1000桶，高档发动机油产量不低于普通发动机油的40%。

又知最终产品的利润(元/桶)分别为：高档发动机油700，普通发动机油600，煤油400，燃料油350，润滑油150，试为该炼油厂制订一个使总盈利为最大的计划。

【案例分析】

该问题属于线性规划问题，要建立该问题的数学模型，必须先理清楚生产各环节之间的逻辑关系，具体如表11-2至表11-7所示。

表11-2　石脑油重整　　单位：桶

石脑油	轻石脑油	中石脑油	重石脑油
重整汽油	0.6	0.52	0.45

表11-3　裂解轻油和重油　　单位：桶

裂解产品	裂解油	裂解汽油
轻油	0.68	0.28
重油	0.75	0.2

表11-4　各种油的气压值

油类	轻油	重油	裂解油	渣油
气压值/(kg/cm²)	1	0.6	1.5	0.05

表11-5　燃料油中各种油的比例

油类	轻油	重油	裂解油	渣油
比例/%	10	3	4	1

表 11-6 各种油及设备的供应量

油及设备	原油 1	原油 2	蒸馏装置	重整装置	裂化装置	润滑油
供应量/(桶/天)	20 000	30 000	≤45 000	≤10 000	≤8000	500～1000
高档发动机油产量≥普通发动机油的 40%。						

表 11-7 最终各产品的利润

产品	高档发动机油	普通发动机油	煤油	燃料油	润滑油
利润/(元/桶)	700	600	400	350	150

根据以上关系，可设决策变量，如表 11-8 所示。

表 11-8 问题的决策变量设置

变量	变 量 名	变量	变 量 名
z_1	原油 1 的输入量	z_2	原油 2 的输入量
x_1	轻石脑油的数量	x_{11}	用于生产高档发动机油的轻石脑油
x_2	中石脑油的数量	x_{12}	用于生产普通发动机油的轻石脑油
x_3	重石脑油的数量	x_{13}	用于生产重整汽油的轻石脑油
x_4	轻油的数量	x_{21}	用于生产高档发动机油的中石脑油
x_5	重油的数量	x_{22}	用于生产普通发动机油的中石脑油
x_6	渣油的数量	x_{23}	用于生产重整汽油的中石脑油
x_{41}	用于生产煤油的轻油	x_{31}	用于生产高档发动机油的重石脑油
x_{42}	用于生产燃料油的轻油	x_{32}	用于生产普通发动机油的重石脑油
x_{43}	用于裂解生产的轻油	x_{33}	用于生产重整汽油的重石脑油
x_{51}	用于生产煤油的重油	x_7	重整汽油
x_{52}	用于生产燃料油的重油	x_8	裂解油
x_{53}	用于裂解生产的重油	x_9	裂解汽油
x_{61}	用于生产煤油的渣油	x_{71}	用于生产高档发动机油的重整汽油
x_{62}	用于生产燃料油的渣油	x_{72}	用于生产普通发动机油的重整汽油
x_{63}	用于生产润滑油的渣油	x_{91}	用于生产高档发动机油的裂解汽油
x_{81}	用于生产煤油的裂解油	x_{92}	用于生产普通发动机油的裂解汽油
x_{82}	用于生产燃料油的裂解油	y_1	高档发动机油量
y_2	普通发动机油量	y_3	煤油量
y_4	燃料油量	y_5	润滑油量

问题的数学模型如下。

目标函数即求利润最大化：

$$\text{Max} = 700y_1 + 600y_2 + 400y_3 + 350y_4 + 150y_5$$

原油约束：

$$z_1 \leqslant 20\,000$$

$$z_2 \leqslant 30\,000$$

$$z_1 + z_2 \leqslant 45\,000$$

蒸馏装置约束

$$x_1 - 0.1z_1 - 0.15z_2 = 0$$

$$x_2 - 0.2z_1 - 0.25z_2 = 0$$

$$x_3 - 0.2z_1 - 0.18z_2 = 0$$

$$x_4 - 0.12z_1 - 0.08z_2 = 0$$

$$x_5 - 0.2z_1 - 0.19z_2 = 0$$

$$x_6 - 0.13z_1 - 0.12z_2 = 0$$

重整装置约束：$x_{13}+x_{23}+x_{33}\leqslant 10\,000$

裂解装置约束：$x_{43}+x_{53}\leqslant 8000$

发动机油辛烷值约束为

高档发动机油：$90x_{11}+80x_{21}+70x_{31}+115x_{71}+105x_{91}\geqslant 94y_1$

普通发动机油：$90x_{12}+80x_{22}+70x_{32}+115x_{72}+105x_{92}\geqslant 84y_2$

煤油气压值约束：$x_{41}+0.6x_{51}+1.5x_{81}+0.05x_{61}\leqslant y_3$

燃料油比例：$x_{42}:x_{82}:x_{52}:x_{62}=10:4:3:1$

$$18x_{42}=10y_4,18x_{82}=4y_4,18x_{52}=3y_4,18x_{62}=y_4$$

最终产品数量约束：$500\leqslant y_5\leqslant 1000$

高档发动机油：$y_1-x_{11}-x_{21}-x_{31}-x_{71}-x_{91}=0$

普通发动机油：$y_2-x_{12}-x_{22}-x_{32}-x_{72}-x_{92}=0$

煤油：$y_3-x_{81}-x_{41}-x_{51}-x_{61}=0$

燃料油：$y_4-x_{82}-x_{42}-x_{52}-x_{62}=0$

润滑油：$y_5=0.5x_{63}$

高档发动机油与普通发动机油：$y_1\geqslant 0.4y_2$

轻石脑油约束：$x_{11}+x_{12}+x_{13}-x_1=0$

中石脑油约束：$x_{21}+x_{22}+x_{23}-x_2=0$

重石脑油约束：$x_{31}+x_{32}+x_{33}-x_3=0$

轻油约束：$x_{41}+x_{42}+x_{43}-x_4=0$

重油约束：$x_{51}+x_{52}+x_{53}-x_5=0$

渣油约束：$x_{62}+x_{62}+x_{63}-x_6=0$

重整汽油约束：$x_{71}+x_{72}-x_7=0$

$$x_7-0.6x_{13}-0.52x_{23}-0.45x_{33}=0$$

裂解油约束：$x_{81}+x_{82}-x_8=0$

$$x_8-0.68x_{43}-0.75x_{53}=0$$

裂解汽油约束：$x_{91}+x_{92}-x_9=0$

$$x_9-0.28x_{43}-0.2x_{53}=0$$

非负约束：所有变量均$\geqslant 0$

【案例求解】

由于该问题的决策变量较多，约束条件较复杂，所以模型的求解可考虑使用适合大规模问题求解的 Lingo 或 Lindo 工具进行，在本教程中对其不做详细介绍，有兴趣的读者可参考其他相关教材。最终该问题的求解结果为：

原油1的使用量为15 000桶，原油2的使用量为30 000桶，生产高档发动机油约6818桶，普通发动机油约17 044桶，煤油约15 156桶，润滑油500桶，不生产燃料油。得总利润为21 136 513.5元。

11.2 海龙汽车配件厂生产工人的安排

【案例描述】

海龙汽车配件厂主管生产的张经理正在考虑如何培训及合理安排工人以降低生产成本。该厂生产三类不同的汽车零配件A、B、C，有6个不同级别的工人。每个工人每周工作时间为40h。由于零配件复杂程度不同，要求不同熟练技术的工人完成。如A类配件的生产线复杂程度最高。要求1～3级工人去操作，B类配件生产线次之，C类配件生产线对工人级别要求最低。已知目前不同级别工人人数、小时工资及每周用于各生产线的时间如表11-9所示。

表11-9 工人配置数据

工人级别	人数/人	工资/(元/h)	每周用于各配件生产线时间/h		
			A	B	C
1	4	15	160		
2	9	14.5	360		
3	20	13	600	200	
4	54	12		160	2000
5	102	10.5		80	4000
6	40	9.75			1600

考虑到生产任务的变化，张经理正对工人进行培训，使不同级别的工人均能在A、B、C三类配件的生产线上工作。当然由于A、B、C零配件差别、不同级别工人专长等，不同级别工人在不同生产线上的工作效率不同。表11-10给出了不同级别工人在A、B、C生产线上的工作效率。

表11-10 工人效率

工人级别	A	B	C
1	2	1.2	2
2	1.8	1.08	1.8
3	1.62	2.5	1.62
4	1.8	2.16	1.45
5	1.62	1.93	1.31
6	1.3	1.74	1.2

已知下季度各周A、B、C零配件的需求数分别为1940件、1000件及10 060件。张经理初步测算，按目前表11-10给出的工作效率，该厂可以胜任下季度的任务，但这样安排的结果是没有一点机动空闲时间，同时工资的支出也不经济合算。因此他考虑：

(1) 如何确定一个更有效的任务分配方案，使下季度任务用更少工资支付完成，以便腾出时间和费用用于零配件返修及完成临时追加的任务。

(2) 新任务分配方案较原有分配方案能带来多少工资的节约。

(3) 根据新的任务分配方案,哪些工人应补充,哪些工人有多余可调整任务。

(4) 能否将此问题转化为一个运输问题的数学模型。

【案例分析】

对于第(1)个问题,我们可以通过建立线性规划模型来解决。设 x_{ij} 代表第 i 级别工人($i=1,\cdots,6$)在第 j 生产线($j=1,2,3$)上每周工作时间,则可建立如下工资支付为最少的线性规划模型:

$$\min z = 15(x_{11}+x_{12}+x_{13})+14.5(x_{21}+x_{22}+x_{23})+13(x_{31}+x_{32}+x_{33})$$
$$+12(x_{41}+x_{42}+x_{43})+10.5(x_{51}+x_{52}+x_{53})+9.75(x_{61}+x_{62}+x_{63})$$

$$\text{s.t.}\begin{cases} x_{11}+x_{12}+x_{13}\leqslant 160, x_{21}+x_{22}+x_{23}\leqslant 360 \\ x_{31}+x_{32}+x_{33}\leqslant 800, x_{41}+x_{42}+x_{43}\leqslant 2160 \\ x_{51}+x_{52}+x_{53}\leqslant 4080, x_{61}+x_{62}+x_{63}\leqslant 1600 \\ 2x_{11}+1.8x_{21}+1.62x_{31}+1.8x_{41}+1.62x_{51}+1.3x_{61}\geqslant 1940 \\ 1.2x_{12}+1.08x_{22}+2.5x_{32}+2.16x_{42}+1.93x_{52}+1.74x_{62}\geqslant 1000 \\ 2x_{13}+1.8x_{23}+1.62x_{33}+1.45x_{43}+1.31x_{53}+1.2x_{63}\geqslant 10\,060 \\ x_{ij}\geqslant 0 \end{cases}$$

以上模型中的约束条件主要是每周用于各配件生产线时间的约束和A、B、C零配件需求数的约束。

对于问题(2),按表11-9的任务分配方案,总工资支出为102 380元,由问题(1)的线性规划模型求解得出解 z^*,则带来的工资节省为 $102\,380-z^*$。

对于问题(3),由上述线性规划模型可得出各级工人用于不同生产线时,单位生产时间的影子价格,将其与各级别工人相应的工资支出比较,看哪些工人有多余以及哪些工人有缺额。

对于问题(4),转化为运输问题的关键是列出这个问题的产销平衡表及单位运价表。若以不同级别工人每周工作时间为产量,按表11-9中各类零配件所需时间为销量,以各级别工人生产不同零配件单位所需工资作为单位运价,则可得表11-11。

表11-11　转化后的运输问题　　单位:元

i \ j	A	B	C	产出/件
1	7.5	12.5	7.5	160
2	8.056	13.426	8.056	360
3	8.025	5.2	8.025	800
4	6.667	5.556	8.276	2160
5	6.481	5.440	8.015	4080
6	7.5	5.603	8.125	1600
需求/件	1120	440	7600	

【案例求解】

该问题我们可以在 WinQSB 中进行求解，问题(1)的线性规划的模型求解界面设置如图 11-2 所示。

LP Sample Problem

Minimize	15X11+15X12+15X13+14.5X21+14.5X22+14.5X23+13X31+13X32+13X33+12X41+12X42+12X43+10.5X51+10.5X52+10.5X53+9.75X61+9.75X62+9.75X63
	OBJ/Constraint/VariableType/Bound
Minimize	15X11+15X12+15X13+14.5X21+14.5X22+14.5X23+13X31+13X32+13X33+12X41+12X42+12X43+10.5X51+10.5X52+10.5X53+9.75X61+9.75X62+9.75X63
C1	1X11+1X12+1X13<=160
C2	1X21+1X22+1X23<=360
C3	1X31+1X32+1X33<=800
C4	1X41+1X42+1X43<=2160
C5	1X51+1X52+1X53<=4080
C6	1X61+1X62+1X63<=1600
C7	2X11+1.8X21+1.62X31+1.8X41+1.62X51+1.3X61>=1940
C8	1.2X12+1.08X22+2.5X32+2.16X42+1.93X52+1.74X62>=1000
C9	2X13+1.8X23+1.62X33+1.45X43+1.31X53+1.2X63>=10060
Integer:	
Binary:	
Unrestricted:	
X11	>=0, <=M
X12	>=0, <=M
X13	>=0, <=M
X21	>=0, <=M
X22	>=0, <=M
X23	>=0, <=M
X31	>=0, <=M
X32	>=0, <=M
X33	>=0, <=M
X41	>=0, <=M
X42	>=0, <=M
X43	>=0, <=M
X51	>=0, <=M
X52	>=0, <=M
X53	>=0, <=M
X61	>=0, <=M
X62	>=0, <=M
X63	>=0, <=M

图 11-2 问题(1)模型数据设置

求解结果如图 11-3 所示。

	Decision Variable	Solution Value	Unit Cost or Profit c(j)	Total Contribution	Reduced Cost	Basis Status	Allowable Min. c(j)	Allowable Max. c(j)
1	X11	0	15.0000	0	3.2184	at bound	11.7816	M
2	X12	0	15.0000	0	10.1164	at bound	4.8836	M
3	X13	160.0000	15.0000	2,400.0000	0	basic	-M	16.5517
4	X21	0	14.5000	0	2.8966	at bound	11.6034	M
5	X22	0	14.5000	0	9.1048	at bound	5.3952	M
6	X23	360.0000	14.5000	5,220.0000	0	basic	-M	14.8966
7	X31	0	13.0000	0	2.6069	at bound	10.3931	M
8	X32	400.0000	13.0000	5,200.0000	0	basic	-0.4069	13.4820
9	X33	400.0000	13.0000	5,200.0000	0	basic	12.5180	13.4069
10	X41	1,077.7780	12.0000	12,933.3300	0	basic	0	12.0460
11	X42	0	12.0000	0	0.4164	at bound	11.5836	M
12	X43	813.2415	12.0000	9,758.8980	0	basic	11.9542	12.4314
13	X51	0	10.5000	0	0.0414	at bound	10.4586	M
14	X52	0	10.5000	0	0.4913	at bound	10.0087	M
15	X53	4,080.0000	10.5000	42,840.0000	0	basic	-M	10.5414
16	X61	0	9.7500	0	1.2644	at bound	8.4856	M
17	X62	0	9.7500	0	0.5998	at bound	9.1502	M
18	X63	1,600.0000	9.7500	15,600.0000	0	basic	-M	9.9310
	Objective	Function	(Min.) =	99,152.2300				
	Constraint	Left Hand Side	Direction	Right Hand Side	Slack or Surplus	Shadow Price	Allowable Min. RHS	Allowable Max. RHS
1	C1	160.0000	<=	160.0000	0	-1.5517	0	749.6001
2	C2	360.0000	<=	360.0000	0	-0.3966	143.3211	1,015.1110
3	C3	800.0000	<=	800.0000	0	-0.4069	559.2456	1,527.9010
4	C4	1,891.0190	<=	2,160.0000	268.9807	0	1,891.0190	M
5	C5	4,080.0000	<=	4,080.0000	0	-0.3414	3,782.2730	4,980.1530
6	C6	1,600.0000	<=	1,600.0000	0	-0.1810	1,274.9820	2,582.6670
7	C7	1,940.0000	>=	1,940.0000	0	6.6667	0	2,424.1650
8	C8	1,000.0000	>=	1,000.0000	0	5.3628	0	1,601.8860
9	C9	10,060.0000	>=	10,060.0000	0	8.2759	8,880.8000	10,450.0200

图 11-3 问题(1)求解结果

具体的求解结果如下所示，最优解为

$$x_{13}=160,\quad x_{23}=360,\quad x_{32}=400,\quad x_{33}=400,$$

$$x_{41}=1077.778,\quad x_{43}=813.2415,\quad x_{53}=4080,\quad x_{63}=1600$$

其余变量均为 0。

最优目标函数值为 $z^*=99\ 152.23$。

问题(2)带来的工资节省为 102 380－99 152.23＝3227.77(元)。

问题(3)从求解结果中的影子价格取值来看,第 4 级别工人是有多余的,而其他级别工人均有缺额,需要补充。

问题(4)如果按照上述运输问题求解可得如图 11-4 所示结果。

From	To	Shipment	Unit Cost	Total Cost	Reduced Cost
1	C	160	7.50	1200	0
2	C	360	8.06	2,900.16	0
3	B	440	5.20	2288	0
3	C	360	8.02	2,889.00	0
4	A	1120	6.67	7,467.04	0
4	C	1040	8.28	8,607.04	0
5	C	4080	8.02	32,701.20	0
6	C	1600	8.13	13000	0
Total	Objective	Function	Value =	71,052.44	

图 11-4 问题(4)求解结果

从上述数据可算出 A、B、C 零配件数量将超出计划需要,可在此基础上进行适当的调整。

11.3 哈尔滨市城建系统投资优化模型

【案例描述】

哈尔滨市城建系统下分园林、通信、照明、环卫、环保、热网、煤气、公交、江堤、道桥、排水、给水、住宅 13 个子系统。根据哈尔滨市发展战略的初步设想,各子系统都分别提出了自己的规划设想和发展目标。例如园林系统提出全市绿化覆盖率由 15%提高到 35%,人均绿地面积由 $2m^2$ 增加到 $4m^2$ 等;照明系统提出要达到全部街道安上路灯;环保部门提出市区内分别达到二、三级环境质量标准,风景区达到一级质量标准;住宅部门提出近期内拆除危房及做好旧房维修工作等。

据初步测算,要全部达到各子系统提出的规划目标,所需投资将超出城建系统预期可用投资数的好几倍。为此,只能把各部门规划的目标作为理想目标,然后按程序或等级再确定一些较低的目标。由此对各类建设项目由于投资的限制,设想多个不同程度的目标,相应地对应多种投资方案。问题归结为在总的资金条件限制下,究竟对各个项目采用哪一个投资方案可使总的效益为最高?由于对一个项目有多个方案设想,最终抉择只能选取其中的一个方案,故需用 0-1 变量表明方案的选取与否。整体模型设计为 0-1 变量的整数规划模型。

【案例分析】

1. 变量设置

用 x_{ijk} 代表 k 个投资时期内,对城建的第 i 个系统的第 j 个项目的投资决策。

$$x_{ijk}=\begin{cases}1, & \text{在 } k \text{ 时期对第 } i \text{ 个系统的第 } j \text{ 个项目投资}\\0, & \text{否则}\end{cases}$$

$i=1,\cdots,13$,分别代表城建的 13 个系统。例如 $i=1$ 代表园林,$i=2$ 代表通信等。

j 代表各系统要投建的项目或项目的某一方案。

k 代表各个投资时期。

用 a_{ijk} 代表相应的投资数。

为简化起见,先设计 $k=1$ 的情况,因此只考虑 x_{ij} 和 a_{ij}。

现将这个模型由各变量的定义及对应的投资额列表如下,见表 11-12。

表 11-12 问题变量设置

系统	变量	定义	需投资额
园林	x_{11}	调节林带完成规划指标数	a_{11}
	x_{12}	调节林带完成规划指标数的一半	a_{12}
	x_{13}	市区街道、公园增加规划的林木指标数	a_{13}
	x_{14}	市区街道、公园增加规划的林木指标数的一半	a_{14}
	x_{15}	市区绿化(种草)完成指标规划数	a_{15}
	x_{16}	市区绿化(种草)完成指标规划数的一半	a_{16}

说明:由于涉及的子系统和规划内容较多,在此只列举其中一个子系统加以说明。

2. 约束条件

(1) 某些必建项目,例如直接严重阻碍生产发展、危及人民安全和健康的项目,以及积欠过多的项目,可令 $x_{ij}=1$。

(2) 对同一系统的不同级别或不同程度要求的项目,只能取其中之一,即有

$$\sum_i x_{ij} = 1$$

(3) 项目的配套协调关系。

一是属于必须同期建设的配套项目,如建 A 项目必须同时建 B 项目,否则将影响该项目投产或效益的发挥。例如住宅与给水、公交与道路、环保与园林、环保与环卫等。二是虽不一定必须同期安排建设,但两者之间关系密切,建设 A 项目时,B 项目也应合理安排,统筹规划,投资规模不低于某一水平。例如给水和排水、道路与照明、住宅与公交、住宅与通信等。前者属硬配套关系,后者为软配套关系。

对硬配套关系,约束为

$$x_{ij} = x_{i'j'}$$

对软配套关系,约束为

$$\gamma_1 a_{ij} x_{ij} \leqslant a_{ij} x_{i'j'} \leqslant \gamma_2 a_{ij} x_{ij}$$

式中 ij 和 $i'j'$ 分别为上述 A、B 项目,γ_1、γ_2 为某一常数,且有 $0<\gamma_1$、$\gamma_2<1$。

(4) 总的投资额约束。

$$\sum_i \sum_j a_{ij} x_{ij} \leqslant K$$

式中 K 为计划期间可以筹集到的用于城建部门的总投资额。

(5) 其他约束。

例如占地指标、基建施工能力、各种材料供应的限额等,统一用 L_s 表示。则有

$$\sum_i \sum_j b_{ij_s} x_{ij} \leqslant L_s, \quad s = 1, \cdots, m$$

式中 b_{ij_s} 为建设 ij 项目时，对 s 种资源的消耗定额指标。

3. 目标函数

目标函数可表示为

$$\max z = \sum_i \sum_j c_{ij} x_{ij}$$

其中 c_{ij} 为各个项目的预期社会、经济和环境的效益，可以采用聘请专家打分的办法来确定。所聘请的专家可以包括：城建系统有关专业的专家教授、政府部门长期从事城建规划管理的领导、城建系统的工程技术人员。

请专家打分时，应向专家提供制定规划、确定投资效果等方面的背景材料，让其了解城建系统规划全貌。

打分的具体做法，我们设计以下指标体系及有关评分标准。

1）历史状况及发展趋势

(1) 与国外相当人口的城市及国内兄弟大城市比，该项目在历史上所占投资比例是否恰当。

(2) 是否属于影响城市主要功能正常发挥的关键项目或国家政策规定需优先发展的项目(如节煤、节电、通信等)。

(3) 是属于长远的战略性建设项目，还是临时性的应急工程。

2）项目的社会、经济和环境效益

(1) 对促进哈尔滨市工农业生产的经济发展的作用。

(2) 促使居民在舒适、方便、卫生等方面条件改善的程度。

(3) 对消除危害健康和安全因素的估价。

(4) 有关配套项目能否提前开工，或能做到同期开工。

3）投资情况

(1) 投资可否在市政建设费中安排或筹集的可能性大小。

(2) 该项工程的投资能否回收，以便收回后用于安排其他项目或进行自身扩建。

(3) 是否能做到或有利于引进外资或申请国家的专项投资。

专家可对上述指标进行打分，例如1分、3分、5分，并对不同指标分别按其重要程度确定权系数，加总后即为各项目的 c_{ij} 值。对权系数的给定也可由有经验的专家一起研究商定。

11.4 公交调度问题

【案例描述】

一条公交线路上行方向共14站，下行方向共13站，给定典型的一个工作日两个运行方向各站上下车的乘客数量统计。该线路用同一型号的大客车，每辆标准载客100人，据统计，客车在该线路上运行的平均速度为20千米/小时。运营调度要求，乘客候车时间一般不要超过10分钟，早高峰时一般不要超过5分钟，车辆满载率不应超过120%，一般也不要低于50%。根据这些资料和要求，考虑一条线路上公交车的调度问题。

为该路线设计一个便于操作的全天工作日的公交车调度方案，包括两个起点站的发车时刻表；一共需要多少辆车；这个方案以怎样的程度照顾到了乘客和公交公司双方的利益等。具体数据如表 11-13 所示。

表 11-13　某路公交汽车各时组每站上下车人数统计表

上行方向：A13 开往 A0

站名		A13	A12	A11	A10	A9	A8	A7	A6	A5	A4	A3	A2	A1	A0
站间距/千米			1.6	0.5	1	0.73	2.04	1.26	2.29	1	1.2	0.4	1	1.03	0.53
5:00—6:00	上	371	60	52	43	76	90	48	83	85	26	45	45	11	0
	下	0	8	9	13	20	48	45	81	32	18	24	25	85	57
6:00—7:00	上	1990	376	333	256	589	594	315	622	510	176	308	307	68	0
	下	0	99	105	164	239	588	542	800	407	208	300	288	921	615
7:00—8:00	上	3626	634	528	447	948	868	523	958	904	259	465	454	99	0
	下	0	205	227	272	461	1058	1097	1793	801	469	560	636	1871	1459
8:00—9:00	上	2064	322	305	235	477	549	271	486	439	157	275	234	60	0
	下	0	106	123	169	300	634	621	971	440	245	339	408	1132	759
9:00—10:00	上	1186	205	166	147	281	304	172	324	267	78	143	162	36	0
	下	0	81	75	120	181	407	411	551	250	136	187	233	774	483
10:00—11:00	上	923	151	120	108	215	214	119	212	201	75	123	112	26	0
	下	0	52	55	81	136	299	280	442	178	105	153	167	532	385
11:00—12:00	上	957	181	157	133	254	264	135	253	260	74	138	117	30	0
	下	0	54	58	84	131	321	291	420	196	119	159	153	534	340
12:00—13:00	上	873	141	140	108	215	204	129	232	221	65	103	112	26	0
	下	0	46	49	71	111	263	256	389	164	111	134	148	488	333
13:00—14:00	上	779	141	103	84	186	185	103	211	173	66	108	97	23	0
	下	0	39	41	70	103	221	197	297	137	85	113	116	384	263
14:00—15:00	上	625	104	108	82	162	180	90	185	170	49	75	85	20	0
	下	0	36	39	47	78	189	176	339	139	80	97	120	383	239
15:00—16:00	上	635	124	98	82	152	180	80	185	150	49	85	85	20	0
	下	0	36	39	57	88	209	196	339	129	80	107	110	353	229
16:00—17:00	上	1493	299	240	199	396	404	210	428	390	120	208	197	49	0
	下	0	80	85	135	194	450	441	731	335	157	255	251	800	557
17:00—18:00	上	2011	379	311	230	497	479	296	586	508	140	250	259	61	0
	下	0	110	118	171	257	694	573	957	390	253	293	378	1228	793
18:00—19:00	上	691	124	107	89	167	165	108	201	194	53	93	82	22	0
	下	0	45	48	80	108	237	231	390	150	89	131	125	428	336
19:00—20:00	上	350	64	55	46	91	85	50	88	89	27	48	47	11	0
	下	0	22	23	34	63	116	108	196	83	48	64	66	204	139
20:00—21:00	上	304	50	43	36	72	75	40	77	60	22	38	37	9	0
	下	0	16	17	24	38	80	84	143	59	34	46	47	160	117
21:00—22:00	上	209	37	32	26	53	55	29	47	52	16	28	27	6	0
	下	0	14	14	21	33	78	63	125	62	30	40	41	128	92
22:00—23:00	上	19	3	3	2	5	5	3	5	5	1	3	2	1	0
	下	0	3	3	5	8	18	17	27	12	7	9	9	32	21

续表

下行方向：A0 开往 A13

站名		A0	A2	A3	A4	A5	A6	A7	A8	A9	A10	A11	A12	A13
站间距/千米			1.56	1	0.44	1.2	0.97	2.29	1.3	2	0.73	1	0.5	1.62
5:00—6:00	上	22	3	4	2	4	4	3	3	3	1	1	0	0
	下	0	2	1	1	6	7	7	5	3	4	2	3	9
6:00—7:00	上	795	143	167	84	151	188	109	137	130	45	53	16	0
	下	0	70	40	40	184	205	195	147	93	109	75	108	271
7:00—8:00	上	2328	380	427	224	420	455	272	343	331	126	138	45	0
	下	0	294	156	157	710	780	849	545	374	444	265	373	958
8:00—9:00	上	2706	374	492	224	404	532	333	345	354	120	153	46	0
	下	0	266	158	149	756	827	856	529	367	428	237	376	1167
9:00—10:00	上	1556	204	274	125	235	308	162	203	198	76	99	27	0
	下	0	157	100	80	410	511	498	336	199	276	136	219	556
10:00—11:00	上	902	147	183	82	155	206	120	150	143	50	59	18	0
	下	0	103	59	59	246	346	320	191	147	185	96	154	438
11:00—12:00	上	847	130	132	67	127	150	108	104	107	41	48	15	0
	下	0	94	48	48	199	238	256	175	122	143	68	128	346
12:00—13:00	上	706	90	118	66	105	144	92	95	88	34	40	12	0
	下	0	70	40	40	174	215	205	127	103	119	65	98	261
13:00—14:00	上	770	97	126	59	102	133	97	102	104	36	43	13	0
	下	0	75	43	43	166	210	209	136	90	127	60	115	309
14:00—15:00	上	839	133	156	69	130	165	101	118	120	42	49	15	0
	下	0	84	48	48	219	238	246	155	112	153	78	118	346
15:00—16:00	上	1110	170	189	79	169	194	141	152	166	54	64	19	0
	下	0	110	73	63	253	307	341	215	136	167	102	144	425
16:00—17:00	上	1837	260	330	146	305	404	229	277	253	95	122	34	0
	下	0	175	96	106	459	617	549	401	266	304	162	269	784
17:00—18:00	上	3020	474	587	248	468	649	388	432	452	157	205	56	0
	下	0	330	193	194	737	934	1016	606	416	494	278	448	1249
18:00—19:00	上	1966	350	399	204	328	471	289	335	342	122	132	40	0
	下	0	223	129	150	635	787	690	505	304	423	246	320	1010
19:00—20:00	上	939	130	165	88	138	187	124	143	147	48	56	17	0
	下	0	113	59	59	266	306	290	201	147	155	86	154	398
20:00—21:00	上	640	107	126	69	112	153	87	102	94	36	43	13	0
	下	0	75	43	43	186	230	219	146	90	127	70	95	319
21:00—22:00	上	636	110	128	56	105	144	82	95	98	34	40	12	0
	下	0	73	41	42	190	243	192	132	107	123	67	101	290
22:00—23:00	上	294	43	51	24	46	58	35	41	42	15	17	5	0
	下	0	35	20	20	87	108	92	69	47	60	33	49	136

【案例分析及求解】

1. 问题的假设

根据题目的要求，并为了达到将实际情况进行抽象的目的，在我们的模型中有如下假设。

（1）乘客上下车的时间计算在公交车的运行时间内。

（2）假设交通秩序良好，公交车路上不会出现意外的交通事故、零件损坏或者公交车不受交通阻塞等。

（3）公交车辆之间不超车、也不赶车。

（4）假设在各时段内各站点的候车人数服从泊松分布。

（5）不考虑季节性。

（6）对上一时段运行未到终点站的车辆进入下一时段时，期望满载率突变为下一时段的期望满载率。

2. 符号说明

M_i：表示第 i 时段内的配车数（车次）；

C：车辆的标准容量；

$E(x)$：随机变量 x 的数学期望；

H_i：第 i 时段内的上行方向的小时最高断面通过量；

h_i：第 i 时段内的下行方向的小时最高断面通过量；

L：上行方向的线路长度；

l：下行方向的线路长度；

D_i：上行方向第 i—1 站到第 i 站的距离；

d_i：下行方向第 i—1 站到第 i 站的距离；

Q_{ij}：上行方向的第 i 时段第 j 站的流通量；

q_{ij}：下行方向的第 i 时段第 j 站的流通量；

T_{ij}：第 i 时段上行方向的第 j 站的单位乘客平均等待时间（单位：小时）；

t_{ij}：第 i 时段下行方向的第 j 站的单位乘客平均等待时间（单位：小时）；

A_{ij}：第 i 时段上行方向的第 j 站的上车人数；

B_{ij}：第 i 时段上行方向的第 j 站的下车人数；

a_{ij}：第 i 时段下行方向的第 j 站的上车人数；

b_{ij}：第 i 时段下行方向的第 j 站的下车人数；

U：公司车辆营运平均利用率；

W：单位乘客的平均等待时间；

S：总的乘客流通量；

P_i：第 i 时段车辆的期望满载率；

P：车辆最大的满载率；

T_1：高峰时段乘客待车的最大的期望等车时间；

T_2：一般时段乘客待车的最大的期望等车时间；

E_1：公交公司最小的车辆期望满载率。

3. 问题的分析

制订调度方案是一个统筹问题，其核心是编制站点发车时刻表。关键是如何确定各时段的发车次数和发车间隔。前者可用各时段最高断面通过量来确定，我们根据实际情况要求采用均匀间隔和不均匀间隔的发车方式发车，从而确定各时段具体的发车间隔，确定发车时间。然后编制 A_0 站和 A_{13} 站的发车时刻表，根据发车时刻表计算公交公司的配车数。最后，采用乘客平均待车时间和公司车辆的实际利用率与公司车辆的期望利用率的差这两个指标来评价调度方案对乘客利益和公司利益的满意程度。

4. 问题的解答

1) 数据的初步处理

将问题中的数据分成上行方向和下行方向 18 个时段进行处理，考虑 i 时段内第 j 站流通量＝入站人数＋上车人数－下车人数。即

$$Q_{ij}=\sum_{k=1}^{j}(A_{ik}-B_{ik})\quad q_{ij}=\sum_{k=1}^{j}(a_{ik}-b_{ik})$$

数据结果如下：

上行

371	423	466	496	552	594	597	599	652	660	681	701	672	570
1990	2267	2495	2587	2937	2943	2716	2538	2641	2609	2617	2636	1783	1168
3626	4055	4356	4531	5018	4828	4254	3419	3522	3312	3217	3035	1263	－196
2064	2280	2462	2528	2705	2620	2270	1785	1784	1696	1632	1458	386	－373
1186	1310	1401	1428	1528	1425	1186	959	976	918	874	803	65	－418
923	1022	1087	1114	1193	1108	947	717	740	710	680	625	119	－266
957	1084	1183	1232	1355	1298	1142	975	1039	994	973	937	433	93
873	968	1059	1096	1200	1441	1014	857	914	868	837	801	339	6
779	881	943	957	1040	1004	910	824	860	841	836	817	456	193
625	693	672	798	881	872	786	632	663	632	610	575	212	－27
635	723	782	807	871	842	726	572	593	562	540	515	182	－47
1493	1712	1867	1931	2133	2087	1856	1553	1608	1571	1524	1470	719	162
2011	2280	2473	2532	2772	2557	2280	1909	2027	1914	1871	1752	585	－208
691	770	829	838	897	825	702	513	557	521	483	440	34	－302
350	392	424	436	464	433	375	267	273	252	236	217	24	－115
304	338	364	376	410	405	361	295	296	284	276	266	115	－2
209	232	250	255	275	252	218	140	130	116	104	90	－32	－124
19	19	19	16	13	0	－14	－36	－43	－49	－55	－62	－93	－114

下行

2	23	26	27	25	22	18	16	16	13	12	9	0
795	868	995	1039	1006	989	903	893	930	866	844	752	481
2328	2414	2685	2752	2462	2137	1560	1358	1315	997	870	542	-416
2706	2814	3148	3223	2871	2576	2053	1869	1856	1548	1464	1134	-33
1556	1603	1777	1822	1647	1444	1108	975	974	774	737	545	-11
902	946	1070	1093	1002	862	662	621	617	482	445	309	-129
847	883	967	986	914	826	678	607	592	490	470	357	11
706	726	804	830	761	690	577	545	530	445	420	334	73
770	792	875	891	827	750	638	604	618	527	510	408	99
839	888	996	1017	928	855	710	673	681	570	541	438	92
1110	1170	1286	1302	1218	1105	905	842	872	759	721	596	171
1837	1922	2156	2196	2042	1829	1509	1385	1372	1163	1123	888	104
3020	3164	3558	3612	33473	3058	2430	2256	2292	1955	1882	1490	241
1966	2093	2363	2417	2110	1794	1393	1223	1261	960	846	566	-444
939	956	1062	1091	963	844	678	620	620	513	483	346	-52
640	672	755	781	707	630	498	454	458	367	340	258	-61
636	673	760	774	689	590	480	443	434	345	318	229	-61
291	302	333	337	296	246	189	161	156	111	95	51	-85

总流量 = 489 390(人次)

上面数据出现负数是表示在上一个时段上车,但在这个时段内下车的人数多于这个时段上车的人。

2) 确定发车次数和发车间隔

确定各时段的最少发车次数

$$M_i = \frac{H_i}{P_i \times C} \quad m_i = \frac{h_i}{P_i \times C}$$

计算结果如下:(采用原数据结果加 1 再取整的处理方式处理数据)

上行方向:6 25 42 23 13 10 12 11 9 8 8 18 24 8 6 6 6 6

下行方向:2 9 23 27 16 10 9 7 8 9 11 19 31 21 10 7 7 6

为了达到乘客的一般要求,对某些站点进行调整。调整结果见发车时刻表。

根据各时段的发车情况,确定各时段的具体发车时间间隔(单位:分钟)。

计算结果如下:

上行方向:

10,2.4,1.428 57,2.6087,4.615 38,6,5,
5.454 55,6.666 67,7.5,7.5,3.333 33,2.5,7.5,15,15,20,60.

下行方向:

60,6.666 67,2.6087,2.222 22,3.75,6,6.666 67,8.571 43,7.5,
6.666 67,5.454 55,3.157 89,1.935 48,2.857 14,6,8.571 43,8.571 43,20.

3) 编制发车时刻表,制订调度方案

方案如表 11-14 所示。

表 11-14　发车时刻表

车辆上行			车辆下行		
A13 发车时段	A13 发车时刻	到达 A0 时刻	A0 发车时段	A0 发车时刻	到达 A13 时刻
5:00—6:00 车次：6	5:00:00	5:43:83	5:00—6:00 车次：2	5:20	6:03:74
	5:10:00	5:53:44		5:40	6:23:74
	5:20:00	6:03:44	6:00—7:00 车次：9	6:00:00	6:43:50
	5:30:00	6:13:44		6:06:40	6:50:30
	5:40:00	6:23:44		6:13:20	6:57:10
	5:50:00	6:33:44		6:20:00	7:03:50
6:00—7:00 车次：25	6:00:00	6:43:44		6:26:40	7:10:30
	6:02:24	6:46:08		6:33:20	7:17:10
	6:04:48	6:48:32		6:40:00	7:23:50
	6:07:12	6:50:56		6:46:40	7:30:30
	6:09:36	6:53:20		6:53:20	7:37:10
	6:12:00	6:55:44	7:00—8:00 车次：23	7:00:00	7:43:50
	6:14:24	6:58:08		7:02:36	7:46:26
	6:16:48	7:00:32		7:05:12	7:49:02
	6:19:12	7:02:56		7:07:48	7:51:38
	6:21:36	7:05:20		7:10:14	7:54:14
	6:24:00	7:07:44		7:12:50	7:56:50
	6:26:24	7:10:08		7:15:26	7:59:26
	6:28:48	7:12:32		7:18:02	8:02:02
	6:31:12	7:14:56		7:20:38	8:04:38
	6:33:36	7:17:20		7:23:14	8:07:14
	6:36:00	7:19:44		7:25:50	8:09:50
	6:38:24	7:22:08		7:28:26	8:12:26
	6:40:48	7:24:32		7:31:02	8:15:02
	6:43:12	7:26:56		7:33:38	8:17:38
	6:45:36	7:29:08		7:36:14	8:20:14
	6:48:00	7:31:32		7:38:52	8:22:50
	6:50:24	7:33:56		7:41:28	8:25:26
	6:52:48	7:36:20		7:44:04	8:28:02
	6:55:12	7:38:44		7:46:40	8:30:38
	6:57:36	7:41:08		7:49:16	8:33:14
7:00—8:00 车次：42	7:00:00	7:43:44		7:51:52	8:35:50
	7:01:26	7:45:10		7:54:28	8:38:26
	7:02:52	7:46:36		7:57:04	8:41:02
	7:04:18	7:48:02	8:00—9:00 车次：27	8:00:00	8:43:50
	7:05:44	7:49:28		8:02:13	8:46:03
	7:07:10	7:50:54		8:04:26	8:48:16
	7:08:36	7:52:20		8:06:39	8:50:29
	7:10:02	7:53:46		8:08:52	8:52:42
	7:11:28	7:55:12		8:11:05	8:54:55
	7:12:54	7:56:38		8:13:18	8:57:08

续表

车辆上行			车辆下行		
A13 发车时段	A13 发车时刻	到达 A0 时刻	A0 发车时段	A0 发车时刻	到达 A13 时刻
7:00—8:00 车次:42	7:14:20	7:58:04	8:00—9:00 车次:23	8:15:31	8:59:21
	7:15:46	7:59:30		8:17:43	9:01:34
	7:17:12	8:00:56		8:19:56	9:03:47
	7:18:38	8:02:22		8:22:09	9:06:00
	7:20:04	8:03:48		8:24:21	9:08:13
	7:21:30	8:05:14		8:26:34	9:10:26
	7:22:56	8:06:40		8:28:47	9:12:39
	7:24:22	8:08:06		8:31:00	9:14:52
	7:25:48	8:09:32		8:33:13	9:17:05
	7:27:14	8:10:58		8:35:26	9:19:18
	7:28:40	8:12:24		8:37:39	9:21:31
	7:30:06	8:13:50		8:39:52	9:23:43
	7:31:32	8:15:16		8:42:05	9:25:56
	7:32:58	8:16:42		8:44:18	9:28:09
	7:34:24	8:18:08		8:46:31	9:30:22
	7:35:50	8:19:34		8:48:44	9:32:35
	7:37:16	8:21:00		8:50:57	9:35:48
	7:38:42	8:22:26		8:53:10	9:38:01
	7:40:08	8:23:52		8:55:23	9:40:14
	7:41:34	8:25:18		8:57:36	9:42:27
	7:43:00	8:26:44	9:00—10:00 车次:16	9:00:00	9:43:50
	7:44:26	8:28:10		9:03:45	9:47:35
	7:45:52	8:29:36		9:07:30	9:51:20
	7:47:18	8:31:02		9:11:15	9:55:05
	7:48:44	8:32:28		9:15:00	9:58:50
	7:50:10	8:33:54		9:18:45	10:02:35
	7:51:36	8:35:20		9:22:30	10:06:20
	7:53:02	8:36:46		9:26:15	10:10:05
	7:54:28	8:38:12		9:30:00	10:13:50
	7:55:54	8:39:38		9:33:45	10:17:35
	7:57:20	8:41:04		9:37:30	10:21:20
	7:58:46	8:42:30		9:41:15	10:25:05
8:00—9:00 车次:23	8:00:00	8:43:44		9:45:00	10:28:50
	8:02:37	8:46:21		9:48:45	10:32:35
	8:05:14	8:48:58		9:52:30	10:36:20
	8:07:51	8:51:35		9:56:15	10:40:05
	8:10:28	8:54:12	10:00—11::00 车次:10	10:00:00	10:43:50
	8:13:05	8:56:49		10:06:00	10:49:50
	8:15:42	8:59:26		10:12:00	10:55:50
	8:18:19	9:02:03		10:18:00	11:01:50
	8:20:56	9:04:40		10:24:00	11:07:50

续表

车辆上行			车辆下行		
A13 发车时段	A13 发车时刻	到达 A0 时刻	A0 发车时段	A0 发车时刻	到达 A13 时刻
8:00—9:00 车次：23	8:23:33	9:07:17	10:00—11:00 车次：10	10:30:00	11:13:50
	8:26:10	9:09:54		10:36:00	11:19:50
	8:31:24	9:15:08		10:42:00	11:25:50
	8:34:01	9:17:45		10:48:00	11:31:50
	8:36:38	9:20:22		10:54:00	11:37:50
	8:39:15	9:22:59	11:00—12:00 车次：9	11:00:00	11:43:50
	8:41:52	9:25:36		11:06:40	11:50:30
	8:44:29	9:28:13		11:13:20	11:57:10
	8:47:06	9:30:50		11:20:00	12:03:50
	8:49:43	9:33:27		11:26:40	12:10:30
	8:52:20	9:36:04		11:33:20	12:17:10
	8:54:57	9:38:41		11:40:00	12:23:50
	8:47:34	9:41:18		11:46:40	12:30:30
	8:50:11	9:43:55		11:53:20	12:37:10
	8:52:48	9:46:32	12:00—13:00 车次：7	12:00:00	12:43:50
	8:55:25	9:49:09		12:08:34	12:52:24
	8:58:02	9:51:46		12:17:08	13:00:58
9:00—10:00 车次：13	9:00	9:43:44		12:25:42	13:09:32
	9:04:36	9:48:20		12:34:16	13:18:06
	9:09:12	9:52:56		12:42:50	13:26:40
	9:13:48	9:57:32		12:51:24	13:35:14
	9:18:24	10:02:08	13:00—14:00 车次：8	13:00:00	13:43:50
	9:23:00	10:06:44		13:07:30	13:51:20
	9:27:36	10:11; 20		13:15:00	13:58:50
	9:52:12	10:15:56		13:22:30	14:06:20
	9:56:48	10:20:32		13:30:00	14:13:50
10:00—11:00 车次：10	10:00	10:43:44		13:37:30	14:21:20
	10:06:00	10:49:44		13:45:00	14:28:50
	10:12:00	10:54:44		13:52:30	14:36:20
	10:18:00	11:00:44	14:00—15:00 车次：9	14:00:00	14:43:50
	10:24:00	11:06:44		14:06:40	14:50:30
	10:30:00	11:10:44		14:13:20	14:57:10
	10:36:00	11:16:44		14:20:00	15:03:50
	10:42:00	11:22:44		14:26:40	15:10:30
	10:48:00	11:28:44		14:33:20	15:17:10
	10:54:00	11:34:44		14:40:00	15:23:50
11:00—12:00 车次：12	11:00:00	11:43:44		14:46:40	15:30:30
	11:05:00	11:48:44		14:53:20	15:37:10
	11:10:00	11:53:44	15:00—16:00 车次：11	15:00:00	15:43:50
	11:15:00	11:58:44		15:05:27	15:49:17
	11:20:00	12:03:44		15:10:54	15:54:44

续表

车辆上行			车辆下行		
A13 发车时段	A13 发车时刻	到达 A0 时刻	A0 发车时段	A0 发车时刻	到达 A13 时刻
11:00—12:00 车次:12	11:25:00	12:08:44	15:00—16:00 车次:8	15:16:21	16:00:11
	11:30:00	12:13:44		15:21:48	16:05:38
	11:35:00	12:18:44		15:27:15	16:11:05
	11:40:00	12:23:44		15:32:42	16:16:32
	11:45:00	12:28:44		15:38:09	16:22:00
	11:50:00	12:33:44		15:43:36	16:27:27
	11:55:00	12:38:44		15:49:03	16:32:54
12:00—13:00 车次:11	12:00:00	12:43:44		15:54:30	16:38:21
	12:05:30	12:49:14	16:00—17:00 车次:19	16:00:00	16:43:50
	12:11:00	12:54:44		16:03:09	16:46:59
	12:16:30	13:00:14		16:06:18	16:51:08
	12:22:00	13:05:44		16:09:27	16:54:17
	12:27:30	13:11:14		16:12:36	16:57:26
	12:33:00	13:16:44		16:15:45	17:00:35
	12:38:30	13:22:14		16:18:54	17:03:44
	12:44:00	13:27:44		16:23:03	17:06:53
	12:49:30	13:33:14		16:26:12	17:10:02
	12:55:00	13:38:44		16:29:21	17:13:11
13:00—14:00 车次:9	13:00:00	13:43:44		16:32:30	17:16:20
	13:06:40	13:50:24		16:35:39	17:19:29
	13:13:20	13:51:04		16:38:48	17:22:38
	13:20:00	13:57:44		16:41:57	17:25:47
	13:26:40	14:04:24		16:45:06	17:28:56
	13:33:20	14:11:04		16:48:15	17:32:05
	13:40:00	14:17:44		16:51:24	17:35:14
	13:46:40	14:24:04		16:54:33	17:38:23
	13:53:20	14:30:44		16:57:42	17:41:32
14:00—15:00 车次:8	14:00:00	14:43:44	17:00—18:00 车次:31	17:00:00	17:43:50
	14:07:30	14:51:14		17:01:56	17:45:46
	14:15:00	14:58:44		17:03:52	17:47:42
	14:22:30	15:06:14		17:05:48	17:49:38
	14:30:00	15:13:44		17:07:44	17:51:34
	14:37:30	15:21:14		17:09:40	17:53:30
	14:45:00	15:28:44		17:11:36	17:55:26
	14:52:30	15:36:14		17:13:32	17:57:22
15:00—16:00 车次:8	15:00:00	15:43:44		17:15:28	17:59:18
	15:07:30	15:51:14		17:17:24	18:01:14
	15:15:00	15:58:44		17:19:20	18:03:10
	15:22:30	16:06:14		17:21:16	18:05:06
	15:30:00	16:13:44		17:23:12	18:07:02
	15:37:30	16:21:14		17:25:08	18:08:58

续表

车辆上行			车辆下行		
A13发车时段	A13发车时刻	到达A0时刻	A0发车时段	A0发车时刻	到达A13时刻
15:00—16:00 车次:8	15:45:00	16:28:44	17:00—18:00 车次:24	17:27:04	18:10:54
	15:52:30	16:36:14		17:29:00	18:12:50
16:00—17:00 车次:18	16:00:00	16:43:44		17:30:56	18:14:46
	16:03:20	16:47:04		17:32:52	18:16:42
	16:06:40	16:50:24		17:34:48	18:18:38
	16:10:00	16:53:44		17:36:44	18:20:34
	16:13:20	16:57:04		17:39:40	18:22:30
	16:16:40	17:00:24		17:41:36	18:24:26
	16:20:00	17:03:44		17:43:32	18:26:22
	16:23:20	17:07:04		17:45:28	18:28:18
	16:26:40	17:10:24		17:47:24	18:30:14
	16:30:00	17:13:44		17:49:20	18:32:10
	16:33:20	17:17:04		17:51:16	18:34:06
	16:36:40	17:20:24		17:53:12	18:36:02
	16:40:00	17:23:44		17:55:08	18:37:58
	16:43:20	17:27:04		17:57:04	18:39:56
	16:46:40	17:30:24		17:59:00	18:41:52
	16:50:00	17:33:44	18:00—19:00 车次:21	18:00:00	18:43:50
	16:53:20	17:37:04		18:02:51	18:46:41
	16:56:40	17:40:24		18:05:42	18:49:32
17:00—18:00 车次:24	17:00:00	17:43:44		18:08:33	18:52:23
	17:02:30	17:46:14		18:11:24	18:55:14
	17:05:00	17:48:44		18:14:15	18:58:05
	17:07:30	17:51:14		18:17:06	19:00:56
	17:10:00	17:53:44		18:19:57	19:03:47
	17:12:30	17:56:14		18:22:48	19:06:38
	17:15:00	17:58:44		18:25:39	19:09:29
	17:17:30	18:01:14		18:28:30	19:12:20
	17:20:00	18:03:44		18:31:21	19:15:11
	17:22:30	18:06:14		18:34:12	19:18:02
	17:25:00	18:08:44		18:37:03	19:20:53
	17:27:30	18:11:14		18:39:54	19:23:44
	17:30:00	18:13:44		18:42:45	19:26:35
	17:32:30	18:16:14		18:45:36	19:29:26
	17:35:00	18:18:44		18:48:27	19:32:17
	17:37:30	18:21:14		18:51:18	19:35:08
	17:40:00	18:23:44		18:54:09	19:37:59
	17:42:30	18:26:14		18:57:00	19:40:50
	17:45:00	18:28:44	19:00—20:00 车次:10	19:00:00	19:43:50
	17:47:30	18:31:14		19:06:00	19:49:50
	17:50:00	18:33:44		19:12:00	19:55:50

续表

车辆上行			车辆下行		
A13 发车时段	A13 发车时刻	到达 A0 时刻	A0 发车时段	A0 发车时刻	到达 A13 时刻
17:00—18:00 车次：24	17:52:30	18:36:14	19:00—20:00 车次：10	19:18:00	20:01:50
	17:55:00	18:38:44		19:24:00	20:07:50
	17:57:30	18:41:14		19:30:00	20:13:50
18:00—19:00 车次：8	18:00:00	18:43:44		19:36:00	20:19:50
	18:07:30	18:51:14		19:42:00	20:25:50
	18:15:00	18:58:44		19:48:00	20:31:50
	18:22:30	19:06:14		19:54:00	20:37:50
	18:30:00	19:13:44	20:00—21:00 车次：7	20:00:00	20:43:50
	18:37:30	19:21:14		20:08:34	20:52:24
	18:45:00	19:28:44		20:17:08	21:00:58
	18:52:30	19:36:14		20:25:42	21:09:32
19:00—20:00 车次：6	19:00:00	19:43:44		20:34:16	21:18:06
	19:10:00	19:53:44		20:42:50	21:26:40
	19:20:00	20:03:44		20:51:24	21:34:14
	19:30:00	20:13:44	21:00—22:00 车次：7	21:00:00	21:43:50
	19:40:00	20:23:44		21:08:34	21:52:24
	19:50:00	20:33:44		21:17:08	22:00:58
20:00—21:00 车次：6	20:00:00	20; 43:44		21:25:42	22:09:32
	20:10:00	20:53:44		21:34:16	22:18:06
	20:20:00	21:03:44		21:42:50	22:26:40
	20:30:00	21:13:44		21:51:24	22:34:14
	20:40:00	21:23:44	22:00—23:00 车次：6	22:00:00	22:43:50
	20:50:00	21:33:44		22:10:00	22:53:50
21:00—22:00 车次：6	21:00:00	21:43:44		22:20:00	23:03:50
	21:10:00	21:53:00		22:30:00	23:13:50
	21:20:00	22:03:44		22:40:00	23:23:50
	21:30:00	22:13:44		22:50:00	23:33:50
	21:40:00	22:23:44			
	21:50:00	22:33:44			
22:00—23:00 车次：1	22:00:00	22:43:44			

根据调度方案，采取累加新增发车辆数的计算方法，计算出公交公司一共需要 6＋22＋29＝57 辆客车。

A13 站发出的车为 55 辆。

A0 站发出的车为 2 辆。

4）调度方案时刻表的合理性

最高峰的时候数学期望 84 人对泊松分布来说是很大，由于泊松分布数学特征即数学期望越大，它的图像越对称。所以高峰时段的车流通量最大，但是由于在整点开出的车会很好地满足车供应量，那是因为在该时段的高峰时间是在 A9 站，但是在整点发出到达站的时间是 11.49 分钟，从而有 12×84＝1008(人)需要车 8 辆，由时刻表知，已经有 9 辆车到达此站，完全可以载完人数。其他时间发的车更能满足要求。所以我们认为它是比较合理的时刻表。

5）调度方案的评价

对乘客来说，等车时间越短越好；对公交公司来说，车辆的利用率越高、越接近期望利用率越好；因此，考虑一般情况，建立单位乘客平均待车时间 W 及车辆实际利用率与车辆期望利用率的差 U 这两个指标来评价调度方案。前者反映了调度方案对乘客利益的照顾程度，后者反映了调度方案对公交公司利益的照顾程度。

$$W=\frac{\text{总的乘客待车时间}}{\text{总的乘客数}}=\frac{\sum_{i=1}^{18}\sum_{j=1}^{14}A_{ij}\times T_{ij}+\sum_{i=1}^{18}\sum_{j=1}^{13}a_{ij}\times t_{ij}}{\sum_{i=1}^{18}\sum_{j=1}^{14}A_{ij}\times T_{ij}+\sum_{i=1}^{18}\sum_{j=1}^{113}a_{ij}}$$

$$=\frac{3893.102+3711.898}{51\,295+57\,101}=\frac{7605}{108\,396}\approx 0.07(\text{小时})=4.2(\text{分钟})$$

不难看出乘客的利益得到了相当好的照顾。

$$U=\frac{\text{总的期望乘客流通量}}{\text{公司车辆总的最大客运量}}-\frac{\text{总的实际乘客流通量}}{\text{公司车辆总的最大客运量}}$$

$$=\frac{\sum_{i=1}^{18}M_i\cdot P_i\cdot C\cdot K+\sum_{i=1}^{18}m_i\cdot P_i\cdot C\cdot k-S}{\sum_{i=1}^{18}M_i\cdot P\cdot C\cdot K+\sum_{i=1}^{18}m_i\cdot P\cdot C\cdot k}=0.8328-0.694=0.1388$$

所以，公司实际发车次与期望发车次很接近，我们认为公司的利益也得到了很好的照顾。

11.5　钢管订购和运输问题

【案例描述】

要铺设一条 $A_1\rightarrow A_2\rightarrow\cdots\rightarrow A_{15}$ 的输送天然气的主管道，如图 11-5 所示。经筛选后可以生产这种主管道钢管的钢厂有 $S_1,S_2,\cdots,S_7$。图 11-5 中粗线表示铁路，单细线表示公路，双细线表示要铺设的管道(假设沿管道或者原来有公路，或者建有施工公路)，圆圈表示火车站，每段铁路、公路和管道旁的阿拉伯数字表示里程(单位：km)。

为方便计算，1km 主管道钢管称为 1 单位钢管。

一个钢厂如果承担制造这种钢管，至少需要生产 500 个单位。钢厂 S_i 在指定期限内能生产该钢管的最大数量为 s_i 个单位，钢管出厂销价 1 单位钢管为 p_i 万元，如表 11-15 所示。

表 11-15　各钢厂的生产数据

i	1	2	3	4	5	6	7
S_i	800	800	1000	2000	2000	2000	3000
P_i	160	155	155	160	155	150	160

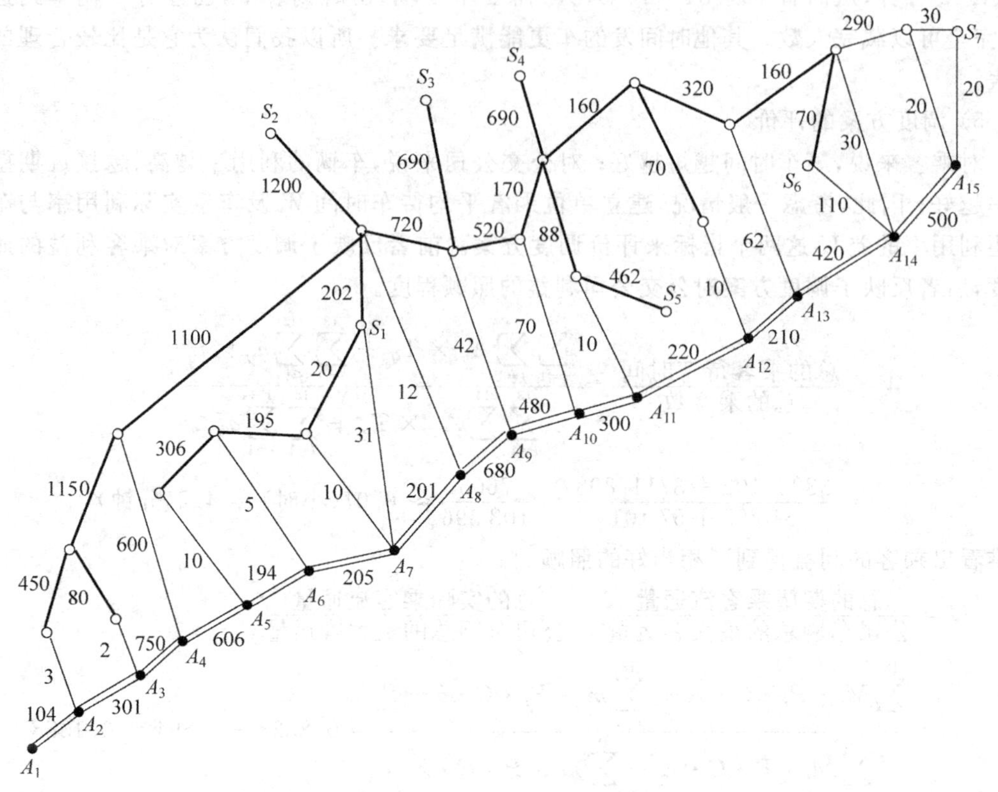

图 11-5 输送天然气的主管道

1 单位钢管的铁路运价如表 11-16 所示。

表 11-16 1 单位钢管的铁路运价

里程/km	≤300	301～350	351～400	401～450	451～500
运价/万元	20	23	26	29	32
里程/km	501～600	601～700	701～800	801～900	901～1000
运价/万元	37	44	50	55	60

1000km 以上每增加 100km 运价增加 5 万元。

公路运输费用为 1 单位钢管每千米 0.1 万元(不足整千米部分按整千米计算)。

钢管可由铁路、公路运往铺设地点(不只是运到点 $A_1, A_2, \cdots, A_{15}$,而是管道全线)。

(1) 请制订一个主管道钢管的订购和运输计划,使总费用最小(给出总费用)。

(2) 请就(1)的模型分析:哪个钢厂钢管的销价的变化对购运计划和总费用影响最大,哪个钢厂钢管的产量的上限的变化对购运计划和总费用的影响最大,并给出相应的数字结果。

(3) 如果要铺设的管道不是一条线,而是一个树形图,铁路、公路和管道构成网络,请就这种更一般的情形给出一种解决办法,并对图 11-6 按(1)的要求给出模型和结果。

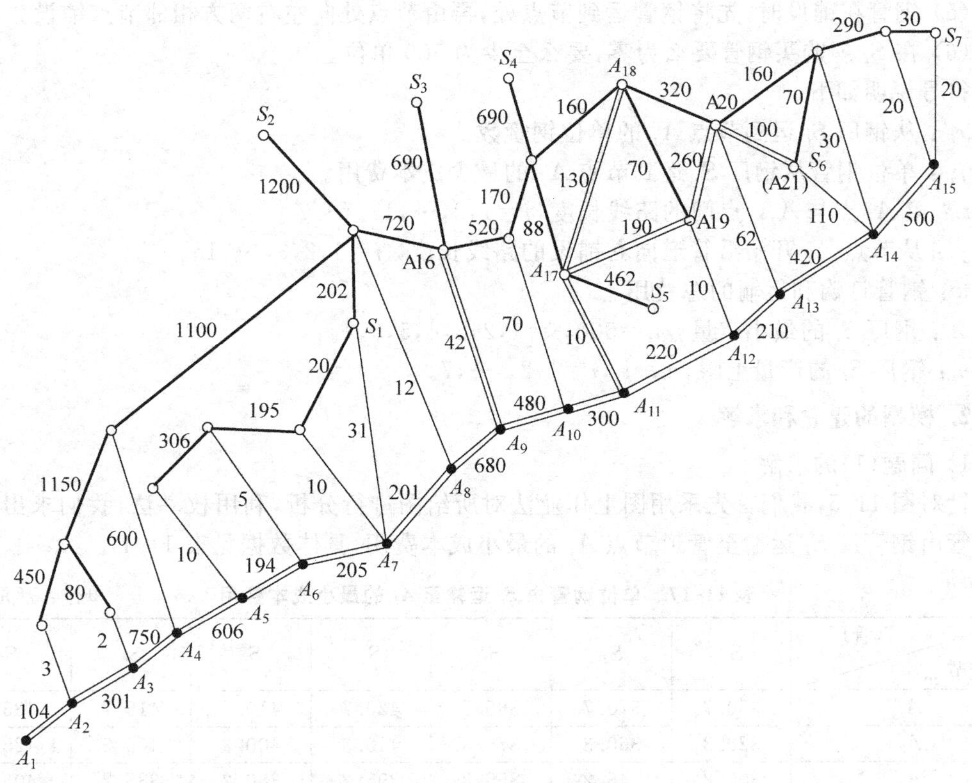

图 11-6 输送天然气的树形管道

【案例分析】

该问题是图论中运输问题的最优化问题。

经过分析，我们认为总费用可分为两种费用进行求解，分别如下。

(1) 销价和运输钢管至管道节点 $A_i(i=1,2,\cdots,15)$ 的总费用(称为成本费用)。

(2) 铺设过程中的运输费用。

要解决此问题，我们认为有两点很关键。

(1) 如何求出 $A_i(i=1,2,\cdots,15)$ 至 $S_i(i=1,2,\cdots,7)$ 的最小成本费用。

(2) 如何调整使得各路径满足题中的最优指标。

针对上述问题，我们分别运用了图上作业法、枚举法、逐次修正法、重绕最小生成树法等方法，在综合考虑算法的精度和算法的复杂度后，我们选择了图上作业法、枚举法、逐次修正法对模型进行逐次优化，直至求得最优解。

【案例求解】

1. 问题的基本假设和符号说明

基本假设如下。

(1) 运输方式的改变所花费用包含在运费中。

(2) 铁路线上任意两点可以直达，不需中途转车，即铁路线上两点间运费按线路总长计算。

(3) 假设一单位钢管可由任意长度钢管组成，购买钢管可以非整数单位购买。

(4) 不考虑其他外界因素对费用的影响。

(5) 钢管在铺设时,先将钢管运到节点处,再由节点处向左右两方相邻节点铺设。

(6) 在 S_i 厂购买钢管要么为零,要么至少为 500 单位。

符号说明如下。

x_{ij}: 从钢厂 S_i 运到节点 A_j 的单位钢管数。

f_{ij}: 单位钢管从钢厂 S_i 运到节点 A_j 的最少成本费用。

t_j: 第 A_j 点与 A_{j+1} 点间的路线长度,$j=1,2,\cdots,14$。

y_j: 从节点 A_j 开始沿管道向右铺设的路线长度,$j=1,2,3,\cdots,15$。

w: 钢管订购和运输的总费用。

m_i: 钢厂 S_i 的最小产量,$m_i=500,i=1,2,3,4,5,6,7$。

n_i: 钢厂 S_i 的产量上限,$n_i=s_i,i=1,2,\cdots,7$。

2. 模型的建立和求解

1) 问题(1)的求解

针对图 11-5,我们首先采用图上作业法对所给图进行分析,利用枚举法,我们求出 1 单位钢管由钢管厂 S_i 运输至管道节点 A_i 的最小成本费用,具体数据见表 11-17。

表 11-17 单位钢管由 S_i 运输至 A_i 的最小成本费用 单位:万元

钢管厂 / 管道节点	S_1	S_2	S_3	S_4	S_5	S_6	S_7
A_1	330.7	370.7	385.7	420.7	410.7	415.7	435.7
A_2	320.3	360.3	375.3	410.3	400.3	405.3	425.3
A_3	300.2	345.2	355.2	395.2	380.2	385.2	405.2
A_4	258.6	326.6	336.6	376.6	361.6	366.6	386.6
A_5	198	266	276	316	301	306	326
A_6	180.5	250.5	260.5	300.5	285.5	290.5	310.5
A_7	163.1	241	251	291	276	281	301
A_8	181.2	226.2	241.2	276.2	266.2	271.2	291.2
A_9	224.2	269.2	203.2	244.2	234.2	234.2	259.2
A_{10}	252	297	237	222	212	212	237
A_{11}	256	301	241	211	188	201	226
A_{12}	266	311	251	221	206	195	216
A_{13}	281.2	326.2	266.2	236.2	226.2	176.2	198.2
A_{14}	288	333	273	243	228	161	186
A_{15}	302	347	287	257	242	178	162

这样,原问题即转化为通常的运输问题。

我们进一步对表 11-17 的数据进行分析,得到以下结论。

结论 1:将 S_4、S_5 两列数据进行对比,发现同一行中 S_4 列数据均大于 S_5 列。由此得出,应优先考虑钢厂 S_5,只有当对 S_5 的需求量超过其最大产量时,才需要考虑钢厂 S_4。

进一步对原图进行分析,得出以下结论。

结论 2:由于 A_1 点只有通过 A_2 点才能与钢厂 S_i 连接,故模型中不需要考虑往 A_1 运输钢管。

• **模型 1**

对表 11-17 的数据进一步分析。将各行数据由小到大排序,发现由 A_2 至 A_9 各行中费用最小的前四个数据均在 S_1,S_2,S_3,S_5 列中，由 A_{10} 至 A_{15} 各行中费用最小的前三个数据均在 S_5,S_6,S_7 中，直观感觉到：A_1 至 A_9 需要来自 S_6 及 S_7 等后一部分钢厂的钢管的可能性很小，而且 A_9 至 A_{15} 不太可能需要 S_1、S_2、S_3 等前一部分钢厂生厂的钢管，故把原图分为两个子图考虑，分别为 A_1 至 A_9 和 A_9 至 A_{15}，即分为两个子模型，分别进行最优化，得到两个子模型(非线性规划模型)如下。

子模型 1：

$$\min\sum_{i=1}^{4}\sum_{j=1}^{8}x_{i(j+1)}\cdot f_{i(j+1)}+\frac{0.1}{2}\sum_{j=1}^{8}(y_j^2+(t_j-y_j)^2+t_j)$$

$$\text{s.t.}\begin{cases}m_i\leqslant\sum\limits_{j=1}^{8}x_{i(j+1)}\leqslant n_i\text{or}\sum\limits_{j=1}^{8}x_{i(j+1)}=0(i=1,2,3,4)\\ x_{12}+x_{22}+x_{32}+x_{42}=t_1+y_2\\ \sum\limits_{i=1}^{4}x_{i(j+1)}=t_j-y_j+y_{j+1}\quad(j=2,3,\cdots,7)\\ x_{19}+x_{29}+x_{39}+x_{49}=t_8-y_8\end{cases}$$

子模型 2：

$$\min\sum_{i=5}^{7}\sum_{j=9}^{15}x_{ij}\cdot f_{ij}+\frac{0.1}{2}\sum_{j=9}^{15}(y_j^2+(t_j-y_j)^2+t_j)$$

$$\text{s.t.}\begin{cases}m_i\leqslant\sum\limits_{j=9}^{15}x_{ij}\leqslant n_i\text{or}\sum\limits_{j=9}^{15}x_{ij}=0(i=5,6,7)\\ x_{59}+x_{69}+x_{79}=y_9\\ x_{5,15}+x_{6,15}+x_{7,15}=t_{14}+y_{14}\\ \sum\limits_{i=5}^{7}x_{ij}=t_{j+1}-y_{j-1}+y_j\quad(j=10,11,\cdots,14)\end{cases}$$

由于这两个子模型属于非线性规划问题，且第一个约束条件很复杂，利用结论 1 和结论 2，采用分支定界法用 LINGO 软件分别进行编程得到：

$$w_1=859\,629.3,\quad w_2=419\,866.7$$

模型 1 的总费用为 $w=w_1+w_2=1\,279\,496$(万元)。

- **模型 2**

由于前面的模型直观地将管道分为两端，即原图分为两个子图，可能存在一定的误差。下面对模型 1 进行优化，即对主管道建立统一模型，如下：

$$\min\sum_{i=1}^{7}\sum_{j=1}^{14}x_{i(j+1)}\cdot f_{i(j+1)}+\frac{0.1}{2}\sum_{j=1}^{14}(y_j^2+(t_j-y_j)^2+t_j)$$

$$\text{s.t.}\begin{cases}m_i\leqslant\sum\limits_{j=1}^{14}x_{i(j+1)}\leqslant n_i\text{or}\sum\limits_{j=1}^{14}x_{i(j+1)}=0\quad(i=1,2,\cdots,7)\\ \sum\limits_{i=1}^{7}x_{i,15}=t_{14}-y_{14}\\ \sum\limits_{i=1}^{7}x_{i2}=t_1+y_2\\ \sum\limits_{i=1}^{7}x_{i(j+1)}=t_j-y_j+y_{j+1}\quad(j=2,3,\cdots,13)\\ y_1=0\end{cases}$$

同样利用结论 1 和结论 2 并采用分支定界法，利用 LINGO 软件运行得出：

最优解 $W=1\ 278\ 632$ 万元，各节点向右铺设的管道单位数：

$$Y_1=0 \quad Y_2=175 \quad Y_3=282 \quad Y_4=0 \quad Y_5=10$$
$$Y_6=16 \quad Y_7=76 \quad Y_8=175 \quad Y_9=159 \quad Y_{10}=30$$
$$Y_{11}=145 \quad Y_{12}=11 \quad Y_{13}=34 \quad Y_{14}=335$$

各钢厂订购计划见表 11-18。

表 11-18　各钢厂订购计划

钢厂	S_1	S_2	S_3	S_4	S_5	S_6	S_7
数量	800	800	1000	0	1237.5	1333.5	0

运输计划如下，见表 11-19。

表 11-19　运输计划

路　　线	运　　量
$S_1\to b_7\to b_6\to b_5\to A_5\to A_4$	335
$S_1\to b_7\to b_6\to A_6$	200
$S_1\to A_7$	265
$S_2\to b_8\to b_4\to b_2\to b_1\to A_2$	179
$S_2\to b_8\to b_4\to b_2\to b_3\to A_3$	131.3
$S_2\to b_8\to S_1\to b_7\to b_6\to b_5\to A_5\to A_4$	116
$S_2\to b_8\to S_1\to b_7\to b_6\to b_5\to A_5$	73.7
$S_2\to b_8\to A_8$	300
$S_3\to b_9\to b_8\to b_4\to b_2\to b_3\to A_3$	319
$S_3\to b_9\to b_8\to S_1\to b_7\to b_6\to b_5\to A_5\to A_4$	11
$S_3\to b_9\to A_9$	604
$S_5\to b_{12}\to b_{11}\to b_{10}\to b_9\to b_8\to b_4\to b_2\to b_3\to A_3$	57.7
$S_5\to b_{12}\to b_{11}\to b_{10}\to b_9\to b_8\to S_1\to b_7\to b_6\to b_5\to A_5$	542.3
$S_5\to b_{12}\to b_{11}\to b_{10}\to A_{10}$	222.5
$S_5\to b_{12}\to A_{11}$	415
$S_6\to b_{16}\to b_{15}\to b_{13}\to b_{11}\to b_{10}\to A_{10}$	128.8
$S_6\to b_{16}\to b_{15}\to b_{13}\to b_{14}\to A_{12}$	86
$S_6\to b_{16}\to b_{15}\to A_{13}$	333
$S_6\to A_{14}$	621
$S_6\to b_{16}\to b_{17}\to A_{15}$	165

2）问题(2)的求解

通过模型 2 的求解，我们确定对图 11-5 仅需要 S_1、S_2、S_3、S_5、S_6 承担生产任务即可取得最优解。对模型所用程序进行灵敏度分析，并具体考虑当钢厂钢管的产量上限增加 1 单位或销价增加 1 万元时，购运计划和总费用的变化情况，结果如表 11-20 和表 11-21 所示。

表 11-20　钢厂 S_i 的钢管产量上限增加 1 单位对总费用的影响　　单位：万元

项目＼钢厂	S_1	S_2	S_3	S_4	S_5	S_6	S_7
总费用	1 278 529	1 278 597	1 278 607	1 278 632	1 278 632	1 278 632	1 278 632
减少量	103	35	25	0	0	0	0

可以发现，钢厂 S_1 的钢管产量上限的变动对购运计划和总费用影响最大。

表 11-21　钢厂 S_i 的钢管销价增加 1 万元对总费用的影响　　单位：万元

项目＼钢厂	S_1	S_2	S_3	S_4	S_5	S_6	S_7
总费用	1 279 432	1 279 432	1 279 632	1 278 632	1 279 639	1 379 834	1 278 632
增加量	800	800	1000	0	1007	1202	0

可以发现，钢厂 S_6 的钢管销价的微小变动对购运计划和总费用影响最大。

3）问题(3)的求解

(1）一般模型

经过对图 11-5 的分析求解可以看出，订购及运输钢管的总费用可由各段所需费用求和得到。若要铺设的管道是一个树形图，则可以将其转化为线性管道进行分析。

具体解题步骤如下。

① 运用图论的最小权匹配法(简单图可利用枚举法)，求出从各钢厂订购并运输 1 单位钢管至主管道各节点的最小成本费用值。

② 将树形图转化为线性图。

在树形图中取其最长的线形段，称为主干线形段；将图中剩余分支截取，并通过一个虚拟段(长度 t 为零)连接至主干线形段上，组成一个新的线性管道；如图 11-6 中 A_9 至 A_{16} 段，可将该段接到 A_{15} 点，再分别从原图 11-15 A_9 点、A_{16} 点连一条长度为 0 的公路，而在 A_{15} 点之间连一条长度为 0 的公路并增加一新的节点 A_9，同时约定 A_{15} 点不向右铺设管道。其他各段类似处理。

③ 按照问题(1)的思路建立模型进行求解。建立如下非线性规划模型：

$$\min \sum_{i=1}^{K}\sum_{j=1}^{L} x_{i(j+1)} \cdot f_{i(j+1)} + \frac{0.1}{2}\sum_{j=1}^{L}\left(y_j^2 + (t_j - y_j)^2 + t_j\right)$$

$$\text{s.t.}\begin{cases} m_i \leqslant \sum_{j=1}^{L} x_{i(j+1)} \leqslant n_i \text{ or } \sum_{j=1}^{L} x_{i(j+1)} = 0 \quad (i = 1,2,\cdots,K) \\ \sum_{i=1}^{K} x_{i,L+1} = t_L - y_L \\ \sum_{i=1}^{K} x_{i2} = t_1 + y_2 \\ \sum_{i=1}^{K} x_{i(j+1)} = t_j - y_j + y_{j+1} \quad (j = 2,3,\cdots,L-1) \\ y_1 = 0 \end{cases}$$

其中 K 表示钢厂的总数,$L+1$ 表示管道节点总数。

(2) 问题(3)图 11-6 的求解

图 11-6 为树形图,将其转化为类似图 11-5 的线性图。利用枚举法,求出 1 单位钢管由钢管厂 S_i 运输至管道节点 A_i 的最小成本费用,具体数据如表 11-22 所示。

表 11-22 单位钢管由 S_i 运输至 A_i 的最小成本费用 单位:万元

钢管厂 管道节点	S_1	S_2	S_3	S_4	S_5	S_6	S_7
A_1	330.7	370.7	385.4	425.7	410.7	410.7	435.7
A_2	320.3	360.3	375	415.3	400.3	400.3	425.3
A_3	300.2	345.2	355.2	395.2	380.2	385.2	405.2
A_4	258.6	326.6	336.6	376.6	376.6	361.6	386.6
A_5	198	216	276	316	301	301	326
A_6	180.5	250.5	260.5	300.5	285.5	290.5	310.5
A_7	163.1	241	251	291	276	278.1	301
A_8	181.2	226.2	241.2	281.2	266.2	266.2	291.2
A_9	224.2	269.2	203.2	249.2	234.2	234.2	259.2
A_{10}	252	297	237	222	212	211	237
A_{11}	256	301	241	211	188	201	224
A_{12}	266	311	251	221	206	187	216
A_{13}	281.2	326.2	266.2	236.2	226.2	166.2	198.2
A_{14}	288	333	273	241.1	228	161	186
A_{15}	302	347	287	257	242	178	162
A_{16}	220	265	199	245	230	230	255
A_{17}	255	300	240	210	187	197	223
A_{18}	260	305	245	215	200	183	210
A_{19}	265	310	250	220	205	186	215
A_{20}	275	320	260	230	220	160	192
A_{21}	285	330	270	240	230	150	186

模型 3

首先类似于模型 1,按分段的思想建立模型。由 $A_1,\cdots,A_9$、A_{16} 为一段可得如下模型:

$$\min \sum_{i=1}^{4}\sum_{j=1}^{9} x_{i(j+1)} \cdot f_{i(j+1)} + \frac{0.1}{2}\sum_{j=1}^{9}(y_j^2 + (t_j - y_j)^2 + t_j)$$

$$\text{s.t.}\begin{cases} m_i \leqslant \sum_{j=1}^{9} x_{i(j+1)} \leqslant n_i \text{ or} \sum_{j=1}^{9} x_{i(j+1)} = 0 \quad (i = 1,2,3,4) \\ \sum_{i=1}^{4} x_{i,10} = t_9 - y_9 \\ \sum_{i=1}^{4} x_{i2} = t_1 + y_2 \\ \sum_{i=1}^{4} x_{i(j+1)} = t_j - y_j + y_{j+1} \quad (j = 2,3,\cdots,8) \\ y_1 = 0 \end{cases}$$

由 $A_{21}\to A_{20}\to A_{19}\to A_{17}\to A_{11}\to A_{12}\to A_{13}\to A_{14}\to A_{15}\to A_{9}\to A_{10}\to A_{11}\to A_{17}\to A_{18}$ 为一段可得如下模型：

$$\min\sum_{i=5}^{7}\sum_{j=1}^{14}x_{ij}\cdot f_{ij}+\frac{0.1}{2}\sum_{j=1}^{14}(y_j^2+(t_j-y_j)^2+t_j)$$

$$\text{s.t.}\begin{cases}m_i\leqslant\sum_{j=1}^{14}x_{ij}\leqslant n_i \text{ or } \sum_{j=1}^{14}x_{ij}=0 \quad (i=5,6,7)\\ \sum_{i=5}^{7}x_{i,14}=t_{14}-y_{14}\\ \sum_{i=5}^{7}x_{i1}=y_1\\ \sum_{i=5}^{7}x_{ij}=t_{j-2}-y_{j-1}+y_j \quad (j=2,3,\cdots,13)\end{cases}$$

运用 LINGO 软件进行编程，运行结果为

费用 $w_1=869\ 127.2, w_2=539\ 732.2$

则总费用为：$w=w_1+w_2=1\ 408\ 859.4$（万元）。

模型 4

对整个图进行考虑，可得如下模型：

$$\min\sum_{i=1}^{7}\sum_{j=1}^{23}x_{i(j+1)}\cdot f_{i(j+1)}+\frac{0.1}{2}\sum_{j=1}^{23}(y_j^2+(t_j-y_j)^2+t_j)$$

$$\text{s.t.}\begin{cases}m_i\leqslant\sum_{j=1}^{23}x_{i(j+1)}\leqslant n_i \text{ or } \sum_{j=1}^{23}x_{i(j+1)}=0 \quad (i=1,2,\cdots,7)\\ \sum_{i=1}^{7}x_{i,24}=t_{23}-y_{23}\\ \sum_{i=1}^{7}x_{i2}=t_1+y_2\\ \sum_{i=1}^{7}x_{i(j+1)}=t_j-y_j+y_{j+1} \quad (j=2,3,\cdots,23)\\ y_1=0\end{cases}$$

利用 LINGO 软件编程运行得出最优解 $w=1\ 403\ 948$ 万元，同时得出表 11-23 数据。

表 11-23　各钢厂订购计划

钢厂	S_1	S_2	S_3	S_4	S_5	S_6	S_7
数量	800	800	1000	0	1303	2000	0

运输计划如下，见表 11-24。

表 11-24　运输计划

路　线	运　量
$S_1\to V_7\to V_6\to V_5\to A_5$	335
$S_1\to V_7\to V_6\to A_6$	200

续表

路　　线	运　　量
$S_1 \to A_7$	265
$S_2 \to V_8 \to V_4 \to V_2 \to V_1 \to A_2$	179
$S_2 \to V_8 \to V_4 \to V_2 \to V_3 \to A_3$	171
$S_2 \to V_8 \to S_1 \to V_7 \to V_6 \to V_5 \to A_5$	150
$S_2 \to V_8 \to A_8$	300
$S_3 \to A_{16} \to V_8 \to V_4 \to V_2 \to V_3 \to A_3$	336
$S_3 \to A_{16} \to A_9$	664
$S_5 \to A_{17} \to V_{10} \to V_9 \to A_{16} \to V_8 \to V_4 \to V_2 \to V_3 \to A_3$	1
$S_5 \to A_{17} \to V_{10} \to V_9 \to A_{16} \to V_8 \to V_4 \to A_4$	468
$S_5 \to A_{17} \to V_{10} \to V_9 \to A_{16} \to V_8 \to S_1 \to V_7 \to V_6 \to V_5 \to A_5$	131
$S_5 \to A_{17} \to V_{10} \to V_9 \to A_{10}$	218
$S_5 \to A_{17} \to A_{11}$	380
$S_5 \to A_{17}$	105
$S_6 \to A_{20} \to A_{18} \to V_{10} \to V_9 \to A_{10}$	175
$S_6 \to A_{20} \to A_{19} \to A_{17} \to A_{11}$	111
$S_6 \to A_{20} \to A_{13}$	393
$S_6 \to A_{14}$	571
$S_6 \to V_{11} \to V_{12} \to A_{15}$	165
$S_6 \to A_{20} \to A_{18}$	130
$S_6 \to A_{20} \to A_{19}$	95
$S_6 \to A_{20}$	260
$S_6 \to A_{21}$	100

11.6 高等教育学费标准探讨

【案例描述】

高等教育事关高素质人才培养、国家创新能力增强、和谐社会建设的大局，因此受到党和政府及社会各界的高度重视和广泛关注。培养质量是高等教育的一个核心指标，不同的学科、专业在设定不同的培养目标后，其质量需要有相应的经费保障。高等教育属于非义务教育，其经费在世界各国都由政府财政拨款、学校自筹、社会捐献和学费收入等几部分组成。对适合接受高等教育的经济困难的学生，一般可通过贷款和学费减、免、补等方式获得资助，品学兼优者还能享受政府、学校、企业等给予的奖学金。

学费问题涉及每一个大学生及其家庭，是一个敏感而又复杂的问题：过高的学费会使很多学生无力支付，过低的学费又会使学校财力不足而无法保证质量。学费问题近来在各种媒体上引起了热烈的讨论。

请根据中国国情，收集诸如国家生均拨款、培养费用、家庭收入等相关数据，并据此通过数学建模的方法，就几类学校或专业的学费标准进行定量分析，得出明确、有说服力的结论。

【案例分析和求解】

该问题背景清楚、容易理解、切入点较多，问题的涉及面广，并且是开放性问题，题目未给出具体统计数据,需要根据自己的模型去收集相关数据。建模方法的选择比较丰富,例如统计分析、优化模型、神经网络、灰色系统、层次分析、微分方法模型等。下面给出了一个描述较好的问题分析解决的过程。

1. 数据收集

数据来源:数据大多来源于中国统计年鉴、中国教育经费年鉴。而年鉴条目的内容真实性,是年鉴制定和发表的首要和基本的原则。年鉴中发表的资料,具有政府公报性、行政权威性、事实可靠性。这里查找到的数据具有高度的可靠性和科学性。同时数据收集结合一些网络信息等,经过我们对这些消息筛选,获取最有效并且被普遍认同或者是在官方网站上查找到的数据。这些数据也具有很高的可靠性,在满足模型分析要求的基础上更具有一定的时效性和多样性。

2. 模型假设

(1) 在模型一中不考虑助学贷款等对学生家庭承受力的影响。

(2) 只对本科生的学费问题进行研究。

(3) 只考虑公立院校,即只考虑以公共产品为属性,不以盈利为目的,而是以培养人才服务社会为办学目的的学校。

(4) 默认在保证一定的学校经费的情况下,学校即可达到其已定的培养目标,即就能保证教学质量。

(5) 讨论的学费并不包括学费、食宿费、文具费、培训班辅导费等,探讨的主要是教育机构向受教育者收取的用于教育成本补偿的生均培养费。

(6) 考虑现实生活中就读大学生家庭中多个子女同时都在上大学的比例,考虑一个家庭最多只有一个子女在上大学。

(7) 所有有权获得助学贷款的困难学生都进行了贷款的申请并得到了贷款。

3. 基本符合说明

$X_i(i=1,2,3,\cdots)$:代表不同地域(城市)学生应交的学费,i 代表不同的地区,见表 11-25。

表 11-25 地区代号

i	1	2	3	4	5
地区	北京	吉林	安徽	四川	湖北

$X_{ij}(i=1,2,3,4,5;j=1,2,3,4)$:代表不同地域(城市)不同专业学生应交的学费,$i$ 代表不同的地区,j 代表不同的专业,见表 11-26。

表 11-26 专业代号

j	1	2	3	4
专业	经济	医学	艺术	农业

G_i:分地区的国家的生均拨款,$G_i=(G_{i1}+G_{i2})/\mathrm{num}_i$;

O_i:分地区的学校通过自筹、社会捐赠等获得的生均资金总和,$O_i=(s_i+z_i+$

q_i)/num_i；

F_i：分地区的学校保证培养质量的相关费用，即每个学生的培养费用，$F_i=(y_i+w_{i1}+w_{i2}-m_i)/\text{num}_i$；

P：家庭的平均收入，由入学的城镇农村比加权得到；

A：大部分家庭所能承受教育费用占家庭收入比；

G_{i1}：分地区的教育事业费拨款；

G_{i2}：分地区的教育附加拨款；

s_i：分地区的校办产业、勤工俭学、社会服务收入用于教育；

z_i：分地区的捐集资收入；

q_i：分地区的其他收入；

y_i：分地区的事业性经费支出；

m_i：分地区学生获得的奖贷助学金；

w_{i1}：分地区的公务费；

w_{i2}：分地区的业务费；

num_i：分地区的大学生学生人数。

4. 模型的建立和求解

1) 模型一(基础的简化模型)

(1) 基本思路

培养目标是一个高等教育的核心指标，培养目标可以达到的基本保证是有足够的财力，在本模型中我们考虑的学校经费的主要来源是政府的财政拨款、学校自筹、社会捐赠和学费收入。这里我们认为当学校的收入中用于教育的经费不小于保证培养质量的财政需求时，学校即可达到设定的培养目标。同时，为了简化模型，我们暂不考虑贫困学生得到助学贷款、奖学金等因素，而把其所交学费作为其家庭的直接负担。(我们暂不考虑助学贷款、奖学金等因素对学费的影响)

学校的费用支出主要由教学费用、设施费用和行政费用构成，本文认为学校的经费满足上述费用的总和时，即可达到高质量的培养。在满足学校培养质量的基础上，学校获得经费的减少(包括学费的减少)不会影响其培养质量，这时我们需要最低的学费以考虑学生及其家庭的利益。考虑学生家庭的承受能力，我们用学生的学费占其家庭收入的比例作为衡量指标，当这个百分比大于经过调查统计所得的某个可承受值时，有一部分学生可能无法上学。这个问题是我们制定学费时要考虑的，学费的制定应该尽量地让更多有能力有资格的学生不会因为资金上的问题而放弃接受高等教育，所以学费占家庭纯收入的百分比应该在一个大部分家庭可接受的范围内。这样我们的目标就是最低的学费，约束条件包括：学校获得的经费能够保证培养质量即不小于培养经费、大部分学生家庭可以接受学费占其家庭收入的比重。

(2) 模型的建立

通过上述分析可得到线性规划模型，如下：

$$\min X_i \quad (i=1,2,3,4,5)$$

$$\text{s.t.}\begin{cases} G_i+X_i+O_i \geqslant F_i & (11\text{-}1) \\ \dfrac{X_i}{P} \leqslant A & (11\text{-}2) \end{cases}$$

式(11-1)表示对于不同地区的学校获得的资金(人均)能够保证培养质量(不小于培养费用)。

式(11-2)表示学费占学生家庭收入的百分比能够被大多数家庭所接受。

(3) 模型的求解

① 学生人数的确定

根据《中国统计年鉴2005》,我们可以得到各地区2004年学生人数,见表11-27。

表11-27 2004年学生人数 单位:人

地区	北京	吉林	安徽	四川	湖北
学生人数	499 524	362 191	501 290	637 340	892 018

② 学校经费来源 G_i 和 O_i 的确定

由 $G_i=(G_{i1}+G_{i2})/\text{num}_i$,$O_i=(s_i+z_i+q_i)/\text{num}_i$,再根据《中国教育经费统计年鉴2005》数据,可得各地学校经费来源,见表11-28。

表11-28 各地学校经费来源 单位:千元

经费来源 地区	教育事业费拨款	教育附加拨款	校办产业	捐集资收入	其他收入
北京($i=1$)	3 895 355	16 000	140 679	2248	203 124
吉林($i=2$)	860 639	0	2981	18 739	71 292
安徽($i=3$)	1 190 102	3522	17 262	3125	204 109
四川($i=4$)	1 016 387	19 477	22 972	20 581	242 280
湖北($i=5$)	1 160 465	47 904	11 334	16 026	262 105

③ 培养费用 F_i 的确定

$$F_i=(y_i+w_{i1}+w_{i2}-m_i)/\text{num}_i$$

结合表11-29可得出 F_i。

表11-29 各地培养费 单位:千元

培养费 地区	事业性经费支出	奖贷助学金	公务费	业务费
北京($i=1$)	5 559 212	189 720	588 990	260 541
吉林($i=2$)	2 400 977	158 268	353 077	180 016
安徽($i=3$)	3 072 088	212 970	248 690	22 298
四川($i=4$)	3 622 348	214 435	448 813	396 068
湖北($i=5$)	3 948 973	152 900	298 487	553 024

④ 家庭的平均收入 P 的确定

由于在此模型中不对城镇家庭和农村家庭进行区分计算,所以在计算家庭收入的时候按照近年来实际入学的城镇和农村学生的比例进行加权平均计算得到 P,计算如下。

城乡大学生的比例分别是82.3%和17.7%。

城镇居民家庭人均可支配收入×平均每户人口=11 759.5×2.95=34 690.525(元)

农村居民家庭人均纯收入×平均每户人口：3587.0×4.05＝14 527.35(元)

$$P = 34\,690.525 \times 0.823 + 14\,527.35 \times 0.177$$
$$= 28\,550.302\,075 + 2571.340\,95 = 31\,121.643\,025(\text{元})$$

⑤ 家庭的承受值 A 的确定

A 代表家庭对于教育开支的承受能力，通过北京锐智阳光信息咨询有限公司在 2007 年 2 月 28—3 月 1 日进行的调查，得到以下结果，见图 11-7 和表 11-30。

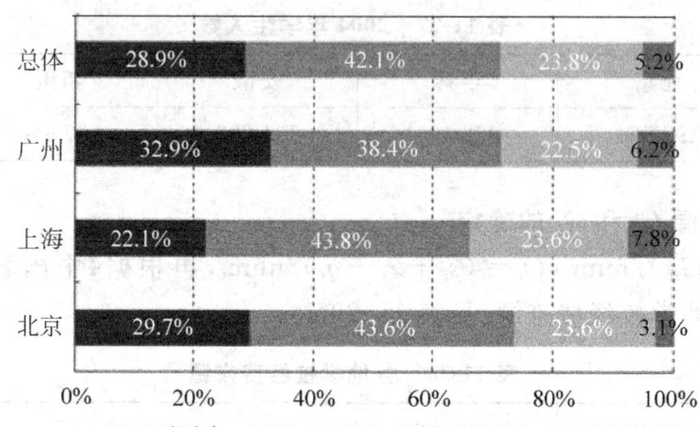

图 11-7 各地家庭教育开支承受力

表 11-30 学费和能承受人百分比

学费/元	3000	4000	6500	8000
能承受人的百分比	0.297	0.436	0.236	0.031

由表 11-30，经过以下加权平均计算得

平均可承受的学费＝297×3＋436×4＋236×6.5＋31×8＝891＋1744＋1534＋248＝4417(元/年)。

北京城镇居民家庭人均纯收入：19 977.52 元/年。

北京城镇人数占北京总人口比例：84.33％。

北京农村居民家庭人均纯收入：8275.47 元/年。

北京农村人数占北京总人口比例：15.67％。

北京的平均家庭户规模为：2.64 人。

则：北京市平均家庭收入＝(城镇人均纯收入×城镇人口比例
＋农村人均纯收入×农村人口比例)×户规模
＝(19 977.52×0.8433 ＋ 8275.47×0.1567)×2.64
＝47 900(元/年)

于是，承受值 A＝4417/47 900＝0.0922＝9.22％

【最优化的求解】

将上述数据代入求解：

$$\min X_i \quad (i = 1,2,3,4,5)$$

$$\text{s. t.}\begin{cases}G_i + X_i + O_i \geqslant F_i & (11\text{-}3)\\ \dfrac{X_i}{P} \leqslant A & (11\text{-}4)\end{cases}$$

由(11-3)式，可得 $X_i \geqslant T$，T 值如表 11-31 所示。

表 11-31 各地学费设置 单位：元

地区	北京	吉林	安徽	四川	湖北
学费	3927	5030.9	3415.2	4599	3531

由(11-4)式，可得 $X_i \leqslant A \cdot P$，得到

$$X_i \leqslant 2869.4\text{ 元}$$

可见该模型是无解的。

【结果分析】

模型一的规划结果是未能找到最优解，这也就说明在没有助学贷款的情况下，我们是无法满足人们的承受能力的，为了满足人们的承受能力，让更多的学生可以上学，我们必须提供助学贷款，同时考虑调整国家的生均拨款使得结果更优。在模型一中，家庭收入是一个定量，我们并未对城市农村进行区别对待，也就未考虑助学贷款、奖学金等对学生家庭负担的减轻影响。这是模型一的主要缺点所在，它使得模型求解的不准确性大大提高，但作为一个基础模型，其结果对一些参数的确定还是为下一模型做了很好的准备。模型一的另一缺点是未考虑不同专业之间的差别，这也是我国现行大部分专业学费的情况，但实际上不同专业的培养费用是有差别的。基于以上情况，我们建立了综合考虑包括助学贷款、专业差别等的模型二(综合考虑分专业模型)。

2) 模型二(综合考虑分专业模型)

(1) 基本思路

模型二是在模型一的基础上考虑进更多的因素，并将一些原有因素变量化。

模型二考虑了贷款、奖学金，并将国家生均拨款设为一个在现行条件下浮动的变量。由于国家的教育支出只是国家财政支出的一部分，在较短时期内，考虑到国家资金的运转、国家其他费用支出的保证，同时，考虑到中国国情，我国的教育拨款有其一定的合理性，我们认为国家的拨款金额在现有金额上下浮动 20％的范围内变化，并在此范围内可以找到最优的数值。

模型一中得到的结果表明，在满足教育质量所需金额的前提下，求解得到的学费不能为平均收入居民家庭所接受。中国现在的情况表明，随着国家贷款制度的实施，有更多的有能力的但是家庭贫困的学生能上得起大学。现行的贷款制度是：家庭最困难的那部分学生可以享有申请贷款并抵消学费(或者学费加上生活费、住宿费)，但是这样就带来一个问题，即学生仅存在有贷款和没贷款的区别。而这样的情况只能满足那些家庭最困难的学生的贷款需求，而家庭较为困难也无法承受巨额学费负担的学生仍会因为申请不到贷款而上不起大学。为了增大贷款的资助范围，我们考虑根据不同层次的家庭收入给予不同额数的贷款，使得通过贷款后的家庭负担刚好满足家庭最高承受能力，优化资源分配。于是贷款金额有如下的规定：

$$\begin{cases} m = 0 & \left(\dfrac{X_i}{p} \leqslant A\right) \\ m = X_i - Ap & \left(\dfrac{X_i}{p} > A\right) \end{cases}$$

这里不考虑贷款的返还问题，认为贷款能暂时代替家庭的纯收入且用于教育支出。

关于奖学金问题，由于数据查找能力有限，我们这里仅考虑国家给予的各个地区的奖学金。奖学金的发放对象是那些品学兼优的学生，我们认为品德和学习水平与家庭的收入无关，即来自各个收入家庭条件的学生都均等地享有获得奖学金的能力，这样，我们就可以认为每个人获得奖学金的概率期望相等，并且等于各个地区的奖学金总数/该地区的大学生人数。这样，每个大学生平均预期可得到的资金就增多，可以认为这个是提高学生家庭承受能力的一个因素。

由于不同的培养专业要达到的培养目标不同，要达到培养目标所需的培养成本也存在差别。于是，我们在上述改进模型的基础上，讨论不同地区的不同专业的教育培养成本问题。

(2) 模型的建立

通过上述分析，得到线性规划如下：

$$\min X_{ij} \quad (i = 1,2,3,4,5; j = 1,2,3,4)$$

$$\begin{cases} g_{ij} + X_{ij} + O_i \geqslant f_{ij} & (11\text{-}5) \\ \dfrac{X_{ij} - k_i}{p + m_i} \leqslant A & (11\text{-}6) \\ m_i = 0\left(\dfrac{X_{ij}}{p} \leqslant A\right) & (11\text{-}7) \\ m_i = X_{ij} - Ap\left(\dfrac{X_{ij}}{p} > A\right) & (11\text{-}8) \\ X_{ij} > 0 & (11\text{-}9) \\ \dfrac{|\ g_{ij} - G_i\ |}{G_i} \leqslant 0.2 & (11\text{-}10) \\ 5422 \leqslant p \leqslant 49\,099 & (11\text{-}11) \end{cases}$$

式(11-5)表示对于不同地区的学校获得的资金(人均)能够保证培养质量(不小于培养费用)。

式(11-6)表示教育费用占学生家庭收入的百分比能够被大多数家庭接受，其中 k_i 表示不同地区的奖学金平均到人可以减少其家庭教育费用，m_i 表示不同地区的学生与其家庭收入相关获得的助学贷款。

式(11-7)表示当教育费用占学生家庭收入的百分比是可以接受的时候其不能获得助学贷款，贷款金额为0。

式(11-8)表示当教育费用占学生家庭收入的百分比是不可以接受的时候其能获得助学贷款，贷款金额为使得教育费用比可以被接受。

式(11-9)表示学费应该是正值。

式(11-10)表示国家生均拨款的调整范围应不超过20%。

式(11-11)表示家庭收入在最低和最高的范围内连续变化，本应使用各地区不同的数据，但由于时间和条件的限制，最后使用了相同的数据，使得这里对最终结果的精确性产生了影响。

式中 f_{ij} 代表不同地区、不同专业的人均培养费用。

(3) 模型的求解

① G_i、O_i 和 A 的确定

这三个值沿用模型一的计算结果。

② k_i 的确定

k_i＝某省份的奖贷助学金/该省份的高校在校生总人数

得到表 11-32。

表 11-32　不同地区的奖学金平均到人可以减少其家庭教育费用　　单位：元

地区	北京	吉林	安徽	四川	湖北
减少的家庭教育期	380	437	171	337	425

③ f_{ij} 的确定

f_{ij} 代表不同地区、不同专业的人均培养费用，我们知道这个费用和地区、专业均有关系。通过查找资料我们得到高校平均学费标准如下。

北京：4200～5500 元/学年。

吉林：3500～4500 元/学年。

安徽：3500～5000 元/学年。

四川：4000～4600 元/学年。

湖北：3600～5000 元/学年。

经处理得到表 11-33。

表 11-33　高校平均学费标准　　单位：元/学年

地区	北京	吉林	安徽	四川	湖北
平均学费(算术平均)	4850	4000	4250	4300	4300

现行的学费标准，不同专业总体来看基本如下：艺术类 9000 元左右、医学类 6000 元左右、经济学 5000 元左右(使用平均学费)、农学类 3000 元左右。

考虑到现行专业的学费标准是与其培养成本相关的，我们按照目前线性的不同专业之间的学费比例，以模型一中的平均培养费用作为经济学的培养费用进行计算，进而得到各个不同地区不同专业的培养费用 f_{ij}。

【最优化的求解】

使用 LINGO 将上述数据输入求解得到结果，如表 11-34 所示(以北京为例)。

表 11-34　各个不同地区不同专业的培养费用　　单位：元

艺术类	G＝15 229.6	G＝15229.7	X＝6487.6
医学类	G＝9362	G＝9362.2	X＝4851
经济类	G＝9362	G＝9362.2	X＝2361
农学类	G＝6264.1	g＝6264.1	X＝1566

个人学费的标准如下，见表 11-35。

表 11-35　个人学费的标准　　单位：元

专业 地区 （个人学费）	经济学	医学类	艺术类	农学类
北京	2361	4851	6487.6	1566
吉林	4795.6	5615.7	7126.8	2511.5
湖北	3260.1	4302.1	7428.3	1176
四川	4273.9	5608.4	8311.9	1604.8
安徽	2938.9	4187.7	7933.8	441.3

【结果分析】

对通过最优化求得的个人学费标准和国家生均拨款进行分析，并与目前实施的标准和拨款进行比较。

（1）以北京为例探讨合理个人学费标准和现行个人学费标准之间的关系，见图 11-8。

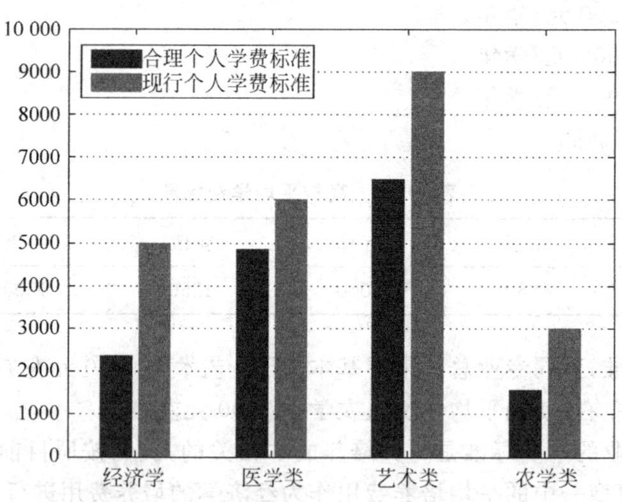

图 11-8　合理个人学费标准和现行个人学费标准之间的比较

从柱状图可以看到现行的学费标准是偏高的。

（2）各专业在不同地区的个人学费标准的比较，见图 11-9～图 11-12。

从图 11-9～图 11-12 的四个图我们可以看出，学费相对高的地区在各专业中都相对较高，即各地方的学费的相对高低受专业的影响不大，但地区本身对学费有很显著的影响，同一个专业在不同地区其学费差甚至可以高达千元以上。

从惯性思维来看，生活水平高的地方的教育费用相对来说更高，但我们求出的学费标准中吉林省的费用要高于北京等地区，这是为什么呢？我们对其数据进行观察发现，北京市的

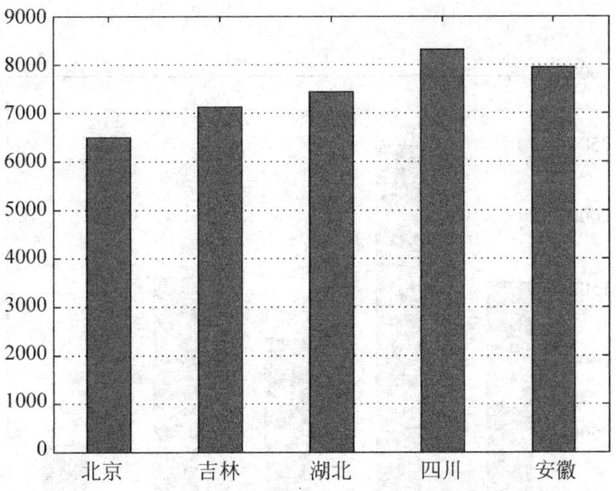

图 11-9 艺术类分地区的个人学费柱状图

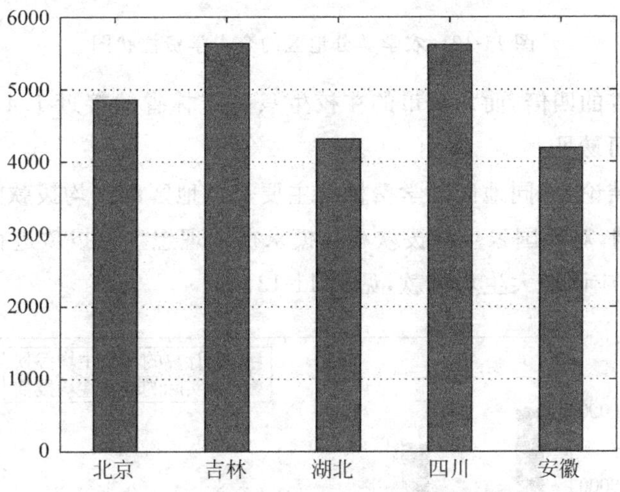

图 11-10 医学类分地区的个人学费柱状图

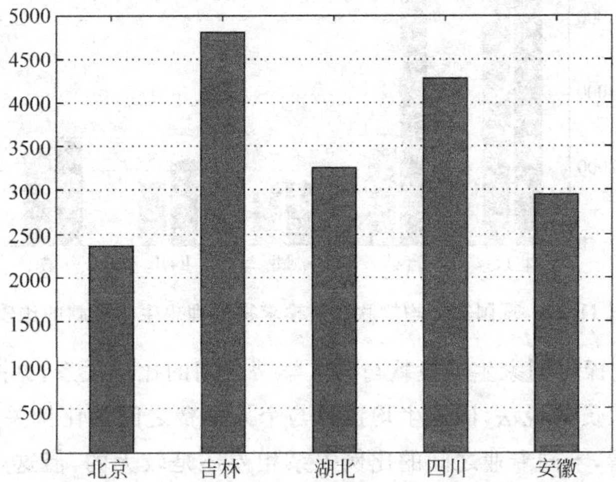

图 11-11 经济学分地区的个人学费柱状图

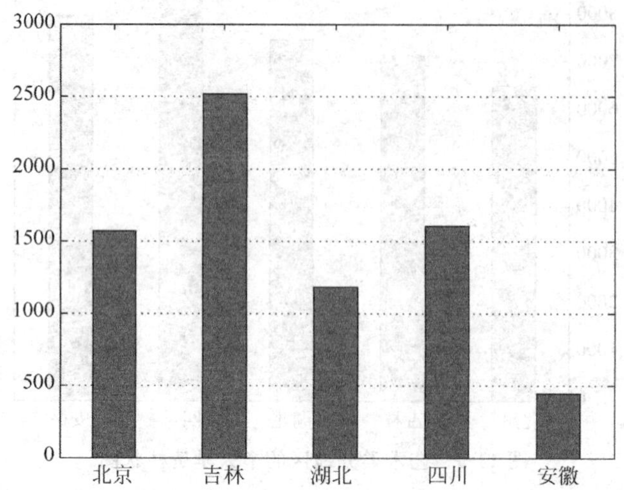

图 11-12 农学类分地区的个人学费柱状图

教育拨款接近吉林省的四倍，而北京市的在校生只是吉林省的接近 1.4 倍。两个地区之间生均拨款的差距显而易见。

同理观察得出结论，不同地区的学费标准主要受该地区的生均拨款的影响。

(3) 以北京为例，对现国家生均拨款和建模求得的理想生均拨款进行比较，从该比较结果可以看出，国家仍应该加大生均拨款，见图 11-13。

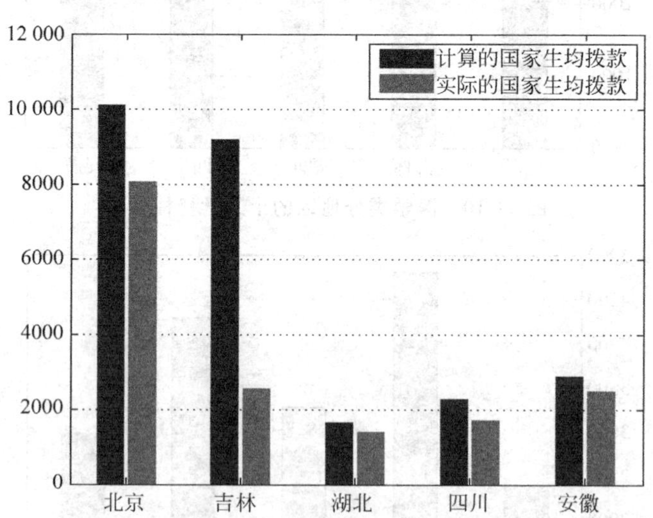

图 11-13 现国家生均拨款和建模求得的理想生均拨款的比较

(4) 以北京为例探讨国家生均拨款与个人学费之间的比例关系，见图 11-14。

据教育部相关人员的说法，国家生均拨款与个人学费之间的比例关系应接近 75%。从我们求出的标准来看，不同专业之间的比例关系相差还是较大的，但这是可以接受的，对于对社会作用不同的专业，国家投入不同是可以理解和确实应该实行的。

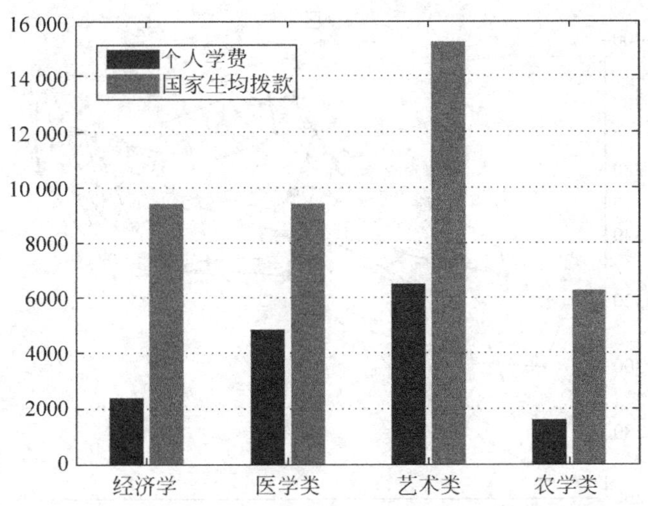

图 11-14　国家生均拨款与个人学费之间的比例关系

11.7　交巡警服务平台的设置与调度问题

【案例描述】

“有困难找警察”，是家喻户晓的一句流行语。警察肩负着刑事执法、治安管理、交通管理、服务群众四大职能。为了更有效地贯彻实施这些职能，需要在市区的一些交通要道和重要部位设置交巡警服务平台。每个交巡警服务平台的职能和警力配备基本相同。由于警务资源是有限的，如何根据城市的实际情况与需求合理地设置交巡警服务平台、分配各平台的管辖范围、调度警务资源是警务部门面临的一个实际课题。

试就某市设置交巡警服务平台的相关情况，建立数学模型分析研究下面的问题。

(1) 图 11-15 给出了该市中心城区 A 的交通网络和现有的 20 个交巡警服务平台的设置情况示意图，相关的数据信息见表 11-36～表 11-40。请为各交巡警服务平台分配管辖范围，使其在所管辖的范围内出现突发事件时，尽量能在三分钟内有交巡警(警车的时速为 60km/h)到达事发地。

对于重大突发事件，需要调度全区 20 个交巡警服务平台的警力资源，对进出该区的 13 条交通要道实现快速全封锁。实际中一个平台的警力最多封锁一个路口，请给出该区交巡警服务平台警力合理的调度方案。

根据现有交巡警服务平台的工作量不均衡和有些地方出警时间过长的实际情况，拟在该区内再增加 2～5 个平台，请确定需要增加平台的具体个数和位置。

(2) 针对全市(主城六区 A、B、C、D、E、F)的具体情况，按照设置交巡警服务平台的原则和任务，分析研究该市现有交巡警服务平台设置方案的合理性，见图 11-16。如果有明显不合理，请给出解决方案。

如果该市地点 P(第 32 个节点)处发生了重大刑事案件，在案发三分钟后接到报警，犯

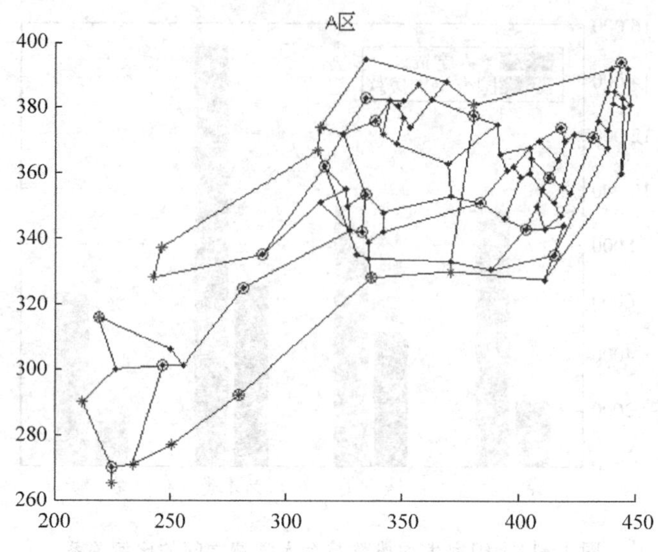

图 11-15 A 区的交通网络与平台设置的示意图

罪嫌疑人已驾车逃跑。为了快速搜捕嫌疑犯，请给出调度全市交巡警服务平台警力资源的最佳围堵方案。

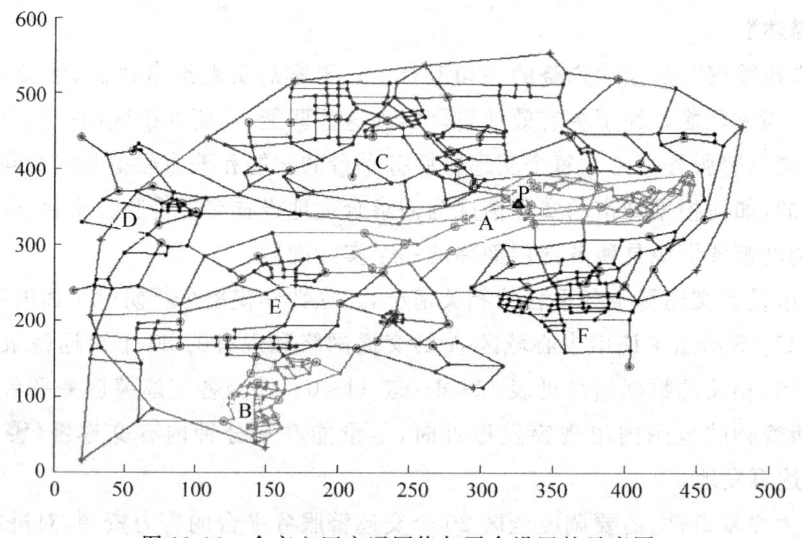

图 11-16 全市六区交通网络与平台设置的示意图

【说明】

(1) 图中实线表示市区道路，虚线表示连接两个区之间的道路。

(2) 实圆点"·"表示交叉路口的节点，没有实圆点的交叉线为道路立体相交。

(3) 星号"*"表示出入城区的路口节点。

(4) 圆圈"○"表示现有交巡警服务平台的设置点。

(5) 圆圈加星号"⊛"表示在出入城区的路口处设置了交巡警服务平台。

表 11-36 全市交通路口节点数据(部分)

全市路口节点标号	路口的横坐标 X	路口的纵坐标 Y	路口所属区域	发案率/次数
1	413	359	A	1.7
2	403	343	A	2.1
3	383.5	351	A	2.2
4	381	377.5	A	1.7
5	339	376	A	2.1

【说明】

A 列：是全市交通网络中路口节点的标号(序号)。

B 列：路口节点的横坐标 X,是在交通网络中的实际横坐标值。

C 列：路口节点的纵坐标 Y,是在交通网络中的实际纵坐标值。

D 列：路口节点所属的区。

E 列：各路口节点的发案率,是每个路口平均每天发生报警案件的数量。

地图距离和实际距离的比例是 1∶100 000,即 1 毫米对应 100 米,坐标的长度单位为毫米。

表 11-37 全市交通路口的路线(部分)

路线起点(节点)标号	路线终点(节点)标号
1	75
1	78
2	44
3	45
3	65
4	39
4	63

【说明】

A 列：全市交通网中连接两路口节点路线的起点标号。

B 列：全市交通网中连接两路口节点路线的终点标号。

表 11-38 全市交巡警平台(部分)

交巡警平台名称编号	交巡警平台位置标号
A_1	1
A_2	2
A_3	3
A_4	4
A_5	5

【说明】

A 列：表示全市交巡警服务平台的名称编号。

B 列：表示全市交巡警服务平台的位置标号。

表 11-39　全市区出入口的位置

序号	出入市区的路口标号	出入 A 区的路口标号
1	151	12
2	153	14
3	177	16
4	202	21
5	203	22
6	264	23
7	317	24
8	325	28
9	328	29
10	332	30
11	362	38
12	387	48
13	418	62
14	483	
15	541	
16	572	
17	578	

【说明】

A 列：排列序号。

B 列：表示出入该市主城六区的 17 个路口节点标号。

C 列：表示出入 A 区的 13 个路口节点标号。

表 11-40　六城区的基本数据

全市六个城区	城区的面积/km^2	城区的人口/万人
A	22	60
B	103	21
C	221	49
D	383	73
E	432	76
F	274	53

【说明】

B 列：城区面单位为平方千米。

C 列：城区人口单位为万人。

【案例分析】

1. 问题重述

根据题目给出的问题、条件可细化为五个分问题。

(1) 根据 A 区的路口分布及平台分布坐标图，得出具体方案，将 A 区所有路口节点及路径合理优化，分配给 20 个交巡警服务平台进行管辖，方案需满足以下三个限制条件，即：

①发生突发事件时，交巡警尽可能在三分钟内到达事发地点，即要求平台管辖的路径尽可能离平台近；②20个平台分配的管辖范围尽可能平衡，以满足平台间职能和警力配备基本相同、平台的工作量均衡的限制条件；③分配方案需考虑各个路口的发案率情况。

(2) 针对重大突发事件，给出最优调度警力的方案，实现对该区的13条交通要道快速封锁。由问题特点可以将此问题转化为最优指派优化最长封堵时间的问题。

(3) 针对现有平台的分布差异造成平台间工作量不均衡以及某些平台出警时间过长的实际情况，需要新增加平台以解决实际情况的不足，使平台分布更加合理。

以上三个问题都是针对A区的具体情况，现将其扩展到全市。

(4) 针对全市情况，根据设置平台的原则和任务，制定合理的评价标准，分析现有的平台设置方案的合理性，若有明显不合理的情况，要求给出解决方案使平台设置更加合理。

(5) 此问是在现有平台设置情况下，寻求最佳围堵方案，快速搜捕犯重大刑事案件的在逃嫌疑犯。要求快速，且是围堵。

2. 问题分析

问题一：依据实际情况，交通事故等一些突发情况一般均发生在路上，只有很少的情况下，是刚好发生在节点上。故将路径分配给交巡警平台比仅仅把节点分配给交巡警平台更具有合理性。因此，本文需完成A区所有路径的分配。

首先，可将A区内的所有路径做出来，并分别计算其长度。为了将路径分配得更加合理，可先将路径分类，再将距离服务平台较远的路径从中间分开，增加新的节点，形成新图。

可再对新的图做一次分类，将仍然不能满足条件的路，定义与距离相关的罚函数为目标函数，做0-1规划求解最小的目标函数值，对于已经满足三分钟的路，运用模拟退火算法，优化工作量以及最长出警时间得出分配方案。

问题二：问题属于最优指派（调度）问题，可以运用LINGO软件进行0-1非线性规划求解得出最优方案。

问题三：问题要求增设新的服务平台，依据实际情况交巡警服务平台为一种公共服务系统，且公众对其的服务要求迅速，即交巡警必须尽快地到达事发地。为此，优化交巡警出警时间的最大值就特别重要。故本文将因目的性不同而增设成服务平台的节点分为两个类别。对于类别一（优化最长出警时间），必须增加服务平台；对于类别二（优化平台工作量），比较增加平台后对总体工作量均衡度产生的影响确定其个数与位置。

问题四：问题涉及两个方面，评价与优化方案的给出。为了评价各个交巡警服务平台的工作量与出警时间，可以给出四个量化指标：发案率（工作量）、路程长（出警时间）、三分钟后路程长（平台综合最长出警时间）、满意度（单条路最长出警时间）。通过给出每一个平台的服务覆盖面计算其评价指标。对于分区，以均值、方差综合同一分区的平台特征，可得到九个量化的指标。而后可通过对指标进行分析来评价合理性，并给出对于不合理指标的改进方法。

问题五：问题涉及对逃犯的围堵，分析题意可知，题目并未给出罪犯车速与行车目标，且联系实际情况，交巡警也不能事先得知罪犯车速与行车目标。故需将车速与行车目标作为黑箱，给出最佳的围堵方案。可通过0-1规划构建出一种较优的围堵方案，而后通过分别对不同车速与行车目标进行计算机模拟，对方案进行检验与确定。

3. 模型假设

(1) 假设事故一般发生在路径上，节点上的发案率为所有与其相连的路径的发案率相加和计算而来。

(2) 所有交巡警服务平台的配置是基本相同的。

(3) 假设两个节点之间的路径为两点间的直线距离。

(4) 当时间超过三分钟时，假设距离函数(满意度罚函数)指数变大。

(5) 假设巡警的几个职能是等权重。

(6) 交巡警围堵逃犯时的最重要目标为围堵时间最短，且所有交巡警服务平台均可随时调用。

4. 符号说明

符号说明见表 11-41。

表 11-41 符号说明

符 号	解释说明
$Q_i(i=1,2,\cdots,20)$	A 区服务平台所在节点的集合
$V(S(i,j)_1,S(i,j)_2,\cdots,S(i,j)_{140})$	A 区路径的集合
$S_Z(i,j),i=1,\cdots,92,j=1,\cdots,92$	A 区所有节点间的路径
$\lvert S_Z(i,j)\rvert$	节点间的最短距离
$L_{k(i,j)}$	平台 k 到路径 $S(i,j)$ 的距离
$x_{k(i,j)}$	路径 $S(i,j)$ 是否分配到平台 k
$F_a(i)$	节点发案率
$F_b(i)$	路径上发案率
SF_i	封锁 j 节点的路程
P_i	平台覆盖范围内第 i 条路的发案率
D_i	平台覆盖范围内第 i 条路的路长(km)
S_u	平台覆盖的差额损失
C_i	平台覆盖范围内第 i 条路满意度
V_i	平台覆盖范围内第 i 条路的三分钟后路程

5. 模型的建立和求解

下面仅针对交巡警服务平台管辖范围的分配模型加以说明，图 11-17 是问题一的模型结构图。

1) 优化问题的前期准备

分析题意结合实际情况，交通事故发生在路上(相比在节点)有更高的概率。故本文假设交通事故是发生在路上，节点上的发案率为所有与其相连的路径的发案率相加和计算而来。

(1) 基于距离三分钟路程的路径属性分类

通过分析计算题目所给数据，得路集 $V(S(i,j)_1,S(i,j)_2,\cdots,S(i,j)_{140})$。

定义服务平台所在节点集 $Q_i,i=1,2,\cdots,20$。

运用 Floyd 算法，求出所有节点间两两最短路径：$S_Z(i,j),i=1,\cdots,92,j=1,\cdots,92$。

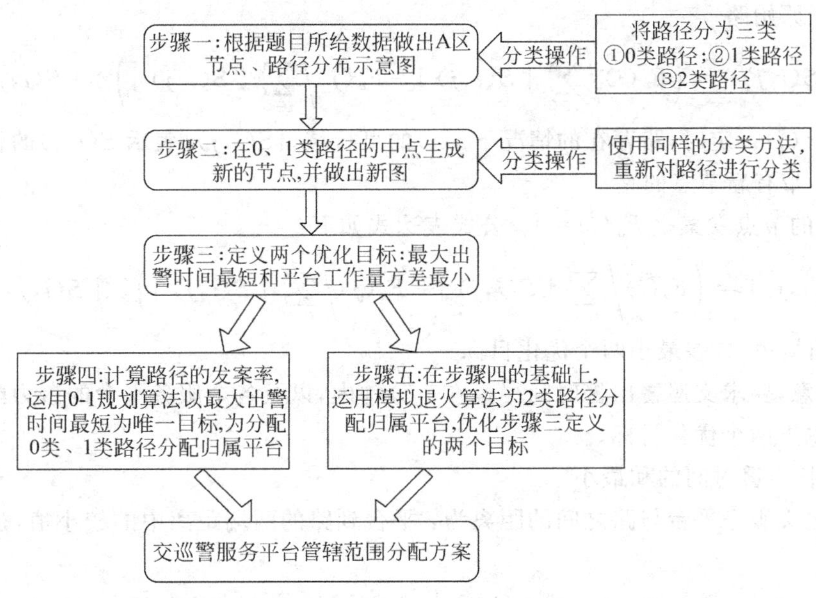

图 11-17 问题一的模型结构图

路径属性求解算法如下。

假设需对路 $S(i,j)$分类,对应每一个节点 Q_i,分别求解 $S_Z(Q_i,i)$,$S_z(Q_i,j)$。若存在一个 Q_i 使得 $S_Z(Q_i,i)$,$S_z(Q_i,j)$均小于 M(M 为路的阈值,这里按照题意取 3000,单位为 m,即 3min 内交巡警可以到达),则 $S(i,j)$属性值为 2;若存在一个 Q_i 使得 $S_Z(Q_i,i)$,$S_z(Q_i,j)$中只有一个小于 M,则 $S(i,j)$属性值为 1;若对于所有的 Q_i,以上两种条件都不能满足,则属性值为 0。即

0 类路为:不存在交巡警平台可以 3min 内到达该路径的两个端点。

1 类路为:存在交巡警平台可以 3min 内到达该路径的其中一个端点。

2 类路为:存在交巡警平台可以 3min 内到达该路径的两个端点。

(2) 构建新图

由分类计算可得所有的路径并不能在 3min 内全部到达。为了优化分配中将一条相对较长的路强行分给某一个服务平台而导致最长出警时间急剧增大的情况,本文将属性值为 0、1 的路从中点分开,构建新图以使得分配方案更加合理。

构建新图的算法如下。

假设路 $S(i,j)_k$ 为第 t 个属性为 0 或 1 的路:

中点定义为第 $t+92$,计算中点坐标$[x(t+92),y(t+92)]$。

第 k 条路变成 $S(i,t+92)$。

(3) 第 $t+\mathrm{Num}(V)$条路变成 $S(t+92,j)$

其中 $\mathrm{Num}(V)$为路径的数量,遍历更换所有符合条件的路径,给出新的 $S_Z(i,j)$、$[x(i),y(i)]$、$V(S(i,j)_1,S(i,j)_2,\cdots)$等参量,作出新图。

(4) 发案率计算

根据题意,假设:节点上的发案率为所有与其相连的路径的发案率相加和计算而来,反向推导路径的发案率 F_b。

① 对于原始路

$$F_b(S(i,j)) = \left(F_a(i) \Big/ \sum_{j\in C} |S(i,j)| + F_a(j) \Big/ \sum_{i\in C} |S(i,j)|\right) \times |S(i,j)|$$

C 表示 $i(j)$ 一定时，路存在的情况下 $j(i)$ 的可行域，$|S(i,j)|$ 表示 $S(i,j)$ 的长度。

② 对于带有新节点的路

给定新的节点发案率 $F_a(i)=0$。公式表达式如下：

$$F_b(S(i,j)) = \left(F_a(i) \Big/ \sum_{j\in C} |S(i,j)| + F_a(j) \Big/ \sum_{i\in C} |S(i,j)|\right) \times |S(i,j)| \times 2$$

2）时间最短、方差最小两个优化目标

根据题意，要求交巡警出警时间尽量在三分钟内，以及各个服务平台的警力配置大致相同，故定义以下两个优化目标。

（1）最长出警时间的和最小

首先，定义服务平台与路之间的距离为：平台到路的两端距离中的较小值，加上路的长度。即

$$L_{k(i,j)} = \min(|S(k,i)|, |S(k,j)_j|) + |S(i,j)|$$

由于速度一定，所以 k 平台的出警时间由 $x_{k(i,j)} \cdot L_{k(i,j)}$ 中的最大值决定。$x_{k(i,j)}$ 为 $S(i,j)$ 这条路径是否分配给 k 平台，是则为 1，不是则为 0。

然后将所有平台的最长出警时间（距离）加和，取其最小值作为目标函数，即

$$\min \sum_{k=1}^{20} \text{Max}([x_{k(i,j)} \cdot L_{k(i,j)}])$$

（2）交巡警服务平台分配到的发案率的方差最小

由题意可知各个服务平台的警力配置大致相同，故分配路径后交巡警服务平台的工作量应尽量平衡，本文引入方差以量化分配的均匀度，进行优化计算。

$$D = \text{Var}(F_b(i)), \quad i = 1, \cdots, 20$$

$$F_b(k) = [x(k,1), x(k,2), \cdots, x(k,j), \cdots] \cdot F_b^{\text{T}} \quad (k = 1,2,3,\cdots,n)$$

Var 为方差函数，$n=20$，$F_b(k)$ 表示平台管辖区域下的发案率。

3）属性为 0、1 的路径基于“时间最短”的分配方案（规划一）

依据实际情况，交巡警服务平台为一种公共服务系统，且公众对其的服务要求迅速，即交巡警必须尽快地到达事发地。为此，优化交巡警出警时间的最大值就特别重要。

故对于属性为 0、1 的路径，需优化与其相对应的交巡警服务平台最长出警时间最短。为了更好地求解本非线性规划，定义罚函数，并用路程和最短来表示时间的最小。

罚函数定义为

$$W = \begin{cases} 0, & x \leqslant 3000 \\ e^{(L_{k(i,j)}-M)/\lambda}, & x > 3000 \end{cases}$$

k,i,j 分别表示服务平台序号、满足条件的路径两个端点序号；x 表示服务平台 k 到路径 $S(i,j)$ 的距离。

0-1 规划为

$$\text{Min} = \sum W_{k(i,j)} \cdot x_{ik(i,j)}$$

$$\text{s. t.} \sum_{k=1}^{20} x_{ik(i,j)} = 1, \quad j = 1,2,3,\cdots$$

$$x_{ix_{ik(i,j)}} = 0\text{or}1$$

4）属性为 2 的路径基于两个优化指标的分配方案（规划二）

对于属性为 2 的路径，因其已有一个或多个相应的交巡警服务平台能在 3min 内到达，故对其分配时需优化时间最短、方差最小两个目标。

双目标优化问题的模型及求解如下。

(1) 将各交巡警巡逻最长时间的路径的路程之和（目标一）作为优化目标：

$$\min \sum_{k=1}^{20} \text{Max}[x_{k(i,j)} \cdot L_{k(i,j)}]$$

(2) 将交巡警服务平台分配到的发案率的方差（目标二）转化为一个条件，即给方差设定一个确定的最大值（阈值），作为可行域的约束条件。而后改变阈值，观察最短时间与方差的变化情况，确定最优解。

阈值的确定决定了双目标规划得是否合理。为寻找合适的阈值，本文改变不同的阈值，运用退火算法，得到两个目标的归一化结果，如图 11-18 所示。

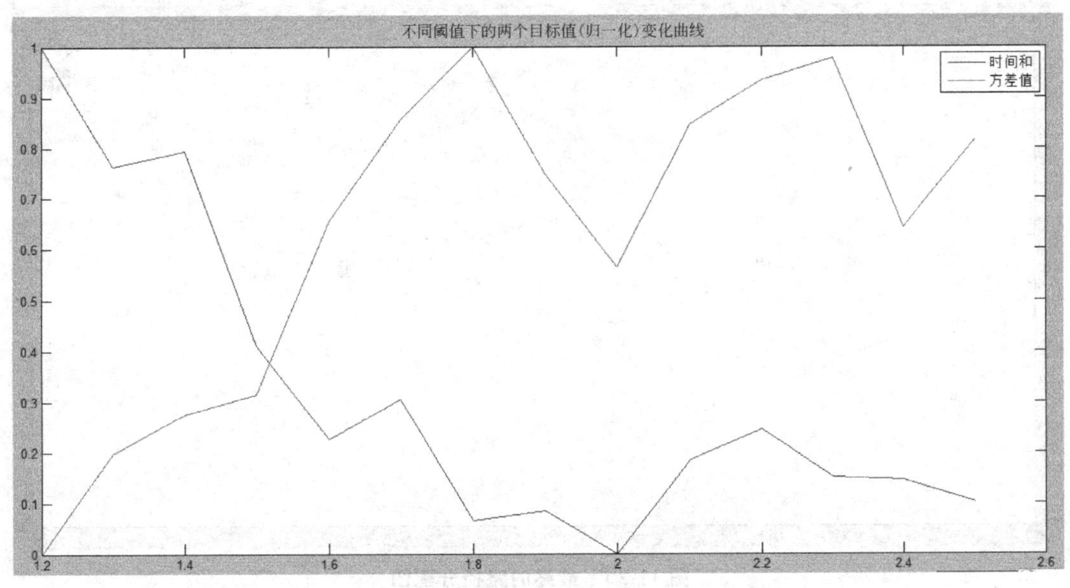

图 11-18 不同阈值下的两个目标值的变化曲线

故根据其变化均衡的原则选择交点处的方差的阈值(1.5)。

(3) 由于引入方差为优化量，模型变成非线性 0-1 规划问题，Matlab 非线性 0-1 规划无法求解（参数量太大），故重新设定可行域，运用模拟退火算法进行求解。

通过示意图的步骤求解给出所有路 $S(i,j)$ 的分配，用不同的颜色代表不同的路，标记在同一张图上。

5）模型求解

根据模型的建立，编写各步骤算法程序（用 Matlab 软件进行编程实现：求解 0-1 线性规划运用 Matlab 优化工具箱 bintprog 函数，求解带方差约束条件的二次规划运用模拟退火算法），解得如下结果，见图 11-19 和图 11-20。

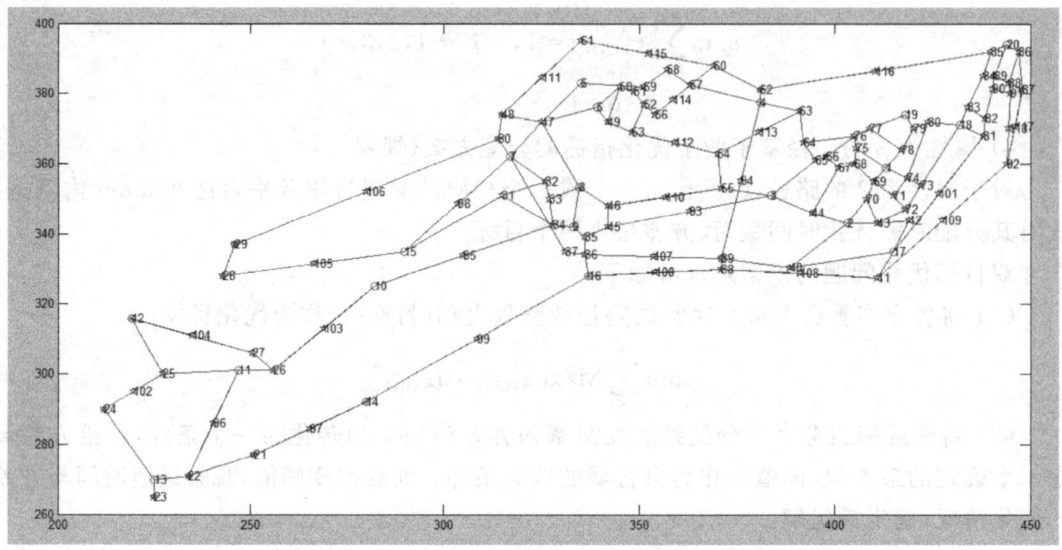

图 11-19　给属性为 0、1 的路径加上中点节点后构成的新图

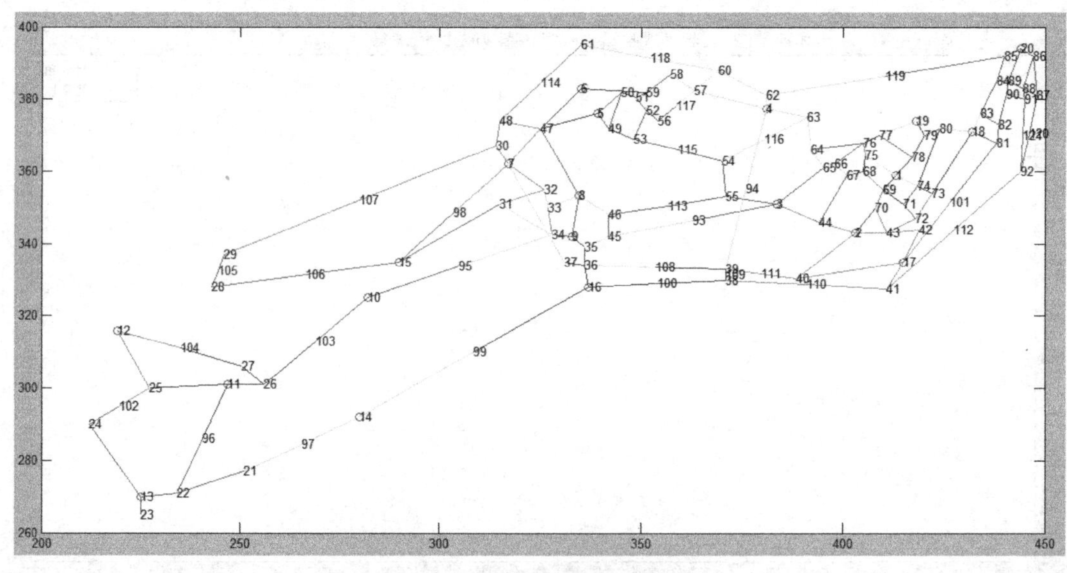

图 11-20　最终的路径分配图

最优化结果下的各个服务平台对归属路径的最长出警时间及所对应的路径，如表 11-42 所示。

表 11-42　每个服务平台最终分配路径中的时间花费最长的路径

服务平台	1	2	3	4	5	6	7	8	9	10
时间/min	3.001	3.682	3.42	5.210	2.702	2.942	8.015	2.401	4.475	2.460
分配路径	18～73	39～111	64～76	118～61	56～117	5～47	29～107	46～113	7～37	10～95
服务平台	11	12	13	14	15	16	17	18	19	20
时间/min	3.295	2.690	3.286	3.370	5.700	4.109	5.481	3.278	3.253	3.602
分配路径	104～27	102～25	24～102	14～99	105～29	108～39	112～92	71～72	64～65	120～92

最优化结果情况下，20 个服务平台管辖区域的发案率的最小方差为 1.29。各平台的发案率如表 11-43 所示。

表 11-43　每个服务平台最后所分配到的发案率

服务平台	1	2	3	4	5	6	7	8	9	10
最终发案率	3.461	3.745	3.220	3.656	3.451	3.124	3.623	2.451	3.374	0.266
服务平台	11	12	13	14	15	16	17	18	19	20
最终发案率	2.136	1.624	2.940	1.116	2.941	3.919	3.760	5.323	2.570	3.912

11.8　多目标电力系统环境经济调度问题

【案例描述】

电力工业是能源工业的重要组成部分，是推动人类文明及支撑社会经济发展的重要基础。近年来，随着中国经济的持续快速发展，对电力的需求十分强劲。为了有效缓解电力供需矛盾，国家加快了电力建设步伐。电力项目建设不仅有力地缓解了各地电力供应紧张的局面，而且对电力工业结构调整与合理布局发挥了重要作用。

我国的主要发电方式为火力发电，这种方式以煤炭消耗为主。但是，发电用煤的平均灰分高达 28%左右，基本上是没有经过洗选的动力煤，外加污染控制和治理技术落后，致使火力发电行业成为二氧化硫、氮氧化物、烟尘等大气污染物的主要排放源，同时也是废水、粉煤灰和炉渣等固体废弃物的主要排放源。

近年来，电力行业的环境污染问题受到广泛关注，许多国家制定了限制火电厂有害气体排放的法规。火力发电行业控制污染气体、液体、固体排放量的压力日趋上升。因此，在保证可靠供电的前提下，如何以最低的成本和最少的污染使电力系统正常运行，即电力系统环境经济调度优化，这个多目标优化问题成为电力行业至关重要的优化问题。

IEEE-30 总线的电力系统有 6 个发电机，41 条线，其单线结构如图 11-21 所示。这是一个标准的测试系统，调度的目的是使得经济成本最低，同时环境污染最小，因此这是一个多目标优化问题。发电机的燃料消耗成本、固定损耗率及氮氧化物排放量的相关数据如表 11-44 和表 11-45 所示。表 11-46 和表 11-47 是系统相关的详细数据。

表 11-44　发电机动力及能量损耗率

发电机编号	$F=\alpha P_G^{\$}+\beta P_G+\gamma(\$/h)$			P_G(p. u.)	损耗率 γ_i
	α	β	γ		
1	100	200	10	0.50	0.02
2	120	150	10	0.60	0.03
3	40	180	20	1.00	0.05
4	60	100	10	1.20	0.06
5	40	180	20	1.00	0.05
6	100	150	10	0.60	0.03

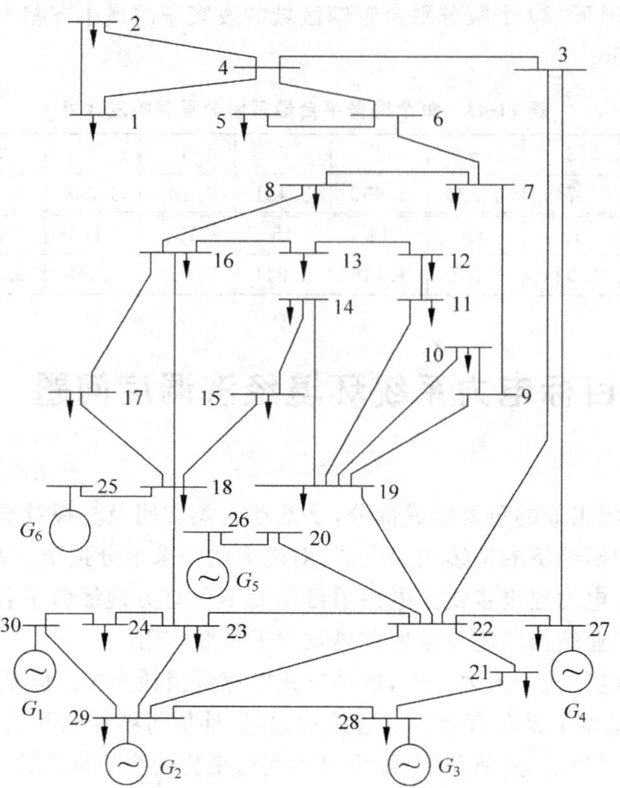

图 11-21　IEEE-30 节点电力系统的单线图

表 11-45　发电机氮氧化合物排放量

发电机编号	$F=a+bP_G+cP_G^2+d\exp(eP_G)$				
	a	b	c	d	e
1	4.091	−5.554	6.490	2.0×10^{-6}	2.857
2	2.543	−6.047	5.638	5.0×10^{-4}	3.333
3	4.258	−5.094	4.586	1.0×10^{-6}	8.000
4	5.326	−3.550	3.380	2.0×10^{-3}	2.000
5	4.258	−5.094	4.586	1.0×10^{-6}	8.000
6	6.131×10^{-2}	-5.555×10^{-2}	5.151×10^{-2}	1.0×10^{-5}	6.667

表 11-46　总线详细数据

总　线	类　型	有功功率	无功功率	总线电压
1	P-Q	−0.106	−0.019	—
2	P-Q	−0.024	−0.009	—
3	P-Q	0.0	0.0	—
4	P-Q	0.0	0.0	—
5	P-Q	−0.035	−0.023	—
6	P-Q	0.0	0.0	—
7	P-Q	−0.087	−0.067	—

续表

总　线	类　型	有功功率	无功功率	总线电压
8	P-Q	−0.032	−0.016	—
9	P-Q	0.0	0.0	—
10	P-Q	−0.175	−0.112	—
11	P-Q	−0.022	−0.007	—
12	P-Q	−0.095	−0.034	—
13	P-Q	−0.032	−0.009	—
14	P-Q	−0.090	−0.058	—
15	P-Q	−0.035	−0.018	—
16	P-Q	−0.082	−0.025	—
17	P-Q	−0.062	−0.016	—
18	P-Q	−0.112	−0.075	—
19	P-Q	−0.058	−0.020	—
20	P-Q	0.0	0.0	—
21	P-Q	−0.228	−0.109	—
22	P-Q	0.0	0.0	—
23	P-Q	−0.076	−0.016	—
24	P-Q	−0.024	−0.012	—
25	P-V	0.0	0.0	1.071
26	P-V	0.0	0.0	1.082
27	P-V	−0.300	—	1.010
28	P-V	−0.942	—	1.010
29	P-V	0.217	—	1.045
30	S	0.0	0.0	1.060

表11-47　线流量

线编号	$P_l^{\$}$	线编号	$P_l^{\$}$	线编号	$P_l^{\$}$
1	0.20	15	0.70	29	0.20
2	0.20	16	0.50	30	0.20
3	0.20	17	0.70	31	0.20
4	0.20	18	0.50	32	0.50
5	0.20	19	0.50	33	0.50
6	0.20	20	0.50	34	0.50
7	0.10	21	0.50	35	0.15
8	0.15	22	0.50	36	0.50
9	0.15	23	0.50	37	0.50
10	0.50	24	0.50	38	0.50
11	0.50	25	0.20	39	0.50
12	0.50	26	0.20	40	0.50
13	0.30	27	0.20	41	0.50
14	0.50	28	0.20		[p.u.]

注：线流量($P_l^{\$}$)是标准值的110%。

【案例分析】

多目标环境经济调度问题即为解一个带有多个等式约束和不等式约束的多个非线性目标函数的最小值，且这些目标函数之间有着相互制约的关系(燃料费用和污染排放)。

1. 目标函数

在考虑环境经济调度的情况下，多目标经济调度可以采用以下两个目标函数。

(1) 电力系统发电燃料总耗量或发电燃料总费用，可以用发电机有功出力的二阶多项式表示：

$$F_G = \sum_{i=1}^{N} a_i + b_i P_{G_i} + c_i P_{G_i}^2 (\$/h) \tag{11-12}$$

其中，F_G 为发电燃料总费用，P_{G_i} 为系统内第 i 台发电机的有功出力，N 为系统内发电机组的数目；a_i，b_i 和 c_i 分别表示第 i 台发电机组耗量特性的常数项、一次项系数和二次项系数。

(2) 最小化污染排放量。考虑到环境污染对生态平衡的影响(如酸雨及臭氧层的破坏)，一些法律规定各电厂必须控制氮氧化物和硫氧化物的排放量，以减小空气污染。另外，有些法规对热辐射也有限制，为了不失一般性，下面仅给出考虑氮氧化物排放限制的情况。氮氧化物的排放量分别表示为

$$E_G^{NO_x} = \sum_{i=1}^{N} [10^{-2}(a_i + b_i P_{G_i} + c_i P_{G_i}^2) + x_i e^{l_i P_{G_i}}](\text{ton/MWh}) \tag{11-13}$$

$$E_G^{SO_2} = \sum_{i=1}^{N} [10^{-2}(a'_i + b'_i P_{G_i} + c'_i P_{G_i}^2) + x'_i e^{l'_i P_{G_i}}](\text{ton/MWh}) \tag{11-14}$$

其中，a_i，b_i，c_i，x_i，l_i 是表示发电机组 i 的 NO_x 或 SO_2 费用系数。

2. 约束条件

(1) 功率平衡约束：这是一个等式约束，系统发电机总出力必须满足系统总负荷与传输线路网损之和：

$$\sum_{i=1}^{N} P_{G_i} - P_D - P_{\text{loss}} = 0 \tag{11-15}$$

其中，P_{G_i} 为发电机 i 的出力；P_D 为系统总负荷；P_{loss} 为系统网损。网络损耗可表示为

$$P_{\text{loss}} = \sum_{i=1}^{N} \sum_{j=1}^{N} P_{G_i} B_{ij} P_{G_j} \tag{11-16}$$

其中，B_{ij} 为网络损耗系数。

(2) 机组发电容量约束：这是一个不等式约束，发电机输出功率必须维持在系统稳定运行要求的范围之内：

$$P_{i_{\min}} \leqslant P_i \leqslant P_{i_{\max}} \tag{11-17}$$

本案例所研究的电力经济调度问题的目标函数及约束条件，可描述为一个带有等式与不等式约束的非线性多目标优化问题，其数学表述如下：

$$\min\{F_G, E_G\} \tag{11-18}$$

$$\text{s.t.} \begin{cases} h(x) = 0 \\ g(x) \leqslant 0 \end{cases} \tag{11-19}$$

上式(11-19)中，g 与 h 分别为上节提及的不等式与等式约束。

多目标问题的解不是唯一的，而是一组 Pareto 解集，其中的每个解都满足条件。然而，在实际运行中，调度人员必须从该解集中做出最优选择，最终选择的解便称之为"最优折中解"。这里，我们引用了模糊隶属度函数来表示每个 Pareto 解中各个目标函数对应的满意度，定义模糊隶属度函数如下：

$$u_{f_i}=\begin{cases}1, & f_i\leqslant f_i^{\min}\\ \dfrac{f_i^{\max}-f_i}{f_i^{\max}-f_i^{\min}}, & f_i^{\min}<f_i<f_i^{\max}\\ 0, & f_i\geqslant f_i^{\max}\end{cases} \tag{11-20}$$

其中当 $u_{f_i}=0$ 时，表示对某个目标函数值完全不满意，而当 $u_{f_i}=1$ 时，则表示对某个目标函数值完全满意。对于 Pareto 集中的每个解，应用下式(11-21)求解其标准化满意度值：

$$\mu^k=\sum_{i=1}^{N_{\mathrm{obj}}}\mu_i^k\Big/\sum_{k=1}^{M}\sum_{i=1}^{N_{\mathrm{obj}}}\mu_i^k \tag{11-21}$$

其中 M 为 Pareto 集中解的个数，N_{obj} 为待优化目标函数的个数。最优折中解即为具有最大标准化满意度值 μ^k 的解。

3. 多目标菌群算法

细菌有一个特别的感知、行动和决策的机制，每个细菌在移动的过程中，当它发现有利环境时，会释放一种引诱剂，以便于其他细菌能朝它移动的方向移动。当它发现不利环境时，会释放一种忌避剂，以提醒其他细菌远离。一般来说，多目标优化算法的目标值通过反映个体健康状况的适应生存机制获得。考虑函数 $J=(J_1,J_2,\cdots,J_n)=(f_1,f_2,\cdots,f_n)$，多目标菌群优化模拟这种个体间相互吸引和排斥的社会行为，这种吸引排斥的行为用下式表示：

$$\begin{aligned}J_{\mathrm{cc}}(\theta,P(j,k,l))&=\sum_{i=1}^{S}J_{\mathrm{cc}}^{i}(\theta,\theta^i(j,k,l))\\&=\sum_{i=1}^{S}\left[-d_{\mathrm{attract}}\exp\left(-w_{\mathrm{attract}}\sum_{m=1}^{P}(\theta_m-\theta_m^i)^i\right)\right]\\&\quad+\sum_{i=1}^{S}\left[h_{\mathrm{repelent}}\exp\left(-w_{\mathrm{repelent}}\sum_{m=1}^{P}(\theta_m-\theta_m^i)^2\right)\right]\end{aligned} \tag{11-22}$$

其中，$J_{\mathrm{cc}}(\theta,(p(j,k,l))$ 是成本函数值，把它加在实际成本函数中，对其进行最小化处理，它表示随时间变化的成本函数。S 是细菌的总数，p 代表在每个细菌中需要优化的参数数量，d_{attract}，w_{attract}，h_{repelent}，w_{repelent} 是可供选择的不同的系数。

1）健康排序方法

对于有两个目标的 MBFO，需要计算每一个目标函数的值 $t(1,\ 2)$：$J_t(i,j+1,k,l)$，再令

$$J_t(i,j+1,k,l)=J_t(i,j+1,k,l)+J_{\mathrm{cc}}(\theta^i(j+1,k,l),P(j+1,k,l)) \tag{11-23}$$

对于给定的 k 和 l，每一个细菌个体 $i(i=1,\cdots,S)$ 的健康值是其趋药过程中所有目标函数值的总和：

$$J_{t\,\mathrm{health}}^{i}=\sum_{j=1}^{N_c}J_t(i,j,k,l) \tag{11-24}$$

J_{health}^{i}用来计算第 i 个细菌在它的生命周期内获得营养和躲避有害物的成本。J_{health}^{i}值越高，表示第 i 个细菌的健康值越低。按照 J_{health}^{i}的值从小到大排序，J_{health}^{i}值最高的细菌死亡的可能性最大，而 J_{health}^{i}值最小的细菌将会进行繁殖。

2) Pareto 占优机制

假设第 i 个细菌的健康排序位于 S 个细菌的前 50%(具有较低的健康成本 J_{health}^{i})。按照 J_{health}^{i}值大小顺序，如果第 j 个细菌受第 i 个细菌的支配，那么第 j 个细菌将会消亡。为了保持细菌个体(解)的多样性，因这种机制而死亡的细菌的数量不能超过群体数量的 10%。为了保持群体的规模不变，选择较好的细菌进行繁殖，这些繁殖出的新个体与它们的父代具有相同的属性(它们所在位置与父代的位置一致)。在计算、排序、分离和繁殖的整个过程中，产生一个具有更好解的菌落。

细菌在生命周期内可以直行、翻转或是两者交替进行。细菌在某个方向 $C(i)$上翻转的步长及其在该方向基础上调整的角度 $\Delta(i)$共同决定了细菌的位置。在这里调整函数用于提高多目标搜寻的效率。对于一个多目标最优化问题来说，边界控制非常重要。如果个体离开了可行域，为了使这些个体仍然有效，有两种基于经验的策略可以执行：其一，产生新的个体代替移出可行域的个体；其二，把移出可行域的个体放置在边界上，并且改变它的前进方向。考虑到要保持个体的多样性，并且需要在整个区域内搜寻最优解，在进入下一个优化周期时，以某一概率给出一个非可行解的边界，以代替之前的非可行解边界。

下面我们简要概括多目标细菌觅食优化算法的步骤。

各个参数所代表的意义如下，见表 11-48。

表 11-48 参数意义

参 数	代表的意义
p	搜寻空间的维度
s	细菌数量
N_c	趋药过程的步数
N_s	直行的步数
N_{re}	繁殖的次数
N_{ed}	迁徙过程的步数
P_{ed}	消亡的概率
$C(i)$	每次直行或翻转的行程长度

(1) 初始化参数 $p,s,N_c,N_s,N_{\text{re}},N_{\text{ed}},P_{\text{ed}},C(i)(i=1,2,\cdots,S),\theta^i$。

(2) 迁徙循环：$l=l+1$。

(3) 繁殖循环：$k=k+1$。

(4) 趋药过程循环：$j=j+1$。

① 当 $i=l=1,2,\cdots,S$ 时，按照下面的步骤对细菌 i 执行趋药行为。

② 计算两个适应值函数 $J_1(i,j,k,l),J_2(i,j,k,l)$。

③ 保留函数值 $J_{\text{last1}}=J_1(i,j,k,l)$，$J_{\text{last2}}=J_2(i,j,k,l)$。

④ 翻转：产生一个随机向量 $\Delta(i)\in \boldsymbol{R}^n$，其中的每个元素 $\Delta_m(i),m=1,2,\cdots,S$，是$[-1,1]$之间的一个随机数。

⑤ 移动：按照式(11-22)更新位置。

⑥ 按照式(11-23)和式(11-24)来计算第 i 个细菌的适应值函数 $J_t(i,j+1,k,l)(t=1,2)$值。

⑦ 直行。

a. 令 $m=0$(记录直行的长度)。

b. 当 $m<N_s$(即细菌还没有直行太长)时,令 $m=m+1$。

如果 $J_1(i,j+1,k,l)<J_{\text{last1}}$,令 $J_{\text{last1}}=J_1(i,j+1,k,l)$。

如果 $J_2(i,j+1,k,l)<J_{\text{last2}}$,令 $J_{\text{last2}}=J_2(i,j+1,k,l)$。

用式(11-22)计算同一个方向下一步的步长,并且用新一代的 $\theta^i(i,j+1,k,l)$值计算 $J_{\text{last}i}=J_i(i,j+1,k,l),(i=1,2)$,否则令 $m=N_s$。

⑧ 处理下一个细菌$(i+1)$,如果 $i\neq S$ 返回步骤②处理下一个细菌。

(5) 如果 $j<N_c$,跳到步骤(3)。这种情况下,细菌的生命仍然没有结束,继续进行趋药过程。

(6) 繁殖。

① 对于给定的 k 和 l,设 J_{health}为第 $i(i=2,\cdots,S)$个细菌的健康成本。并按照健康成本值升序排列。其中

$$J_{\text{health1}}=\sum_{j=1}^{N_c+1}J_1(i,j,k,l),\quad J_{\text{health2}}=\sum_{j=1}^{N_c+1}J_2(i,j,k,l)$$

② J_{health}值最高的细菌将被控制为死亡,而其他的有较好的 J_{health}值的非控制细菌将进行繁殖。被控制为死亡的细菌数量不能超过 S_r,最优个体繁殖出的新细菌的数量要使得细菌整体的数量不变。

(7) 如果 $k<N_{\text{re}}$,则跳到步骤(2)。这种情况下,繁殖次数还未达到既定值,进行下一代的趋药过程循环。

(8) 迁徙:对于细菌 $i=1,2,\cdots,S$,我们以概率 P_{ed}使其消亡。为了保持细菌群体数量的恒定,如果一个细菌消亡,就要随机产生一个菌体,随机置于优化空间的某个位置。如果 $l<N_{\text{ed}}$,跳到步骤(2);否则结束。

【案例求解】

在 IEEE-30 模拟系统中,环境经济调度要解决的问题是实际意义上的多目标问题,即同时优化问题的每个目标函数。问题描述如下:

$$\min_{P_G}\text{mize}\{F_G,E_G\} \tag{11-25}$$

$$\text{Subject to:}\quad \begin{cases} g(P_G)=0 \\ h(P_G)\leqslant 0 \\ S_i\leqslant S_i^{\max},\quad i=1,\cdots,n_l \end{cases}$$

其中,$\mu\in(0,1)$,g 和 h 分别为功率平衡约束和机组发电容量约束,n_l 为输电线路条数。每一个发电机组的实际输出功率的上下边界值定义为 $P_{\max}=150$,$P_{\min}=5$,每个节点的电压的安全运行范围限制为:$V_{\max}=1.0500$,$V_{\min}=0.9500$。优化过程通过 Matlab 实现。

算法的参数设置如下:$n=2$,$S=200$,$N_c=100$,$N_s=5$,$N_{\text{re}}=4$,$N_{\text{ed}}=2$,$P_{\text{ed}}=0.2$,$C=$

0.1，用这些参数初始化算法。表 11-49 给出了燃料总费用和排放系数的值。表 11-50 给出了 MBFO 得到的最优解。图 11-22 展示了应用 MBFO 求得的 Pareto 最优前端。运用模糊隶属度函数得到的最优折中解列于表 11-51 中。

表 11-49 燃料总费用与排放系数

		G_1	G_2	G_3	G_4	G_5	G_6
Cost	a	100	120	40	60	40	100
	b	200	150	180	100	180	150
	c	10	10	20	10	20	10
emissions	a	6.490e−2	5.638e−2	4.586e−2	3.380e−2	4.586e−2	5.151e−2
	b	−5.553e−2	−6.047e−2	−5.094e−2	−3.550e−2	−5.094e−2	−5.555e−2
	c	4.091e−2	2.543e−2	4.258e−2	5.426e−2	4.258e−2	6.131e−2
	x	2e−4	5e−4	1e−6	2e−3	1e−6	1e−5
	l	2.857	3.333	8.000	2.000	8.000	6.667

表 11-50 多目标细菌觅食算法取得的最优 Pareto 集

	MBFO	
	Best f_1	Best f_2
P_{G_1}	11.08	40.40
P_{G_2}	29.92	44.55
P_{G_3}	58.35	55.06
P_{G_4}	103.05	42.71
P_{G_5}	45.79	54.42
P_{G_6}	37.96	50.48
f_1	606.62	638.77
f_2	0.2241	0.1953

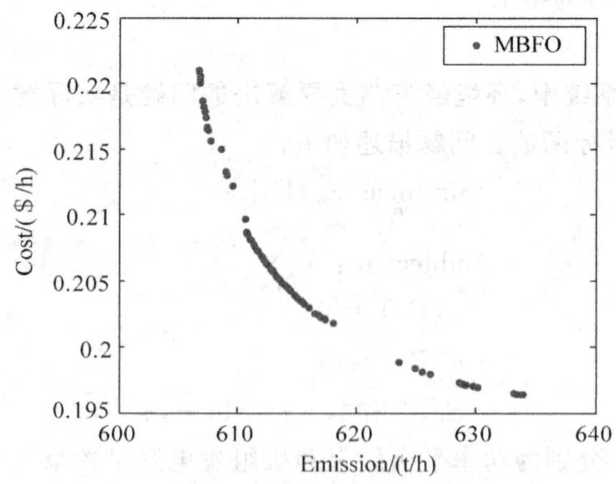

图 11-22 MBFO 算法求得的 Pareto 最优前端

表 11-51 多目标细菌觅食算法得到的最优折中解

	MBFO
P_{G_1}	18.48
P_{G_2}	32.95
P_{G_3}	57.49
P_{G_4}	87.42
P_{G_5}	48.88
P_{G_6}	41.22
燃料成本/($/h)	609.2052
排放量/(t/h)	0.2014

从表 11-50 可以看出，用 MBFO 算法求解多目标环境经济调度问题，得到的最小燃料总费用为 606.62，污染排放的最小值为 0.1953。从图 11-22 中可以看出，Pareto 优化解集中的非控解具有良好的分配性能和满意的多样性特征。

参 考 文 献

[1] 胡运权. 运筹学基础及应用[M]. 第 6 版. 北京：高等教育出版社，2014.
[2] 刘春梅. 管理运筹学基础、技术及 Excel 建模实践[M]. 北京：清华大学出版社，2010.
[3] 戴维 R 安德森，丹尼斯 J 斯威尼，托马斯 A 威廉斯，等. 数据、模型与决策：管理科学篇[M]. 第 13 版. 侯文华，译. 北京：机械工业出版社，2012.
[4] 胡运权. 运筹学应用案例集[M]. 北京：清华大学出版社，1988.
[5] 姜启源，谢金星，叶俊. 数学模型[M]. 第 4 版. 北京：高等教育出版社，2011.
[6] 胡运权. 运筹学习题集[M]. 第 4 版. 北京：清华大学出版社，2010.
[7] 陈士成. 实用管理运筹学——基于 Excel[M]. 北京：清华大学出版社，2011.
[8] 胡运权. 运筹学教程[M]. 第 3 版. 北京：清华大学出版社，2007.

图书资源支持

感谢您一直以来对清华版图书的支持和爱护。为了配合本书的使用，本书提供配套的资源，有需求的读者请扫描下方的“书圈”微信公众号二维码，在图书专区下载，也可以拨打电话或发送电子邮件咨询。

如果您在使用本书的过程中遇到了什么问题，或者有相关图书出版计划，也请您发邮件告诉我们，以便我们更好地为您服务。

我们的联系方式：

地　　址：北京市海淀区双清路学研大厦 A 座 714

邮　　编：100084

电　　话：010-83470236　010-83470237

客服邮箱：2301891038@qq.com

QQ：2301891038（请写明您的单位和姓名）

资源下载：关注公众号“书圈”下载配套资源。

资源下载、样书申请

书圈

图书案例

清华计算机学堂

观看课程直播